ダッチ・リノベーション

オランダにおける建築の保存再生

DUTCH RENOVATION

ダッチ・リノベーション

オランダにおける建築の保存再生

笠原一人 著

鹿島出版会

はじめに ▪ ダッチ・リノベーションの現在

ここ10年ぐらいの間に、建築の改修や改造を意味する「リノベーション」という言葉を、一般の新聞や雑誌、テレビなどでよく耳にするようになった。新築ではない、竣工から時間が経った古い建物や歴史的建築物を、機能を充実させたり、新たな用途にコンバージョン(用途転用)して活用したりするために、改修することを意味する。日本が経済的な停滞期にあって古い建物を活用する機会が増えたことや空き家が増加していること、都市部に建つ近代以降につくられた建築が「レトロ」で「オシャレ」なものとして市民に受け入れられていることなど、様々な状況が後押ししていると思われる。新築することが建築の最上の価値であるわけではないことが、少しずつ社会に浸透しているとも言えるだろう。都市は、様々な時代の建物が混在することで、歴史的な襞や厚みが生まれ、豊かになる。改修によって古い建物が保存活用されることは、都市に豊かさをもたらすことを意味している。

ただ、そういった世間一般に流通する改修の事例を見ていて、物足りなさを感じることも少なくない。日本では改修によって活用される建物の件数が、まだ非常に少ない。都市部に建つ著名な建築家によって設計された優れた近代建築であっても、市民や専門家の反対の声を無視して次々に解体され建て替えられてしまうし、話題にされることなく解体される歴史的な建物も後を絶たない。

また改修のデザインの質についても問題がある。古民家や町家、近代建築など古い建物が改修されて現代の生活に合わせて活用されているのだが、オリジナルの古い建物が持つ特徴を十分に活かせていない事例や、古いものと新しいものとの関係づけがうまくない事例、新しいデザインが過剰であるため、古いものを消し去ってしまっているように見える事例も少なくない。

その際たるものが、テレビ番組の「大改造!!劇的ビフォーアフター」であろう。住まいや家族の問題を建物の改修で「解決」すると銘打った番組であり、それを観て建築を志すようになったという学生にも時々出会うぐらいだから、社会に大きな影響を与えていると言える。しかし、そこで行われている改修は、建物の骨組みだけを保存してその他はすべて除去し、外観も屋内も、見違えるように刷新してしまうものである。古いものを残す方法としては、「祖母の思い出のタンスを再利用してテーブルをつくる」などといった、私的かつ詩的でインテリアや家具の領域にとどまるもので、断片的なものでしかない。そこでは、古い建物の空間的な特徴や面白さは、ほとんど刷新され失われてしまっている。

もちろん、この番組はそういう設定こそが面白いのであり、対象となる建物も古いアパートや戦後の住宅といった、十分に尊重すべき歴史的価値やデザインを持たないものが多いので、筋違いの批判と言えるかもしれない。だが、建築の設計や歴史を専門とする者からすれば、あの番組で使われている方法は、建物が持つ良き古さや、改修に特有の新旧が共存し互いに関係づけられる面白さや可能性を、減じて世間に伝えているようにさえ思えてしまうのは確かである。

一方で、一般に「文化財」と呼ばれる、国や地方自治体によって保護された歴史的建築物についてはどうだろうか。例えば重要文化財や国宝については、国から補助金が出て、オリジナルにできるだけ忠実な姿で「保存」することを志向し、改修するとしても、新しいデザインが極力オリジナルのデザインを損ねないことを重視する。いわば歴史的価値やオリジナルの姿を最大限重視した方法を採る。こうしたやり方は歴史的建築物を守る上では重要なことであるが、都市部に建つ建物には適用しにくい側面がある。都市部の建物は、経済活動が活発で淘汰が激しく、常に変化を求められている。そのような中で、歴史的価値やオリジナルの姿にこだわりすぎては、建物を保存し維持することができず、結局は建物をすべて解体せざるを得なくなってしまう。

こうした問題を解決すべく、「保存」よりも「活用」を前提にした文化財として、国の登録有形文化財が1996年に登場した。ところが、国宝や重要文化財と異なり建築基準法の適用除外ができないため、オリジナルの価値やデザインを尊重しにくい上、法規に従った設備や構造的な要求から、手を加えた部分が優れたデザインになるわけでもない、という問題を持つ。近年、複数の自治体で、条例により同法の適用除外を図る動きもあるものの、一般化しているわけではない。保存活用されている登録有形文化財を見ても、「活用」を謳ってはいるが、まだ十分に活用されていないように見える。2018年には、「活用」をテーマとして文化財保護法が大きく改正されたものの、いまだその成果は現れていない。

要するに、巷で流行している改修は、自由すぎて歴史的価値があまり尊重されていない点でバランスを欠き、文化財になると歴史的価値を尊重しすぎるあまり不自由で面白さに欠けている。改修の設計者についても、流行的な改修は現代のデザイナーとしての建築家が手掛け、文化財的な建物については建築史や文化財保護の専門家が手掛けるという、二極分化が生じている。歴史的な価値を尊重し、その特徴や個性を生かしながら、改修によって大胆に現代の手を加えるという、いわば歴史的価値と魅力的な新しさが共存すれば、より現在と歴史が共存する豊かな都市や建築が生まれるのではないか。そのためにはどうすればよいのだろうか。その手掛かりがオランダにあるように思える。

前置きが長くなってしまったが、本書は、オランダを中心としたヨーロッパにおける建築の保存活用や改修について、具体的な建築の事例を紹介し、改修方法の特徴を論じ、またオランダにおける保存活用をとりまく状況や環境、背景について論じるものである。ただし筆者は、近代建築史や建築保存再生論を専門とする研究者である。したがって、本書で扱う改修は、経営や運営、まちづくりといった観点から論じるのではなく、歴史的建築物の保存活用の観点から論じるものとなっている。

オランダでは、1990年代から国の政策として、歴史的建築物の積極的な活用や改修を進めているが、2000年代以降、その動きが加速している。全国各地に、改修によって保存活用された魅力的な建築物が驚くべきスピードで増えているのである。これは筆者の個人的な印象にとどまらない。例えばオランダの現代建築の年鑑誌である『ARCHITACTUUR IN NEDERLAND JAARBOEK』(NAI UITGEVERS)を見れば、1990年代末までほとんど見られない改修の事例が、2000年代に入ると増えはじめ、2007-08年の号では掲載作品の多くが改修の事例となり、その後も常に複数の改修の事例が掲載されつづけていることを確認できる。

これはオランダに限らず、ヨーロッパ全般の傾向であるとも言える。1980年代以降、重工業を中心に産業の衰退が始まった。またコンテナ船の普及により旧来の港湾が手狭となり、外海近辺に新築された大規模港湾施設への移転が進んだ。それにより市街地を中心に空き家となった建物や再開発が多数生じている。さらに近代化産業を支えた建物が文化遺産として認識されるようになったことも大きい。キリスト教のコミュニティが縮小し、各地で教会堂が放置されているという問題もある。こうした背景が、様々な文化財的な価値の高い建物の改修を後押ししているのである。

そのような中でオランダが興味深いのは、改修される元の建物の多くが、著名な建築家などが設計を手掛けた歴史的建築物であり、法律により保護された、いわゆる文化財であることだろう。文化財である限りは、建物の骨組みさえ残せばよいのではなく、国や地方自治体の文化財保護局による厳しい審査を受け、建物のオリジナルの価値を十分に守った上で改修しなければいけない。つまり、オリジナルの建物が持つ特徴や歴史的価値が守られ生かされている。ところがオランダでは、日本の文化財の建物では考えられないほど大胆な改修が行われており、見事に新旧が共存し魅力的な建築物に生まれ変わっている。つまり建物によって程度の差はあるものの、歴史的価値の尊重と特徴ある新しいデザインとが共存し、両立が図られているのである。日本に不足しているものが、オランダにはある。

またオランダでは、改修されるオリジナルの建物のビルディングタイプは多岐にわたり、それらが用途転用(コンバージョン)され改修された後の建物のビルディングタイプも、バリエーションが豊富であることが特筆される。近年日本でよく見られる歴史的建築物の改修では、オリジナルの建物は住宅かオフィスビル、商業施設、あるいは小学校や会館など公共施設であることが多く、また用途転用や改修後の建物としては、ウェディング用のレストランやカフェ、その他の商業施設、文化施設などが多い。一見多様であるが、オランダに比べれば、改修前後の建物の用途が限られている。オランダでは、教会堂や風車といった伝統的な建築やオフィスビルや商業施設などはもちろん、駅舎や工場、給水塔、ガスタンクといった近代以降の産業遺産まで、あらゆるものが用途転用され改修される。改修後の用途としては、レストランやカフェ、商業施設、文化施設はもちろん、集合住宅やオフィス、それらの複合施設としても活用されている。実に豊富である。

またオランダでは、改修を促進しようとする制度や仕組みなど環境が充実していることにも注目したい。2008年に生じた世界的な金融危機によって、オランダ政府は建築の政策に大きな転換を迫られるようになり、それまでの新築を優先する政策から、歴史的なものを含めた既存の建築物の保存活用に、よりいっそう力を入れるようになった。それは欧米で「アダプティブ・リユース」(adaptive re-use)と称されており[1]、単にデザインとしての改修にとどまらず、活用の需要と供給をマッチさせ、資金獲得をマネジメントし、開発主体と市民や利用者の利害関係を調整するといった、活用に関する総合的な動きが活発化している。そのようなオランダにおけるアダプティブ・リユースの状況や、それを可能にする環境について、ポール・ミュルス(Paul Meurs)氏とマリンケ・ステーンハウス(Marinke Steenhuis)氏に巻頭言を寄稿いただいた。第3章で詳述するが、ミュルス氏はステーンハウス氏とともにヘリテージ・コンサルタント事務所を主宰し、デルフト工科大学客員教授を務める人物である。本文と合わせて是非一読いただきたいが、こうした充実した環境や仕組み、職能があるからこそ、興味深い改修の事例が多数存在することも意識しておきたい。

本書では、こうしたオランダの歴史的かつ文化財的価値の高い建築を中心とした、ヨーロッパの魅力的な改修の事例を紹介し、デザインに焦点を当てながらその特徴を捉える。第1章では改修される前の建物のビルディングタイプごとに事例を紹介し、第2章では改修の際の手法やテーマ別に事例を紹介する。また第3章では魅力的な改修を実現させているオランダの環境と背景について、日本の状況と比較しながら論じる。日本では、この10年ほどの間に、歴史的建築物の保存活用をめぐる状況が好転してきているが、十分なものとは言えない。オランダを参照することで、新旧の価値が共存する豊かな改修を考えるためのヒントとなり、今後の日本における歴史的価値の高い建物の改修や豊かなまちづくりに役立てば幸いである。

なお、以下の本文中においては、記述の煩雑さを避け、また他の関連する日本語との組み合わせや併記を容易にするため、「リノベーション」の代わりに「改修」を、「コンバージョン」の代わりに「用途転用」を用いることとする。

1 —— Paul Meurs, Marinke Steenhuis "Adaptive re-use in the Netherlands", SteenhuisMeurs, Paterswolde, 2015

序文 ▪ 再利用・再開発・デザイン オランダ人はいかに建築遺産と関わっているのか

Re-Use, Redevelopment and Design How the Dutch deal with Heritage

ポール・ミュルス＆マリンケ・ステーンハウス（ステーンハウスミュルス B.V.）
Paul Meurs and Marinke Steenhuis (SteenhuisMeurs B.V.)

建物に空きが生じれば、そこには新しい利用の余地が生まれる。このことは、かつての工場の中に学校やコミュニティ・センター、かつての教会の中に店舗、あるいはかつての軍事施設の中にレクリエーションエリアなど、驚くべき組み合わせをもたらすことが多々ある。オランダは絶えずスペースを求めている。日本と同様、人口密度が高く、都市間の距離が短いため、既存の質を尊重しながら都市を改修する総合的な必要性が生じる。ただ、日本で生じていることとは違って、元の用途を失っても、建物が破壊されて新しいものに取って代わられるのではなく、用途転用（コンバージョン）されるのである。

クリエイティブな産業としての建築遺産開発

アダプティブ・リユース（適応型再利用）は、クリエイティブな産業の重要な柱である。創造性はさまざまな形で現れる。人々を結びつけるアートとして、驚くべき機能の組み合わせとして、経済的に実現不可能と思われるアイデアを実現する金銭的なソリューションとして、古くなった建物のインテリジェントな保全として、そしてもちろん、建築遺産に新しい風貌や魅力を提供するデザインとして。こうした素晴らしいアダプティブ・リユースは、世界中で見つかるはずだ。オランダにおけるアダプティブ・リユースが、現存するすべての空間の課題といかに関連しているのか、注目に値する。建築遺産は日常的な環境に不可欠なものであり、未来の計画を立てる際に当然考慮されるべき課題である。その結果、建築遺産に対する大胆な介入が容認される。そこでは古いものと新しいものが絡み合っている。これは、オランダの人々自身によってつくられてきた古くからの、そして常に変わりつつあるが常に認識可能である文化的景観に対して、オランダ人が自分たちの国土を見る見方を踏まえたものである。

すでにそこにあるものの発見

再利用はすべての時間とすべての文化の帰結である。都市や村は、数世紀にわたる長い過程の中で幾重にも重なって成長する。古い建築材料や時代遅れの建物、また変化を余儀なくされた都市構造は、当然のことながら再利用され調整される。しかし20世紀の幾度かの時点において、徐々に進歩する文化が失われた。社会の変化が急速に進展したため、現代の産業都市は、もはや当初の構造に基づいて有機的に進化することがなくなってしまった。成長性と生産能力に基づいた、まったく新しい建物の論理が登場したのである。「建造物」は「新しい建設」行為と同義になり、その結果、都市や風景は幾度も繰り返し刷新された。建築業界はより巨大化に向かい、再開発の機会は認められず、理想主義的で高価なものとして却下された。駐車場や商業施設を実現するために都心地区は破壊され、故意ではないにせよコミュニティの社会構造をも悪化させた。大規模な文化財だけが特別扱いを受け、しばしば博物館として保存された。

社会を思い通りには形成できないことが判明したとき、都心内部の大規模な解体に対する不満が高まった。ちょうど、ローマクラブが「成長の限界」(1972年)を発表した環境問題の議論や、「ヨーロッパ遺産年」(1975年)となった文化財分野の双方において、方向性が再設定されつつあった頃である。アムステルダムの地下街の建設に対する暴動でも明らかになったように、市民は既存の都市の方が望ましいと強く表明し、歴史的な都心部を修復する最初の取り組みが起こった。この傾向は、アメリカのケヴィン・リンチ(『都市のイメージ』1960年)やジェイン・ジェイコブズ(『アメリカ大都市の死と生』1961年)、イギリスのゴードン・カレン(『都市の景観』1961年)、イタリアのアルド・ロッシ(『都市の建築』1966年)らの海外での出版物における、既存の都市の再発見とも一致していた。彼らは革新性に反対したわけではないが、各都市の社会的かつ物理的論理に従って開発することを望んだ。一世代の間に、郊外へ大量に移住していた状況が逆転し、既存の都市の復興が始まった。都市再生システムによって生み出された助成金と文化財法の枠組みの助けを借りて、遺産保護と都市再生のための民間によるイニシアチブを実現することができた。

メインストリームとしての再利用

ニューヨークのミートパッキング地区、ブエノスアイレスのポルト・マデロ、サンパウロのSESCポンペイア、北京の798芸術区、リバプールのアルバート・ドック、ドイツのエムシャーパークなど、世界中で優れたアダプティブ・リユースのプロジェクトが実現した。オランダでは、アダプティブ・リユースはもはや例外ではなく主流になっている。経済的、社会的な変化の結果、オフィス、農場、教会、修道院、工場、倉庫、ポンプ場、学校、駅、店舗、コミュニティ・センター、市庁舎など、数万もの建物が機能を失ってしまった。大規模な解体は、空間的な質や、建設しつくり上げてきた都市のアイデンティティを破壊するため、もはや大半の政治家や一般市民から支持されていない。空き家となった建物は、有益な投資の対象となり、魅力的な機能を内包している可能性がある。アダプティブ・リユースは、都市や地方におけるすべての年齢層や繁栄のレベル、ターゲットグループに貢献するのである。

海外では、大型のショッピングセンターには、お店やファッションショー、最新の自動車テスラの展示など、おとぎ話のような非現実的な雰囲気がある。オランダでは、都心部や旧市街地区はおとぎ話のようではないが十分に美しい。社会においては、オーセンティシティ(の感覚)は量産品にある。歴史があり、特徴を備えた場所や建物の需要が高まっている。遺産は、それが保護されているかどうかにかかわらず、そして新しいものに敏感な若者や創造的なタイプの人たちがいない場所であったとしても、新しい展開の明確な出発点となる。オランダのアプローチのはっきりとした特徴は、公共と民間の密接な協力や高いレベルの市民参加、市場主義的な遺産保全(開発を通じての保全)、文化遺産と空間的アイデンティティの意識に基づく市場参加者などの総合性にある。

変容には、相乗効果の創出と新しい形の共同性を生み出す利用の組み合わせである、物理的および社会的なエンジニアリングの双方を必要とする。アダプティブ・リユースは、レストランがあるオフィス、教会の中の劇場、あるいはカフェや博物館、ショップ、劇場のある職場など、驚くべき機能の組み合わせをもたらすことがよくある。人々は愛着を持って、そしてユーザーのニーズに合わせて設計された建物で生活し、仕事をすることができる。再利用される建物はしばしば地域開発を誘発し、それを親しみやすく認識しやすいものとして提供する立案者となる。建物の課題は、用途転用の課題に取って代わったのである。「古いアイデアは時に新しい建物を活用することができるが、新しいアイデアこそ古い建物を活用しなければならない」というジェイン・ジェイコブズの言葉を思い起こさせる。

変化した市場

使われなくなった建物に新しい機能を提供したり、そうした建物が再び技術的、経済的、社会的な面で現在の要件を満たし、それについていける形に変換する、新たな挑戦が始まっている。最近では大企業や多国籍企業が減少しつつある中で、ネットワーク内で協働し、どこにいてもオンラインで繋がっている自営業者は増えている。独自のライフスタイルを持ち、一人またはグループで自分たち自身の住まいやオフィスをつくっていく機会を探している人たち。現代の不動産の顧客は、柔軟性や多様性、持続可能性、社会的結束を求めている。住宅市場とオフィス市場の将来は、その場所の物語や、その際立った特性が重要な資産であるようなコンセプトの開発にこそあるのだ。

これにより、例えばロッテルダムでは、修復工事に直接投資するよう義務化し、自治体が安い価格で文化財や著しく荒廃した住宅を提供するという修復住宅プロジェクトを成功させた。建物の外観は建設業者が一括で取り組み、内外装の仕上げは、居住者がDIY方式か、専門家と契約する方法を選択することができた。この試みは、住宅市場で起業したばかりの者には魅力的であり、高い可能性を持った若者を都市に引きつける。若者だけでなく、安全であると感じられ、ケア施設が近くにある限り都市に移転するのを好む高齢者層も常に重要なターゲットグループとなる。1970年代から1980年代に建設され、厳しい非難を浴びているオフィスはしばしば、特定のターゲットグループの人々にとっては住宅に転用する上で最適なものである。一方で、20世紀につくられた建物のすべてを保存することは明らかに不可能である。

柔軟性と多様性

新築に代わる用途転用は今や現実的になり、解体が横行していた時にはなかったような機会が既存の都市や村にはある。アダプティブ・リユースは、需要と供給、主導者と場所が1つにまとまることから始まっていく。既存の状況は決して新しい利用への対策としてつくり出されたものではないために、調整や適応は避けられない不可避のものである。敷地は新しいユーザーと機能に合致していなければならず、その逆でもあるのだ。

かつては、アダプティブ・リユースの取り組みを政府が主導していた。これは大規模な介入をたびたび必要とした。文化的多様性の拡大や環境の改善、裕福な世帯の誘致、貧困家庭の保護といった社会的恩恵や、周辺環境の発展が期待されることから、プロジェクトの財政赤字が受け入れられ、補助金によって相殺された。しかし今日では逆に、政府は可能な限り邪魔にならないような道筋を取ることでアダプティブ・リユースを促進しようと試みており、そうすることによって最大限の自由度を可能にしている。

新たな挑戦

再利用には柔軟な規則が求められる。遺産業界分野は変わりつつある。挑戦すべきことは、開発に則して学び、それが適切である場合はそれを守ることである。市民はそのプロセスに以前に増して関与しつつあるが、そこでは成功を勝ち取るために自ら責任を取り、引き受けることも当然必要になる。建築家が挑戦すべきなのは、現存する文化遺産の価値に基づいて考えることである。これは特別なデザイン的な取り組みを必要とする。こうした変化は、専門家や政策立案者、利害関係者がそれぞれの役割や責任、知識を伴って協働する際、アダプティブ・リユースに向けた総合的な取り組みとして重要なステップなのである。

［訳：笠原一人］

目次

本書の見方

・1、2章で紹介する改修事例の建物概要は左頁のFig.以下を参照
・建物概要は、建物名・改修年|改修設計者[オリジナルの建物の竣工年|設計者]の表記を基本とする
・Map番号(1〜130)は巻末の掲載建物Mapを参照

第1章

保存・活用事例 021

第2章

第3章 ダッチ・リノベーションの環境と背景

1 ミュージアム

→P.023

a｜アムステルダム国立美術館
Rijksmuseum
玄関ホール内観。
元は中庭だった空間に屋根を架けて室内化し、
玄関ホールに改修した。
p.024｜**Fig.1**

b｜アムステルダム市立美術館
Stedelijk Museum Amsterdam
旧館および新館外観。
新館は巨大なバスタブのような、
旧館とは対比的なデザイン。
しかし軒の高さが揃えられて、
調和や連続性も意識されている。
p.026｜**Fig.3**

c｜ボイマンス・ファン・ベーニンヘン美術館
Museum Boijmans van Beuningen
玄関を見る。元の中庭に
増築されて旧館と対比をなしている。
p.028｜**Fig.5**

教会

→P.029

a | ドミニカネン書店
Boekhandel Dominicanen
玄関付近から奥を見る。
身廊の右側に寄せて鉄骨造のデッキが設置され、
オリジナルの空間の高さを十分残しながら
書棚スペースが増設された。
p.030 | **Fig.1**

b | ヴァーンデルス・イン・デ・ブロエレン
Waanders in de Broeren
かつての内陣から後方を見る。
身廊の両側に新たに2階もしくは3階建ての
デッキが設けられ、本棚が並ぶ。
p.030 | **Fig.2**

c | ネドフォ・クーポル
De NedPho-Koepel
コンサートホール内観。
かつての聖堂がホールとして使われ、
その周囲はオフィスとして使われている。
窓ガラス越しにオフィスの様子が見える。
p.032 | **Fig.4**

a | **ポリティアカデミー Politieacademie**
増築部内観。
かつての中庭に大屋根が架けられて室内化され、
警察学校のミーティングや学習、カフェなどの
スペースに改修されている。
周囲に見える茶色い壁がオリジナルの建物。
p.038 | **Fig.1**

b | **クロースターカゼルネ Kloosterkazerne**
増築部内観。かつての中庭に大屋根が架けられて室内化され、
カジノ・スペースに改修されている。
周囲に見える壁はオリジナルの建物。
p.038 | **Fig.2**

c | **クラウスヘーレンホテル・マーストリヒト Kruisherenhotel Maastricht**
内部に増築された建物を見る。
かつてのチャペルの身廊部分に
鉄骨造の2階建ての建物が増築されている。
2階がレストランの座席として使われている。
p.040 | **Fig.3**

a｜コロンバ美術館 Kolumba Museum
廃墟の展示スペースを見る。
空襲で廃墟となった中世の教会堂が
そのまま展示されている。
その上部に載るようにして美術館が増築された。
p.044｜**Fig.1**

b｜ヘドマルク博物館 Hedmark Museum
中庭から建物を見る。
廃墟となった建物から中庭に向けて
鉄筋コンクリート造のスロープが伸びている。
p.046｜**Fig.2**

c｜コヴェントリー大聖堂 Coventry Cathedral
玄関付近外観。
廃墟となったオリジナルの教会堂（左手）に、
新しい教会堂（右手）が増築されている。
p.048｜**Fig.4**

DUTCH RENOVATION

第1章では、改修される前の建物のビルディングタイプごとに事例を分類し、
改修設計の手法の特徴を論じる。元の建物のビルディングタイプに注目すると、
日本では考えられないほど多種多様な建物が、
活用され改修されている様子が見えてくるはずだ。
また同じビルディングタイプであれば、
活用や改修デザインに同じような傾向が見られる場合が少なくない。
一方で、同じビルディングタイプでありながら、
異なる改修の方法を読み取ることもできるだろう。

19世紀以降、博覧会の開催や歴史学の発展を背景に、美術館や博物館が世界各地で建設された。そこでは、個人や国家のコレクションが分類されて陳列され、世界に対する認識や「まなざし」が示された。その建物の多くは、伝統的な古典主義様式や当時流行した折衷主義様式でデザインされ、知の殿堂としての権威性を示していた。

しかし、どのミュージアムも、コレクションが増えるにつれて当初の建物が手狭になっていくという問題を抱えるようになる。その解決策として、収蔵庫や展示室が増築されたが、無計画に行われることが多く、次第に増築がオリジナルの建物の価値を損ねる存在になってしまう。

21世紀に入ると、各地のミュージアムで新しい機能に見合った改修や再編が行われ、大規模な増築を伴う改修が行われ始めた。その際、歴史的価値の高い様式建築に対して、無計画な既存の増築部分をいかに扱い、新たな増築部分をいかにデザインするかが大きな課題となる。ミュージアムは国や地域の文化の象徴であるだけに、その改修は歴史的建築物との関係を慎重に検討しながら、かつ新しい機能を備えた新しいデザインであることも求められた。そのような改修事例のいくつかを見てみたい。

内部は大胆に改修

アムステルダム国立美術館[**Fig.1**][**口絵 p.017**]は、10年もの長きにわたる改修工事を経て、2013年に再オープンした。オリジナルの建物は、オランダを代表する19世紀の建築家ピエール・カイパースによってゴシック様式とルネサンス様式の折衷的なデザインで設計され、1885年に美術館として竣工したものである。オランダの国の文化財(Rijksmonument)に指定されている。

美術館は、100年余りの間にコレクションが増えたのに伴って建物が増築され、2つの大きな中庭は室内化されて展示室に変更されていた。しかし新たに美術館としての機能の拡充のため改修されることになり、フランスの建築家ジャン＝ミッシェル・ウィルモッテとオランダの修復建築家ハイスバート・ファン・フーヘフェストにより改修が行われた。

中庭は、増築された建物が除去された上で室内化され、新たなデザインが加えられて巨大なエントランスホールに変更されている。建物の1階を貫通する自転車道と歩道から、建物内部を見通すこともできるようになった。いったん除去されてしまったオリジナルを復元した部分もある。つまり、オリジナルの姿を明瞭に認識できるようにさせながら大胆に改修され、新旧が共存する魅力的な美術館へと生まれ変わっている。

また、新たにアジア部門の建物が、スペインの建築家ユニット、クルツ・イ・オルティス建築設計事務所の設計で増築されたが、建物の大きさを控えめにして半地下に埋め、外から見えにくいように工夫している。オランダを代表する美術館であるため、オリジナルを尊重するよう最大限に注意が払われた結果のものであろう。

Fig.1 ▪ アムステルダム国立美術館 Rijksmuseum ▪ 2013年｜改修設計：Jean-Michel Wilmotte + Gijsbert van Hoogevest｜Cruz y Ortiz Arquitectos［19世紀｜設計：Pierre Cuypers］▪ Map番号［1］

Fig.2 ▪ マウリッツハイス美術館 Mauritshuis ▪ 2014年｜改修設計：Hans van Heeswijk［Johan Maurits van Nassau-Siegen伯爵邸1630年代｜設計：Jacob van Campen + Pieter Post］▪ Map番号［42］

Fig.1

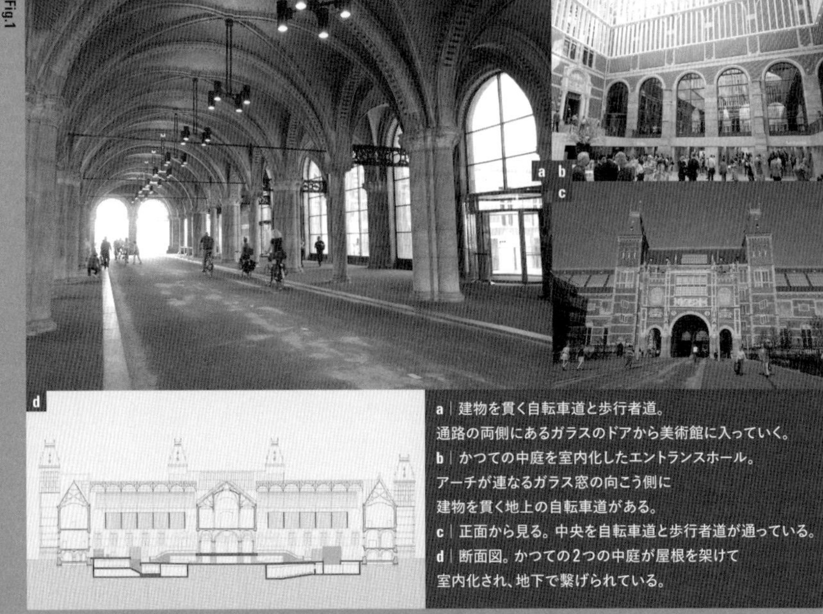

a｜建物を貫く自転車道と歩行者道。
通路の両側にあるガラスのドアから美術館に入っていく。
b｜かつての中庭を室内化したエントランスホール。
アーチが連なるガラス窓の向こう側に
建物を貫く地上の自転車道がある。
c｜正面から見る。中央を自転車道と歩行者道が通っている。
d｜断面図。かつての2つの中庭が屋根を架けて
室内化され、地下で繋げられている。

Fig.2

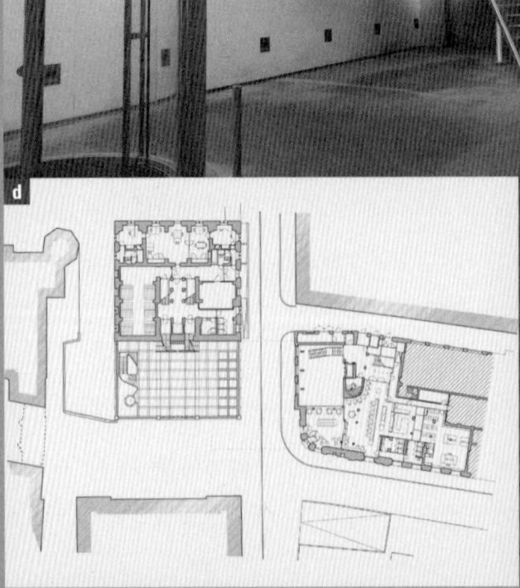

a｜地下の玄関ホール。
左に見えるエレベーターと奥の階段で、地上と繋がる。
b｜本館外観。地下に玄関ホールが増築されているが、
地上からその様子は分からない。
c｜地下の玄関ホール。
道路の下をくぐって隣の建物に繋がる。
上部の窓越しに地上の道路の様子が見える。
d｜1階平面図。元は左側の建物だけが
マウリッツハイス美術館だったが、
道を隔てた右側の建物が改修されて美術館として
使われるようになり、地下で繋がれた。

新旧のコントラスト

同じく国を代表する文化財の建物だが、国立美術館とは別の形で控えめな改修が行われたのが、デン・ハーグ（Den Haag）のマウリッツハイス美術館［Fig.2］である。レンブラントやフェルメールなど、オランダの黄金時代の絵画を多数所蔵することで世界的にも知られる。政治の首都であるデン・ハーグ市の旧市街地に位置し、隣りには総理大臣官邸、近くには裁判所や国会議事堂もあるという、文字通りオランダの中心部に建っている。

オリジナルの建物は、ヨハン・マウリッツ・ファン・ナッサウ・ジーヘン伯爵の邸宅として建てられたもので、ヤコブ・ファン・カンペンとピーター・ポストの設計で1630年代に竣工した。伯爵没後には政府の施設として使われ、火災による改修を繰り返した後、1822年からマウリッツハイス美術館として使われている。近年、床面積の増加や設備的な更新が必要になり、ハンス・ファン・ヒースワイクの設計により改修され2014年に竣工した。建物は国の文化財に指定されている。

改修に際しては、敷地が狭いため、地上に増築すれば建物のファサードを損ねることから、地下の有効活用が選択された。17世紀のオリジナルの建物の外観や周辺の佇まいをそのまま残しながら、前庭の地下部分がホワイエとして活用され、さらに道を隔てて隣りにある建物と地下で繋げて美術館として活用することで、床面積は従来の約2倍となった。オランダの文化の象徴でもある建物の佇まいは、従来と変わることなく保たれ、加えて増床されて機能性が高められたことになる。

増築部分がオリジナルの建物に対して強いコントラストをなしながら改修設計されたものもある。その1つとして、国立美術館のあるムゼウムプレイン（博物館広場）の一角に建つアムステルダム市立美術館［Fig.3］［口絵p.017］が挙げられる。隣地にはゴッホ美術館があり、斜め向かいには世界的なオーケストラ、ロイヤル・コンセルトヘボウのコンサートホールがあるという、オランダを代表する文化ゾーンの一角に建っている。

建物はアドリアーン・ヴィレム・ヴェイスマンの設計により1895年に竣工した、赤い煉瓦が印象的な16世紀のネオ・ルネサンス風のもので、国の文化財に指定されている。近年、展示室の面積不足などのため増改築が必要になり、ベンテム・クローヴェル建築事務所の設計により「バスタブ」をイメージした白いファイバー製の壁で覆われた新館が増築され、2012年に竣工した。その際、博物館広場に面した新館の玄関がメインエントランスに変更され、旧館の窓は格子のないものに更新された。

この増築の竣工時には、新聞紙上で「奇妙だ」とか「古い建物とミスマッチだ」などと非難されたという。しかし19世紀の煉瓦造の建物と全く異なる斬新なデザインが、新旧の強いコントラストをつくり出し、魅力的なものになっていると言える。また玄関の位置を変更することで、かつては裏側に過ぎなかった博物館広場との連続性もうまくつくり出されている。現代のデザインを加えることが歴史的建築物を損ねるわけではないことを示すよい事例である。

Fig.3 ■ アムステルダム市立美術館 Stedelijk Museum Amsterdam ■ 2012年｜改修設計：Benthem Crouwel Architects［1895年｜設計：Adriaan Willem Weissman］■ Map番号［2］

Fig.3

a｜増築された建物の1階。左手に旧館と新館の接続部分が見える。
b｜旧館外観。元はこちら側が正面であったが、裏側に増築された建物に正面玄関が移された。窓のサッシも新しくなっている。

アイントホーフェン（Eindhoven）に建つファン・アッベ美術館［**Fig.4**］でも大規模な増築が行われている。オリジナルの美術館はアレクサンダー・ヤコブス・クロポラーの設計によって1935年に竣工したもので、オランダ伝統の煉瓦をむき出しにした古風な風貌の建物である。これも国の文化財に指定されている。しかし近年、床面積の不足から増築が必要となり、アベル・カーヘンの設計によって2002年に竣工した。

増築部分の形態や色彩、内部の空間は、元の建物とは異なりダイナミックで大胆である。オリジナルの建物の背後に増築されているため、歴史的建築物に対する配慮がなされているとも言えるが、増築部分は公園のような開けた空間に建っているため、巨大な彫刻作品のように目立つ。アムステルダム市立美術館同様、あえてコントラストをつくり出して、新旧の両者を際立たせようとしたと言える。

建物の隙間を埋める

建物同士や建物と隣地の隙間を埋めるような増築事例もある。ロッテルダムの中心部に位置するボイマンス・ファン・ベーニンヘン美術館［**Fig.5**］［**口絵p.017**］は、アドリアヌス・ファン・デル・スタールの設計により1935年に竣工したもので、煉瓦をむき出しにした伝統的なデザインが特徴である。これも国の文化財に指定されている。1972年にアレクサンダー・ボドンの設計で本館の東側に大きな展示室が、1991年にはフバート・ヤン・ヘンケットによって南西側にガラス張りの建物が、そして2003年にベルギーの建築家ロッブレヒト・エン・ダエム建築事務所によって展示室が、それぞれ増築された。

ここでは2003年の増築に注目したい。1935年と1972年竣工の建物との間にできた隙間を埋めるようにして、細長い建物が迷路のように配されている。これは、2度にわたって異なる建築家によって行われた増築を生かしつつ、その結果生まれた複合性を新たな特徴として継承したものである。材料による新旧のコントラストがつけられているものの、落ち着いた雰囲気のデザインであるため違和感はない。増築部分を除去しオリジナルの空間を強調する改修を行った国立美術館とは対照的なものとなっている。

■

これらは元々ミュージアムだった建物が、機能を充実させるべく改修された点で共通している。またいずれもオランダを代表する一級のミュージアムであるため、すべて国の文化財に指定されている。にもかかわらず、大胆な改修や増築がなされているのが大きな特徴であろう。しかし、外観には増改築部分が見えにくいようにしたり、逆にコントラストを強くして目立たせることでオリジナルの建物が歴史的なものであることを示したり、竣工後の無計画な増築部分を除去してオリジナルの姿に戻したりするなど、個別に工夫を凝らしている。大胆な改修や増築が歴史的価値を損ねるわけではなく、デザインや設計次第で守られ、生かされることを教えてくれている。

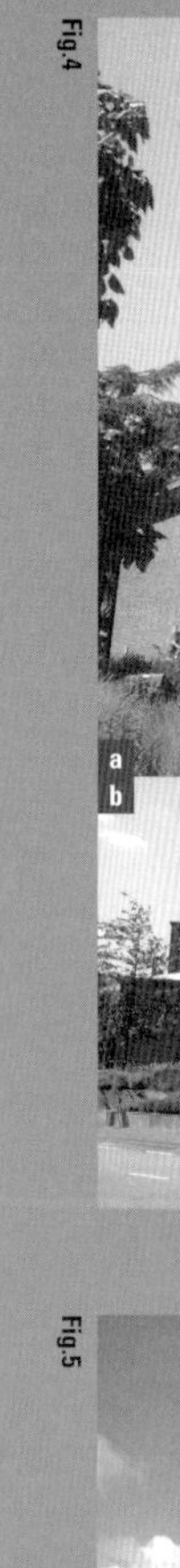

Fig.4 ■ ファン・アッベ美術館 **Van Abbemuseum** ■ 2012年｜改修設計：Abel Cahen［1935年｜設計：Alexander Jacobus Kropholler］■ Map番号［75］

Fig.5 ■ ボイマンス・ファン・ベーニンヘン美術館 **Museum Boijmans van Beuningen** ■ 2003年｜改修設計：Robbrecht en Daem architecten, 1991年｜改修設計：Hubert-Jan Henket, 1972年 改修設計：Alexander Bodon［1935年｜設計：Adrianus van der Steur］■ Map番号［52］

Fig.4

a｜旧館外観。煉瓦造であるが、壁面は抽象化されており、モダンさが感じられるデザイン。右手に増築部分が見える。
b｜旧館および新館外観。旧館（左）の裏側に不正形な立体群（右）からなる建物が増築されている。

Fig.5

a｜旧館外観。煉瓦をむき出しにしているが、ボリュームを強調したモダンなデザインとなっている。
b｜増築部分外観。旧館の隙間を埋めるようにして細長い廊下状の建物が増築されている。
c｜増築部分内観。細長い廊下状の展示室が連なっている。

ヨーロッパでは、近年キリスト教のコミュニティが縮小して教会に通う熱心な信者数が減少し、各地で教会堂が放置もしくは解体されるという事態が進行している。オランダのある教区では、ここ20年近くの間に50もの教会堂が解体されたという。実際オランダの都市部では、閉鎖された教会堂を目にすることが多い。戦後つくられたいわゆる団地でも、モダニズムのデザインによる鉄筋コンクリート造の教会堂が閉鎖されて空き家になっているのを目にすることがある。

しかしそのような教会堂の中には、優れた改修や活用が行われているものがある。書籍やネット上では、ホテルや美術館といった、いわば非日常的な施設に改修された教会堂がしばしば紹介されているが、現実にはそのような活用事例は一部に過ぎない。ここではより日常的な機能で使用されている教会堂を中心に取り上げ、その改修デザインの手法を見てみたい。

「世界で最も美しい書店」

教会堂の優れた改修事例としてオランダで近年大きな話題となっているのが、マーストリヒト（Maastricht）のドミニカネン書店［**Fig.1**］［**口絵p.018**］である。13世紀に建設されたゴシック様式の教会堂が書店に転用され、2006年に竣工したものだ。転用に際して、教会のオリジナルの床面積750㎡に対して1,200㎡と、約1.5倍の床面積が必要とされたという。その要求に対して改修設計を担当したメルクス＋ヒロド建築事務所は、国の文化財に指定されているゴシック様式特有の天井の高い大空間を損なわないよう、身廊の中心軸からずらして長さ30m、高さ7.5mの3階建ての黒い鉄骨による書架スペースを設置し、必要な床面積を確保することで解決した。

新しく挿入された鉄骨造の構造体は、古い繊細なゴシック様式の教会堂と斬新なコントラストを構成し、魅力的な空間を生み出している。竣工当時から大きな話題を呼び、「世界で最も美しい書店」とまで呼ばれるようになった。しかしこの改修の魅力は、新旧の共存だけにとどまらない。新築された鉄骨の3階部分に上ると、以前は地上から眺めるしかなかった身廊や側廊のリブボールトが手に取るようによく見える。オリジナルの建物の価値を守るだけではなく、手を加えることにより古い建物との新しい関係が生み出されていることが、もう一つの大きな魅力だと言えるだろう。

ズヴォレ（Zwolle）市の中心部に位置するヴァーンデルス・イン・デ・ブロエレン［**Fig.2**］［**口絵p.018**］もまた、ゴシック様式の教会堂を書店に改修したものである。オリジナルの建物は1465年にカトリックの教会として建てられたが、1640年からプロテスタントの教会として使われるようになる。1983年に教会としての機能を終え、展覧会場などに使われていたが、書店として活用されることになり、建築事務所BK Puntの改修設計で2013年に竣工した。

Fig.1 ■ ドミニカネン書店 Boekhandel Dominicanen ■ 2006年｜設計：Merkx + Girod Architects ■ ［13世紀］ ■ Map番号［82］

Fig.2 ■ ヴァーンデルス・イン・デ・ブロエレン Waanders in de Broeren ■ 2013年｜改修設計：BK Punt ■ ［1465年］ ■ Map番号［101］

Fig.1

a｜玄関付近から奥を見る。身廊の右側に寄せて鉄骨造のデッキが設置されたことで、オリジナルの空間を見通すことができる。
b｜かつての内陣を見る。書店への改修後はカフェ・スペースとして使われている。改修前は、このような上から見下ろす視点を持つことができなかった。
c｜増設されたデッキの最上階。側廊の天井のリブ・ヴォールトが間近に見える。改修して初めて可能になった視点。

Fig.2

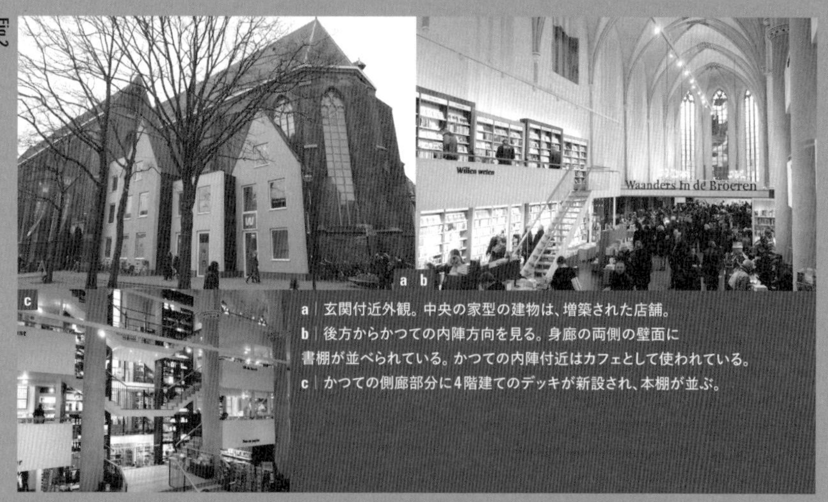

a｜玄関付近外観。中央の家型の建物は、増築された店舗。
b｜後方からかつての内陣方向を見る。身廊の両側の壁面に書棚が並べられている。かつての内陣付近はカフェとして使われている。
c｜かつての側廊部分に4階建てのデッキが新設され、本棚が並ぶ。

国の文化財に指定されている。

改修に際しては、60mもの長さを持つ身廊の両端にあるオルガンとステンドグラスが室内のどこからでも明瞭に見えるように意図された。そのため、4階建ての書棚スペースが側廊部分に収められ、中央の階段で上下に移動するように設計されている。ここでもドミニカネン書店同様、最上階では側廊上部の尖頭アーチがよく見える。かつての内陣部分にはカフェが設けられ、ステンドグラス越しに自然光が入る明るい空間となっている。建物の外側には新たに家型のデザインの3つの店舗が増築され、教会堂が改修されたことを暗示しているのも面白い。この改修によって、建物は前述のドミニカネン書店に倣って「オランダで最も美しい書店」と呼ばれるようになった。

オフィスとの共存

オランダ北部の街フローニンヘン(Groningen)の中心部に、17世紀オランダ発祥のレモンストラント派のフローニンヘン・レモンストラント教会[**Fig.3**]が建っている。教会堂は地元の建築家ヘルマン・ラーマーカーの設計によって1883年に竣工した。オランダによく見られる煉瓦をむき出しにしたものだが、ロマネスク様式を基調としながら、ゴシック的なピナクル状の柱を持つという、折衷的なデザインが特徴である。フローニンヘン市の文化財に指定されている。

この教会堂は、近年信者の高齢化と減少により存続が危ぶまれていた。しかしオランダで活躍する日本人建築家の吉良森子氏に対して、フローニンヘン古教会財団のオフィスと教会堂が共存する建物への改修設計が依頼され、2006年に竣工した。

改修によって、教会堂の横にガラスの階段室とエレベーターが新たに設置された。内部では、身廊部分が礼拝堂としてそのまま使われ、その周辺の2、3階のトリビューン部分にオフィスが設けられている。礼拝堂は主に週末に使われ、普段はオフィスとして使われる。使用時間の違いがあるため、異なる機能がうまく共存できるのだ。両者はガラスと回廊で仕切られているが、オフィスから礼拝堂の吹き抜けがよく見え、空間の雰囲気が感じられる。外観も内部も、オリジナルの建物が尊重されながら、強過ぎないコントラストで新旧のデザインがうまくまとめられている。

他にも、改修によってオフィスと別の機能が融合した教会堂の事例がある。アムステルダムに建つネドフォ・クーポル[**Fig.4**][**口絵p.018**]は、ビザンチン様式のヘラルダス・マエラ教会がコンサートホールに改修されたものである。元の教会堂はヤン・スタイトの設計により、修道院や学校、住居を含んだ複合施設として1925年に竣工した。ビザンチン様式が採用されているのは、スタイトが1903年にパレスチナを旅行した際に、ビザンチン様式の影響を受けたためだという。国の文化財に指定されている。

戦後の開発による地域環境の変化のため、教会としての役割を終えることになり、1992年にアムステルダム都市再生機構が購入した。その際、アンドレ・ファン・スティフトに

Fig.3 ■ フローニンヘン・レモンストラント教会 Remonstrantse kerk Groningen ■ 2006年｜改修設計：吉良森子［1883年｜設計：Herman Raammaker］■ Map番号［104］

Fig.4 ■ ネドフォ・クーポル De NedPho-Koepel ■ 2012年｜改修設計：André van Stigt［1925年｜設計：Jan Stuyt］■ Map番号［3］

Fig.3

a｜正面外観。右側に階段室とエレベーターを収容するガラス張りの建物が増築されて、対比をなしている。
b｜玄関付近から奥を見る。身廊部分はそのまま教会堂として使われ、側廊の上階はオフィスとして使われている。

Fig.4

a｜コンサートホール内観。かつての聖堂がホールとして使われ、その周囲はオフィスとして使われている。窓越しにオフィスの様子が見える。
b｜玄関付近外観。ネオ・ビザンチン様式の集中式教会堂だったことが分かる。外観は、改修前の姿とほとんど変わりがない。
c｜1階平面図。中央にある8角形の空間がコンサートホールとして使われている。その周囲がオフィス。左右に2基のエレベーターが新設されている。

よって修復が行われ、1994年から2011年までクララ・ヴィックマン研究所のアーカイブとして使われた。その後、再びファン・スティフトの設計により改修が行われ、2012年からダッチ・フィルハーモニック・オーケストラと同室内楽団のための拠点となっている。

改修によって、かつての教会堂は舞台と客席から成るホールとして使われ、その周辺の空間がガラスで仕切られオフィスとして使われている。ホールはネドフォ・ドームと名付けられて主に楽団のリハーサルに使われている。ホールと周辺のオフィス空間が互いによく見える形で共存しているのは、前述のフローニンヘン・レモンストラント教会と同じである。

集合住宅への改修

劇場に改修された教会堂が他にもある。オランダ南部の都市ヘルモント（Helmond）に建つスピールハウス劇場[Fig.5]である。元はカトリックの教区教会オンゼ・リーフ・フラウヴェ教会として1928年竣工した建物である。建築家のアルバート・マルグリによって設計されたが、1911年に亡くなったため、その子息の建築家ヨス・マルグリが引き継いで完成させた。

建物は戦後も教区教会堂として使われ国の文化財に指定された。しかし維持費用がかかりすぎることを理由に、2012年に教区が教会堂を手放し、空き家となってしまう。ちょうどその頃、2011年の火災により焼失したピエト・ブロム設計のスピールハウス劇場（1977年）が、代替の建物を必要としていた。空き家だったこの教会堂が使われることになり、建築事務所セペゼットが改修設計し、2012年からコンサートホール、スピールハウス劇場として使われている。

建物はバシリカ型の平面を持つが交差部や正面の塔の上部に大きなドームを載せたもので、ネオ・ビザンチン様式の教会堂である。国の文化財であることから、改修に際してはリバーシブル、つまり元の状態に戻せるようにすることや、できるだけ建物に手を加えないこと、さらに劇場としてできるだけ早く稼働することが求められた。

かつての内陣部分に舞台、身廊部分に鉄骨造の観客席が設置され、この座席の下にホワイエやカフェが設けられるなど、コンパクトで明快な設計となっている。またホワイエか

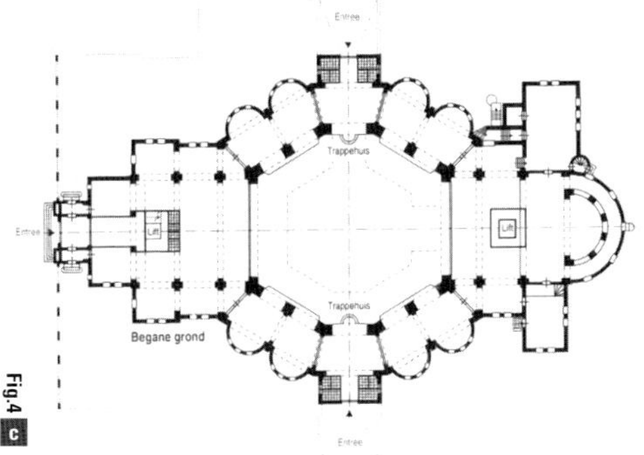

Fig.4 C

Fig.5 ■ スピールハウス劇場 Theater Speelhuis ■ 2012年｜改修設計：cepezed［1928年｜設計：Albert Margry＋Jos Margry］■ Map番号［79］

Fig.5

a｜観客席を見る。かつての内陣部分に舞台が設置され、
舞台に向けて鉄骨造の観客席が設置されている。
教会の荘厳な雰囲気の中に違和感なく共存している。
b｜玄関付近外観。外観は改修前の姿と
ほとんど変わりがない。
c｜ホワイエ内観。新たに設置された鉄骨造の
座席スペースの下がホワイエやカフェとして使われている。
右奥の階段は文化財を傷めないよう床に接地していない。
d｜2階平面図。かつての教会堂の内陣部分に
舞台が配置され、身廊部分に座席が配置されている。

ら座席の2階席に上がる階段は、建物に手を加えることを避けるため、観客席を支える構造体により上から吊り下げられている。この観客席に座ると、教会堂として使われていた時以上に、天井や壁面の豪華な壁画や装飾を間近で見ることができるのが魅力である。

教会堂が集合住宅に改修された事例もある。ハールレム（Haarlem）に建つハイリッヒ・ハート住宅[Fig.6]は、ピーター・ベッカースの設計で1902年に建設されたゴシック様式のハイリッヒ・ハート教会が、K+P建築事務所の設計で1998年に集合住宅に改修されたものである。かつての教会堂の身廊部と側廊部に5階建ての鉄骨造の建物が挿入されて、61戸の住居を収めている。1階部分は家族用の複数の居室を持つ住居、上階が高等専門学校などの学生用のアパートとして使われている。

この教会堂も国の文化財に指定されているため、新しく挿入された構造体はリバーシブルになっている。しかし、ドミニカネン書店などとは異なり、かつての身廊の天井まで居室がぎっしりと詰め込まれたため、オリジナルの教会堂の大空間は失われている。新しい窓の設置のため、ステンドグラスも撤去された。1999年には優れた改修作品としてナショナル・リノファティ賞（National Rinovatie Prize）を受賞しているが、文化財的あるいは建築デザイン的には問題があるとも言えるだろう。なお、同じように集合住宅に改修された教会堂の事例は、ユトレヒトに建つ聖マルティナスホフ（St. Martinushof）を始め、オランダには複数存在する。

■

こうしていくつかの教会堂の改修事例を見てみると、商業施設やオフィス、集合住宅、コンサートホールなど、日常的な街の施設として活用されているものが多いことが分かる。また国の文化財に指定されているため付加物をリバーシブルにするなどの配慮はあるものの、前節のミュージアムと同様、文化財とは思えないほど大胆な改修となっていることに驚かされる。改修によって、従来体験できなかったような新しい価値が生まれていることも興味深い。オリジナルの建物を守るだけではなく、古い建物との新しい関係をいかにつくり出すかも改修デザインの課題であると言えそうだ。

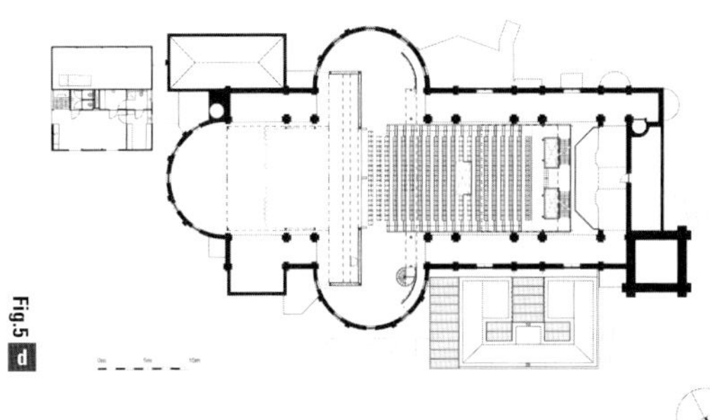

Fig.5 d

Fig.6 ■ ハイリッヒ・ハート住宅 Heilig Hart Huisvesting ■ 1998年｜改修設計：K＋P architekten［1902年｜設計：Peter Bekkers］■ Map番号［39］

Fig.6

a｜玄関から奥を見る。身廊と側廊の内部に鉄骨造の建物が増築されている。
ドミニカネン書店と異なり、オリジナルの高くて大きな空間が認識できない。
b｜側面外観。窓はステンドグラスが除去され、内部に増築された建物の窓や壁が見える。
c｜建物外観。外観は、改修前の姿とほとんど変わりがない。

前節でも言及したが、ヨーロッパでは、近年キリスト教の信者が減少しており、そのため多数の教会堂が空き家となっている。修道院も同様の理由で空き家が増えており、その活用が新たな課題となっている。

修道院は、一般的な教会堂と異なり、修道士が共同で生活するための施設であり、複数の居室や空間が中庭を囲むように並んで配置されているのが特徴である。改修の際には、礼拝堂内のデザインもさることながら、この中庭をいかに扱うかが、重要なポイントになると言える。ここでは修道院やキリスト教の慈善施設について、中庭の改修方法に焦点を当てながら、いくつかの事例を紹介したい。

中庭の室内化

オランダ東部の都市アペルドールン(Apeldoorn)にあるポリティアカデミー[**Fig.1**][**口絵 p.019**]は、ヤン・ファン・ハーデフェルトの設計で1935年に建設された神学校を、アトリエProとレオン・ゼア・スタジオの設計により警察学校に改修し、2010年に竣工したものである。500人の学生を収容し教育することができるという、オランダ最大規模の警察学校である。建物は国の文化財に指定されている。

この建物は修道院ではなかったが、神学校という性質上、同様の機能や部屋を必要とする。それらが、中庭を囲んで配置されているのが特徴である。改修にあたって、かつての中庭は、25mもの高さの巨大なアーチ状の、しかし光を透過する屋根で覆われて室内化され、そこに図書スペースやコンピュータによる作業スペース、団らんスペースなどが配されている。大変力強く印象的な、文字通りこの施設の中心的な空間に生まれ変わっている。しかもこのアーチは、意外にも建物の外からはほとんど見えない。大胆でありながら、オリジナルの建物の特徴も十分に尊重されたと言える。

オランダ中部の都市ブレダ(Breda)に位置するクロースターカゼルネ[**Fig.2**][**口絵 p.019**]は、コルネリス・ヨースの設計で1504年に竣工した女子修道院が、クラーイファンハー建築事務所の設計によりカジノに改修され、2003年に竣工したものである。建物は国の文化財に指定されている。

この建物は、修道院として使われた後、プロテスタントの教会堂や兵舎に使われるなど用途の変更が多く、そのたびに増改築が行われていた。しかしカジノへの改修の際にオリジナルの姿を考慮して中庭に増築された小さな建物が除去され、そして室内化された。巨大なカジノ場として活用されているため、外部の光をほとんど室内に入れずに、異質な空間となるよう演出されている。聖なる空間であった施設が最も世俗的な施設に転用されていること、また元々あまり使われていなかった中庭が、中心的な空間に生まれ変わっているのが興味深い。

Fig.1 ■ ポリティアカデミー Politieacademie ■ 2010年｜改修設計：Atelier Pro + Studio Leon Their［1935年｜設計：Jan van Hardeveld］■ Map番号［97］

Fig.2 ■ クロースターカゼルネ Kloosterkazerne ■ 2003年｜改修設計：Kraaijvanger Architects［1504年｜設計：Cornelis Joos］■ Map番号［70］

Fig.1

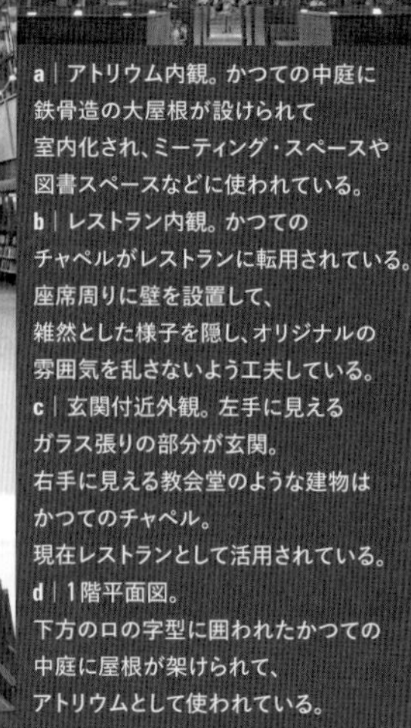

a｜アトリウム内観。かつての中庭に鉄骨造の大屋根が設けられて室内化され、ミーティング・スペースや図書スペースなどに使われている。

b｜レストラン内観。かつてのチャペルがレストランに転用されている。座席周りに壁を設置して、雑然とした様子を隠し、オリジナルの雰囲気を乱さないよう工夫している。

c｜玄関付近外観。左手に見えるガラス張りの部分が玄関。右手に見える教会堂のような建物はかつてのチャペル。現在レストランとして活用されている。

d｜1階平面図。下方の口の字型に囲われたかつての中庭に屋根が架けられて、アトリウムとして使われている。

Fig.2

a｜かつてのチャペル部分を見る。一見、オリジナルのままの姿に見えるが、壁面に丸い窓が新設され、内部に新たなデザインが加えられたことを暗示している。

b｜増築部内観。かつての中庭に大屋根が架けられて、カジノ・スペースに改修されている。左手に見えるのはオリジナルの建物。

ベルギーとの国境に隣接し、ドイツとの国境にも近いオランダ南部の都市マーストリヒト(Maastricht)に建つクラウスヘーレンホテル・マーストリヒト[Fig.3][口絵p.019]は、元は1520年に建設されたゴシック様式の修道院だった。その後、軍事倉庫や教区の教会堂などとして使われ、サタイン・プラス建築事務所の設計により、2005年に60室の客室を持つ高級ホテルに改修された。経営者のカミーユ・オーストヴェヘルは、フランスの古城などを買い取り、ホテルとして活用する事業を展開している。建物は国の文化財に指定されている。

かつての礼拝堂には、内部に赤やシルバーで彩色された鉄骨造のデッキが設置され、ワインセラーや厨房を備えたレストランとして使われている。だが礼拝堂の雰囲気はそのまま維持され、新築部分とコントラストをなしている。一方中庭は、床が白い大理石で仕上げられ、屋外レストランとして活用されている。中庭は継承されているが、明快でモダンな雰囲気の空間に生まれ変わっている。メリハリの効いたデザインで新旧の共存をうまく演出していると言えるだろう。

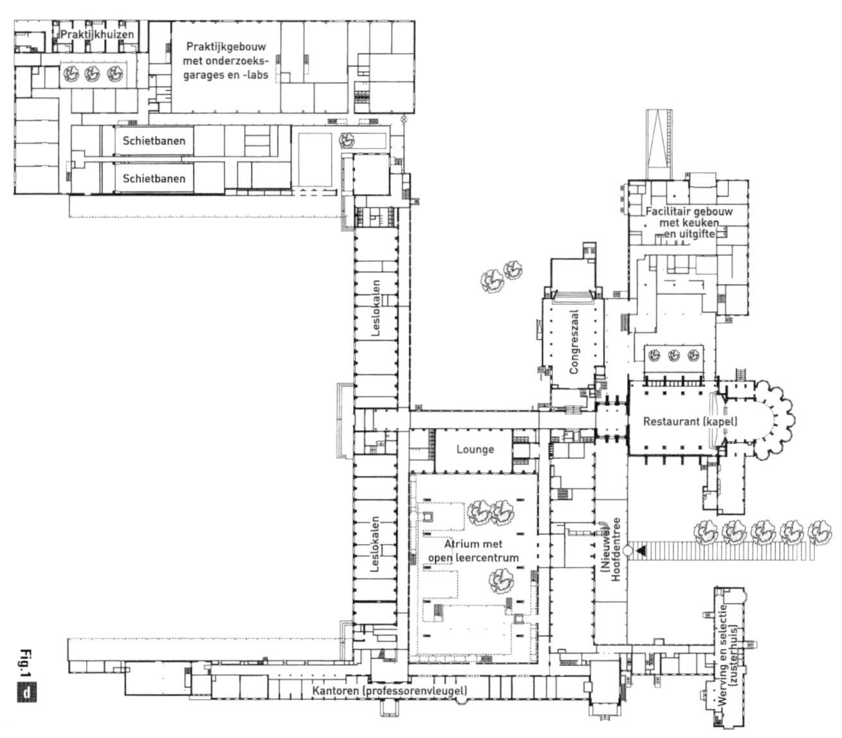

Fig.1 d

Fig.3 ■ クラウスヘーレンホテル・マーストリヒト Kruisherenhotel Maastricht ■ 2005年｜改修設計：Satin Plus Architecten［1520年］■ Map番号［83］

a

b

a｜レストラン内観。礼拝堂に鉄骨造の2階建ての建物が増築され、レストランやバーとして使われている。
正面奥に見えるのはエレベーターシャフト。
b｜中庭を見る。中庭は屋外レストランとして活用されている

中庭のまま残す

ベルギーのルーヴァン(Leuven)にあるルーヴァン・カトリック大学アレンベルク付属図書館[**Fig.4**]は、当時のオランダの権力者ヴィリアム・デ・クロイ一族の城館に附属する修道院として、1446年に建てられたものである。第1次世界大戦後にルーヴァン・カトリック大学が所有した後、1996年に図書館として活用する設計競技が行われ、スペインの建築家ラファエル・モネオの案が採用されて改修され、2002年に竣工した。

礼拝堂部分は、改修時にはすでに失われていたが、それ以外のコの字型に残された建物に、玄関棟と図書館を新たに増築し、失われた中庭を取り戻す形で改修が行われた。増築部分は白く塗られたモダンなもので、既存部分の室内も白く塗られ、オリジナルの雰囲気を残しながら新しいデザインを見せている。中庭には、ベンチなどを設置し、往時の修道院の姿を想起させる憩いの場として活用されている。

修道院と同じような中庭を囲む空間構成を持つ、かつてのキリスト教の慈善施設もうまく活用されている。アムステルダムの旧市街地内に位置するアムステルダム・エルミタージュ美術館[**Fig.5**]は、ハンス・ファン・ペーターソムの設計により1682年に老人ホームとして竣工した建物である。老人ホームの移転に伴い、ハンス・ファン・ヒースヴァイクの改修設計により、ロシアのエルミタージュ美術館の別館として再生され、2009年に竣工した。2つの大きな展示用ホールと42の小さな展示室などから構成されている。国の文化財に指定されている。

建物は、煉瓦をむき出しにしたオランダ・ルネサンス様式によるもので、大きな中庭を一辺102mもの長さの壁面を持つロの字型の建物が囲んでいる。改修されるまではいったん建物の内部に入らなければ中庭にアクセスできなかったが、改修後は、道路から直接中庭を通って建物に入れるように変更され、中庭はパブリックなものとなった。それによって、オリジナルのシンプルな空間に対して変化と奥行きがもたらされたと言える。

■

このように、修道院のような中庭を持つキリスト教施設の改修の手法は、中庭が室内化されるものとそうでないものとに大きく分けられる。室内化された中庭は、囲われた四方の棟からアクセスしやすく、新しい建物の中心的かつ象徴的な空間に生まれ変わっている。室内化されない場合は、屋外のままでレストランに活用されたり、玄関への動線空間として活用されたりしている。いずれの場合も、従来ほとんど使われていなかった中庭に積極的な役割や意味を与えることが、空間的なメリハリや魅力をつくる上で重要になると言えそうだ。

Fig.4 ■ ルーヴァン・カトリック大学アレンベルク付属図書館 Campusbibliotheek Arenberg, Katholieke Universiteit Leuven ■ 2002年｜改修設計：Rafael Moneo［1446年］■ Map番号［125］

Fig.5 ■ アムステルダム・エルミタージュ美術館 Hermitage Amsterdam ■ 2009年｜改修設計：Hans van Heeswijk［1682年｜設計：Hans van Petersom］■ Map番号［4］

Fig.4

a｜玄関付近外観。
かつてのロの字型の修道院の一部に白いモダンな建物が増築されている。
b｜閲覧室内観。修道院時代の建物が改修されて使われている。
c｜中庭から増築部分を見る。
修道院時代の中庭はそのまま中庭として使われている。

Fig.5

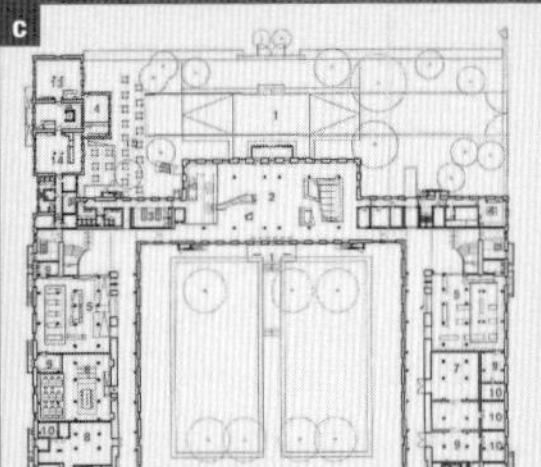

a｜休憩室内観。内部は真っ白に
塗られてモダンに改修されている。
b｜運河の対岸から見る。外観は、
ほとんどオリジナルの姿のままで
使われている。
c｜1階平面図。中庭の上部に
設けられた玄関ホールを中心に
ロの字型に展示室が並ぶ。
d｜建物西側外観。
階段の下をくぐって中庭を通り、
玄関ホールへ至る。窓には一時的に、
西日を遮るロールカーテンが
降ろされている。

ヨーロッパでは、廃墟となった建物がそのままの姿で保存されていることがある。廃墟は、われわれに記憶や時間を呼び覚まし憧憬の感情をもたらし、また永遠性を象徴するものとして理解されている。それは長期間にわたりその場所に存在し続ける、石や煉瓦による組積造の文化ならではのものであり、朽ちてやがて消滅してしまう日本の木造の文化には縁遠いものであるのかもしれない。

ここで取り上げる廃墟の多くは、第2次世界大戦によって廃墟と化した教会堂などの宗教施設である。このようなタイプの廃墟は、憧憬の感情よりも、戦争への追悼や平和への祈念のための記念碑としての性格が強い。さらに、追悼施設として使われたり失われた建物の復元が求められたりと、放置された廃墟なのではなく、われわれに新しい関わりを求める廃墟だと言える。ここでは廃墟に対する新しい関わり方をいかにデザインしているかに注目しながら、いくつかの事例を見てみたい。

4 廃墟

建物に内包される廃墟

ドイツのケルン（Köln）に建つコロンバ美術館［**Fig.1**］［**口絵 p.020**］は、12世紀に建設された聖コロンバ教会の廃墟の上に建てられた美術館である。オリジナルの教会堂は12世紀に建設されたロマネスク様式のものだが、その後15世紀にゴシック様式によって拡張され、さらに17世紀にも拡張された。第2次世界大戦中の1943年に爆撃のため廃墟となってしまうが、1950年にゴットフリート・ベームの設計によって、その一角に小さな新しい8角形の礼拝堂が建てられた。コロンバ美術館は、その廃墟と戦後の礼拝堂の上に、それらを内包する形で、ピーター・ズントーの設計によって新たに建設され2007年に竣工したものである。

ズントーは、改修にあたって「生きた美術館」をつくることをコンセプトに掲げている。廃墟が美術館の展示の１つとなるように演出され、教会堂もそのまま使われている。廃墟の中には、幾度にもわたって拡張された中世の古い教会堂の痕跡を見ることができる。そして上部の美術館の建物の輪郭もまた、廃墟の教会堂の輪郭をなぞるようにつくられている。つまり、ここでは幾度にもおよぶ改修が「重ね書き」され、歴史の層が視覚化されているのである。来館者は、その質の高い空間と、歴史の痕跡の重なりに圧倒されることになる。なおズントーは、2009年にこの美術館などの作品が評価されて、「建築界のノーベル賞」と言われるプリツカー賞ほか、数々の賞を受賞している。

ノルウェーのハーマル（Hamar）に位置するヘドマルク博物館［**Fig.2**］［**口絵 p.020**］は、隣接する敷地に12世紀に建てられ現在は廃墟となっている大聖堂の、司教のための施設として建てられた。しかし16世紀に廃墟となり、18世紀に農業用の小屋がつくられたものの、再び廃墟と化していた。それがスベレ・フェーンの設計により改修され、16世紀から20世紀までのこの地方の人々の生活について展示する民俗博物館として、1973年にオープンした。

Fig.1

a｜美術館外観。1階の壁面には、中世のゴシック様式の教会堂や戦後に建設されたモダンなデザインの教会堂の一部が顔を覗かせている。
b｜外壁詳細。廃墟となった中世のゴシック様式の教会堂の窓の上に新しい壁が重ねられている。
c｜廃墟の展示スペースを見る。手前には空襲で廃墟となった中世の教会堂、奥には戦後に増築された八角形の平面をもつ教会堂が見える。両者を覆うようにして美術館が建設された。
d｜平面図。廃墟となったかつての教会堂の輪郭をなぞるようにして、新しい美術館が建てられている。

廃墟として残った壁の上に屋根が掛けられ、内部にコンクリートのスラブが挿入されて展示空間として生まれ変わっている。また部分的に、建物内部の廃墟の上に空中通路を設けて廃墟を展示物として見せている。新しく手を加えた部分は、コンクリートや木造の柱梁、ガラスなどが使われて、石造の廃墟部分に調和しながらもコントラストをなすデザインで統一されていて美しい。また建物がL字型に囲む中庭にも廃墟が残され、その中庭や建物全体を見渡せるようコンクリート製のゆるやかなスロープが設置されているのも魅力的である。カルロ・スカルパ設計のカステルヴェッキオ美術館（1964年）を髣髴させるもので、フェーンの作品の中でも、シンプルなデザインでありながら豊かな空間性を持つ秀作だと言えよう。

これら2つの事例とは異なる改修手法を見せる、別の2つの事例がある。1つはドイツのベルリン、ツォー（Zoo）駅近くの繁華街の中に建つカイザー・ヴィルヘルム記念教会堂［**Fig.3**］である。これは、第2次世界大戦によって廃墟となった古い教会堂に、戦後新たな教会堂が増築されたものである。

最初に建てられた教会堂は、1870年の普仏戦争に勝利しドイツを統一国家へと導いたドイツ帝国初代皇帝ヴィルヘルム1世を記念し、1895年に建設された。建築家フランツ・シュヴェヒテンによってネオ・ロマネスク様式で設計され、ドイツの近代国家成立の記憶を表象するモニュメントの役割を果たしていた。しかし、第2次世界大戦終盤1945年4月の空襲によって、教会堂は中心の塔だけを残した無残な姿で終戦を迎える。その後1955年から1957年にかけて再建コンペが行なわれ、建築家エゴン・アイアーマンの案が一等を獲得した。

アイアーマンの当初のコンペ案では、廃墟の塔は取り除かれる予定だったが、ベルリン市民から強い反対の声が上がった。そのためアイアーマンは、高さ71mの廃墟の塔をモニュメントとして残しつつ、ガラスブロックの壁面で覆われた高さ53mの新たな8角形の塔を持つ教会堂を増築し、廃墟となった塔に教会堂の歴史についての展示室を設ける修正案を作成。その案は市民にも受け入れられ、1963年に竣工した。最初の教会堂と同じ場所に建ち、かつての面影を残しながら、今度は戦争の記憶を保存するモニュメントとして生まれ変わったのである。新たに建設された聖堂はモダンなデザインによるもので、廃墟となった塔と強いコントラストを生み出している。

廃墟のまま残す

もう1つは、イギリスのコヴェントリー（Coventry）にあるコヴェントリー大聖堂［**Fig.4**］［**口絵 p.020**］である。11世紀に最初の教会堂が建てられ、これが12世紀から大聖堂として使われるようになったが、16世紀に破壊されてしまう。その後しばらく大聖堂は不在となるが、1918年になって、14世紀から15世紀にかけて建設された聖ミカエル教会が大聖堂として使われるようになる。塔の高さは90mと、町で最大の高さを誇る建物であった。

Fig.2 ■ ヘドマルク博物館 Hedmark Museum ■ 1973年｜改修設計：Sverre Fehn［12世紀・16世紀・18世紀］■ Map番号［127］

Fig.2

a｜展示室内観。廃墟となった建物の上に
鉄筋コンクリート造の通路や建物が増築されている。
廃墟も展示物の一部となっている。
b｜中庭から建物を見る。壁だけが残された建物に
屋根が復元的に架けられている。壁に開いた大きな穴は、
壁の外側にガラスを当てて塞いでいる。
c｜平面図。中庭を囲うようにしてコの字型の建物が
建っている。かつての建物の痕跡の上に重ね描きする
ようにして、新しい建物が建てられていることが分かる。

しかし1940年11月にナチスドイツの爆撃により、外壁と鐘塔を残して廃墟となってしまう。戦後聖堂再建の声が上がったが、旧大聖堂の廃墟をそのまま残すかどうかについて議論が生じ、いくつかの案が提出されたようだ[1]。復元案や跡地に新築案などもあったが、最終的には、廃墟を「戦争記念碑」としてそのまま残すことが決定されたという。

1950年に開催された新しい聖堂の設計競技の結果、バジル・スペンスの案が200以上の案の中から選ばれた。スペンスの案は、旧大聖堂の廃墟をそのまま残し、すぐそばの敷地に新しい聖堂を建設するというものであった。新しい大聖堂もまた、その建物のデザインが問題になったようだが、最終的には「現代的なもの」として理解され、受け入れられたという。1956年から旧大聖堂に隣接する敷地で建設が始まり、1962年に竣工した。スペンスは後にこの作品によりナイトの称号が与えられている。

新しい聖堂に設置された巨大なガラス越しに古い聖堂の廃墟が見えており、教会堂への訪問者は必ず廃墟に向き合うことになる。廃墟を通じて、歴史や記憶を呼び覚ますとともに、平和を祈念することを強いるような配置となっている。

■

本節で紹介した最初の2つの事例と、後の2つの事例とでは、廃墟の扱い方に違いが見られる。前者は廃墟に比較的自由に手を加え、増築された新しい空間の内部に廃墟を取り込み、それを展示の一部として演出しようとするものだが、後者は廃墟を廃墟のままオブジェとして残す姿勢がより強く感じられる。それは、前者が展示施設として使われているのに対して、後者は戦争で破壊されながら現在も教会堂として使われているためだろうか。あるいは、前者は1970年代以降に改修されたのに対して、後者は1960年代までに改修されている。時代による違いであるのだろうか。いずれにせよ、新たな用途に応じて廃墟を来訪者に強く印象付ける改修デザインとなっている点では共通している。廃墟のまま放置しているよりも、手を加えることによってこそ、その場所と出来事の記憶を記念するにふさわしいデザインとなる可能性があることを感じさせる優れた事例である。

1——穎原澄子「Coventry大聖堂復興における廃墟の扱いと新大聖堂の様式について——その意思決定に至る議論の過程について」『日本建築学会計画系論文集』第580号、日本建築学会、2004年、pp. 235–241

Fig.3 ▪ カイザー・ヴィルヘルム記念教会堂 Kaiser Wilhelm Gedächtnis Kirche ▪ 1963年｜1963年｜改修設計：Egon Eiermann［1895年｜設計：Franz Schwechten］▪ Map番号［105］

Fig.4 ▪ コヴェントリー大聖堂 Coventry Cathedral ▪ 1962年｜改修設計：Basil Spence［14・15世紀］▪ Map番号［129］

Fig.3

a｜新旧の塔を見る。かろうじて残された廃墟化した教会堂の塔の横に鉄骨造のモダニズムの塔が建てられ、新旧の対比をなしている。

b｜廃墟化する前の教会堂の様子。複数の塔を備えたネオ・ロマネスク様式の教会堂だった。

c｜教会堂内観。破壊された教会堂の跡地に、鉄骨造の新しい教会堂が建てられている。色つきのガラスブロックで覆われて神秘的な空間となっている。

Fig.4

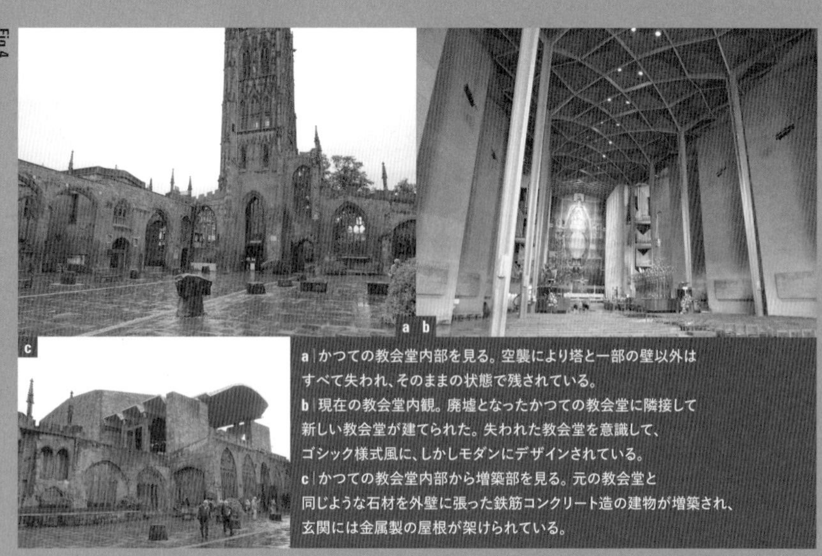

a｜かつての教会堂内部を見る。空襲により塔と一部の壁以外はすべて失われ、そのままの状態で残されている。

b｜現在の教会堂内観。廃墟となったかつての教会堂に隣接して新しい教会堂が建てられた。失われた教会堂を意識して、ゴシック様式風に、しかしモダンにデザインされている。

c｜かつての教会堂内部から増築部を見る。元の教会堂と同じような石材を外壁に張った鉄筋コンクリート造の建物が増築され、玄関には金属製の屋根が架けられている。

5 倉庫

→p.053

a | ヨブスフューム Jobsveem
運河の対岸から見る。
集合住宅に用途転用された倉庫。
運河側の各階にベランダが新設され、
最上階には1層分増築がなされている。
1階はオフィスとして活用されている。
p.054 | **Fig.1**

b | フライ・エントレポット Vrij Entrepot
1階は商業施設、2階以上は
集合住宅にコンバージョンされている。
クレーンが残されているため、
かつて倉庫として使われていたことが分かる。
p.054 | **Fig.2**

c | エントレポトドク Entrepotdok
運河の対岸から見る。
1階にはところどころに
レストランなど店舗が入っており、
人々が屋外のパラソルの下で
食事を楽しんでいる。
p.058 | **Fig.4**

a | カバレロ・ファブリーク Caballero Fabriek
食堂を見る。かつては広大な
ワンルームの空間だったが、
壁が建てられて細かく仕切られて
改修された。天井のトップライトが
工場の記憶を留めている。
p.060 | Fig.1

b | フィアコム・インターナショナル・
メディア・ネットワーク
Viacom International Media Networks
エントランスホールを見る。
かつての工場の大空間が壁や床で
細分化されているが、エントランスホールは
元の天井高や、
鉄骨の力強さが感じられる。
p.062 | Fig.3

c | デ・ポント美術館 De Pont Museum
展示室を見る。工場だった頃は、
電動式の紡績機がずらりと並んでいた。
鉄骨の柱や梁、トップライトに
工場の名残が感じられる。
p.062 | Fig.4

7 巨大工場

→p.065

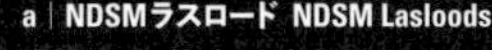

a｜NDSMラスロード NDSM Lasloods
玄関ホール付近から奥を見る。
鉄骨のフレームの中は、各アーティストが
自由にデザインできるため、
様々な色と形が使われている。
p.066｜**Fig.1**

b｜ROCファン・トゥヴェンテ ROC van Twente
玄関ホール付近から奥を見る。
かつての工場の大空間は、隣接して増築された
新しい建物への玄関ホールや通路、
ホワイエとして使われている。
p.068｜**Fig.3**

c｜ストライプS Strijp S
道路側から見る。
巨大なかつての工場の建物が建ち並ぶ。
道路を跨ぐブリッジで
隣の建物と接続されている。
p.070｜**Fig.5**

8 炭鉱・製鉄所

→p.073

a | **ヴェストパルク・ボーフム**
Westpark Bochum
かつての製鉄所の建物を俯瞰する。
隙間の空間には、芝生が敷かれて
水路が整備されるなど、
優れたランドスケープとなっている。
p.076 | **Fig.3**

b | **ツォルフェライン炭鉱業遺産群**
Zollverein Coal Mine Industrial Complex in Essen
旧第12立坑地区を俯瞰する。
茶色い建物群は、炭鉱時からのもの。
右奥に見える白い建物は
日本の建築家ユニットSANAAが設計した
「ツォルフェライン・スクール」。
p.074 | **Fig.1**

c | **タイガー&タートル・マジック・マウンテン**
Tiger & Turtle Magic Mountain
ボタ山上の展望台から見る。
ジェットコースターのように見えるが、
階段状の通路からなる展望台となっている。
眼下に広がるルール地方の景色を
楽しむことができる。
p.080 | **Fig.5**

オランダは17世紀以来、船舶による貿易や商業で栄えた。低地であることを活かして国中に運河を張り巡らせ、船舶による物資の輸送を容易にした成果である。そしてアムステルダムやロッテルダムを中心にヨーロッパ最大規模の港湾が形成され、運河に面して多数の倉庫街が生まれた。

しかし1980年代以降、重工業を中心に産業の衰退が始まり、またコンテナ船の普及により旧来の港湾が手狭となって、外海近辺に新築された大規模港湾施設への移転が進んだ。そのため、かつての倉庫街は空き家となり、解体されたものも少なくない。しかし中には改修されて、集合住宅や文化施設、商業施設などに転用されているものもある。近年はアムステルダムやロッテルダムなど大規模な港湾地区を中心に、様々な形で改修され活用された倉庫が日常的な風景をつくり出している。

ここでいう倉庫とは、大量の荷物や物資を雨や風から守るための奥行きのある広大なフロアが、複数階にわたって重なっている建物を指す。荷物を運びこむ入り口以外に開口部がほとんどないため、新たに人間の生活空間にするには採光の問題を解決する必要がある。ここではその解決法に着目しながら、いくつかの事例を取り上げてみたい。

吹き抜けをつくり採光

オランダにおける商業の中心都市ロッテルダム（Rotterdam）では、いくつもの古い倉庫が改修され活用されている。街の中心を流れるマース川のそばに建つヨブスフェーム［**Fig.1**］［**口絵p.049**］は、J.J.カンタースの設計により1913年に建設された倉庫で、国の文化財に指定されている。重工業の衰退や港湾機能の移転により旧港湾部の再開発が行われ、周辺の建物の多くは解体されてしまった。しかしこの建物は歴史的な価値が評価されて2000年に国の文化財に指定され、その後メイ建築事務所とヴェッセル・デ・ヨングの改修設計によって、2007年に生まれ変わった。1階にオフィスなどが入るが、その上部は109戸からなる集合住宅となっている。

建物は125mの長さと25mの奥行きを持つ。採光部がかぎられ内部が暗くなり過ぎるため、そのままでは集合住宅として用いるのに適さない。そこで3か所の床を切り取って大きな吹き抜け空間をつくり、壁の一部を壊して大きな窓ガラスを入れて採光し、階段室とエレベーターホールとして使われている。これによって、同じ形の平面が積層された均質な空間から、変化のある空間に生まれ変わり、採光や機能面でも満たされた。なお、港湾側の壁面には新たにベランダが取りつけられ、最上階にも鉄骨でつくられたペントハウスが設置されている。

マース川沿いの別の場所に位置するフライ・エントレポット［**Fig.2**］［**口絵p.049**］は、G.J.モレ＆Co.テ・デルフトの設計により1879年に建設されたコーヒーや紅茶、砂糖、香辛料のた

Fig.1 ■ ヨブスフェーム Jobsveem ■ 2007年｜改修設計：Mei Architecten＋Wessel de Jonge［1913年｜設計：J.J. Kanters］■ Map番号［53］

Fig.2 ■ フライ・エントレポット Vrij Entrepot ■ 1997年｜改修設計：cepezed［1879年｜設計：G.J. Morre & Co. te Delft］■ Map番号［54］

Fig.1

a｜道路側から見る。採光のため、壁面の一部が除去されて大きな開口部が設けられているが、デザイン的にも違和感はない。

b｜内部から見た壁面の開口部。床の一部を除去して1階から最上階までを吹き抜けのエントランスホールとし、採光を確保している。

Fig.2

a｜道路側からの外観。ところどころにガラスのエレベーターと階段室が置かれ、集合住宅にアクセスできるようになっている。

b｜内部の吹き抜け空間を見る。床の一部を除去して吹き抜けとし、トップライトから採光している。2階以上の吹き抜けの両側は集合住宅となっている。

c｜断面図。建物中央部の床が最上階まで除去されて吹き抜けになっている。1階は商業施設、2階以上は集合住宅となっている。

めの倉庫だった。4階建て、長さ約200m、奥行き約37mの規模を持つ。建築事務所セペゼットの改修設計により、1997年に1階に商業施設を収めた集合住宅として改修された。国の文化財に指定されている。

改修によって、オリジナルの鉄骨の柱や梁は残されたが、床が部分的に除去されている。屋根は採光のために中央部分がガラスのトップライトで覆われ、1階の商業ゾーンにまでおよぶ細長く深いアトリウムが設けられて、屋内まで光が取り込めるようになっている。2階以上の集合住宅部分には、建物の裏側に設けられたガラス張りの階段室からアクセスする。前述のヨブスフェームが要所の床を抜いて吹き抜けのエントランスホールとし、そこから集合住宅へアクセスしたのに対して、ここでは中央部をすべて細長い屋内の吹き抜けとし、集合住宅へのアクセス方法も異なる。構成方法を少し変えるだけで、全く異なる性質の空間となっているのが興味深い。

先のヨブスフェームから400mほど離れた場所に、やはり倉庫が改修された複合施設デ・ローイアースホフ[Fig.3]がある。オリジナルの建物は、設計者は不詳であるが1910年にカウフマン社のための皮革製品の倉庫として建てられた。ハルスホフ建築事務所の設計により改修され、2003年に集合住宅とオフィスとして竣工している。建物はロッテルダム市の文化財に指定されている。

改修によって、135m^{2}の住宅28戸が入る集合住宅と5,000m^{2}を超えるオフィススペース、地下に70台の自動車と80台の自転車を収容する建物として生まれ変わった。改修に際して、自然光を導入するため屋根が除去されてルーフテラスに置き換えられ、道路側のファサードと内部の5×5mの鋳鉄製の柱と木造の梁以外は、鉄とガラスを主体とした新しい建築に改修された。

エントレポトドクの倉庫群

アムステルダムにも多数の倉庫の改修事例がある。中心市街地の東部に位置するエントレポトドク[Fig.4][口絵 p.049]は、1708年から1840年までの長きにわたって建設された運河に面して建ち並ぶ倉庫群が、1970年代から空き家となった後、集合住宅に改修されたものである。建築家のヨープ・ファン・スティフトが改修設計を担当し1984年に竣工した。大胆に改修された歴史的建築物の事例としては、初期のものである。国の文化財に指定されている。

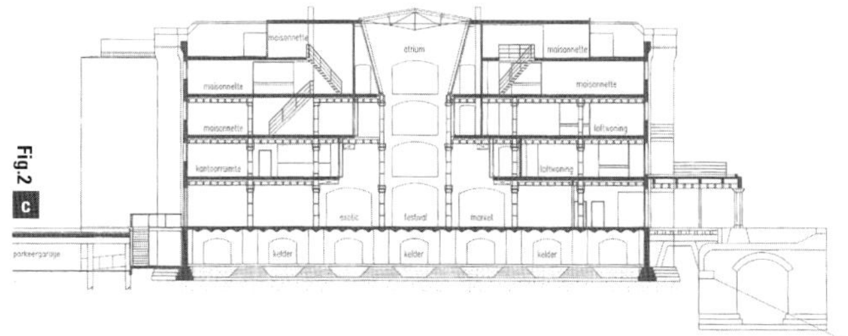

Fig.2 C

Fig.3 ■ デ・ローイアースホフ De Looiershof ■ 2003年｜改修設計：Hulshof Architecten［1910年］■ Map番号［55］

Fig.3

a｜中庭を見る。太い柱や梁はオリジナルのもの。それ以外は除去され、鉄骨やガラスを用いた集合住宅に改修されている。
b｜道路側からの外観。中央より右側が該当の建物。右奥にガラス張りの建物が増築され、
オリジナルの建物とコントラストをなしている。
c｜2階平面図。右側の建物のファサードと柱梁の骨格がオリジナルのまま残されている。
中央に中庭が設けられ、それを囲うように住宅が配置されている。

オリジナルの建物は、4階から6階建ての6つの大きな倉庫が少しずつ隙間を空けながら連続して並んでおり、全体の長さが約500m、奥行きは42mある。これを集合住宅として用いるには、やはり採光の問題を解決する必要があった。そこで建物の中央部の屋根や数階分の床を除去し、地上5.5mの位置に通路を兼ねた細長い中庭を設け、そこから各住宅にアプローチするように設計することで問題を解決した。中庭から下の1階や地階部分には店舗や事務所、駐車場が入っている。

運河側から見るとオリジナルの倉庫のファサードがほとんどそのまま残されて、往時と変わらぬ姿を保っている。しかし中庭に入ると明るく、植栽や廊下、エレベーターシャフトなどによって空間が分節されて変化も多く、静かな環境が保たれた心地よい空間が広がっている。ここで紹介する倉庫の事例の中では、最も大胆に内部を除去し開放的に改修したものだと言えるだろう。

このエントレポトドクの集合住宅から東に200mほど離れた敷地に建つヴォーニンフボウ・アクアルティス[**Fig.5**]という集合住宅も、元は倉庫だった。アムステルダム市電気局のための石炭倉庫とボイラー室として建てられたもので、そばの運河から船で石炭を運んでいた。オリジナルの建物はベルラーヘの弟子によって設計され、19世紀末から20世紀初頭にかけて建てられたと見られる。しかし、1980年代からエントレポトドク運河の倉庫街が集合住宅に改修されていく中で、両端の壁と1階部分が残された状態で解体され、その後dok 建築事務所のリースベト・ファン・デル・ポルの設計により集合住宅に改築されて2001年に竣工した。ヨーロッパ・ノストラ賞を受賞している。

110戸からなる集合住宅の1階にはスタジオやワークショップルームが入る。オリジナルの建物は壁と1階部分を除いてすべて解体されているため、これまでに紹介した事例とは大きく異なる。新しい建物は大きなガラス窓で覆われているが、オリジナルの建物の輪郭をなぞるようにしてデザインされているなど、歴史的な建物の記憶をとどめるものとなっている。オリジナルが残されつつ、それ以外は現代的なデザインで刷新されているわけだ。日本で流行しているオリジナルの建物を模倣した「イメージ保存」とは異なり、新旧の対比と継承がうまく実現していると言える。

■

このようにオランダでは、倉庫が様々な方法で魅力的かつ機能的な建物に改修されている。均質で広大な空間を内包しているため、同じパターンが繰り返される集合住宅に転用されることが多いようだ。そのためには採光を必要とするが、外観など建物の主要な歴史的価値を残しながら、中庭や吹き抜け空間を設けることで巧みに解決している。その配置によって、バリエーションも生まれるし、十分機能的で魅力的なものとなる。放置しておけば暗い均質な空間に過ぎないが、手を加えることで、オリジナル以上の新たな価値を得ることができるのだ。

Fig.4 ■ エントレポトドク Entrepotdok ■ 2003年｜改修設計：Joop van Stigt［1708年〜1840年］■ Map番号［5］

Fig.5 ■ ヴォーニンフボウ・アクアルティス Woningbouw Aquartis ■ 2001年｜改修設計：Liesbeth van der Pol［19世紀末から20世紀初頭］■ Map番号［6］

Fig.4

a｜中庭から見る。倉庫群の中央部分の床を除去してつくられた細長い中庭から、両側の集合住宅にアクセスする。かつて中庭の上部には、倉庫の屋根と上層階の床スラブが架かっていた。
b｜運河沿いの道路から見る。集合住宅に改修した際、ところどころにガラス窓とベランダが設けられた。クレーンが残されて、かつての倉庫の記憶をとどめている。クレーンの右側には運河がある。

Fig.5

a｜運河沿いの道路から見る。建物の妻側の両サイドにかつての倉庫の壁面が残され、その間に鉄とガラスの新しい集合住宅が新築された。
b｜同上。1階の煉瓦造のアーチの枠の中に、鉄とガラスの集合住宅が新築されている。

オランダは、ユニリーバやハイネケン、フィリップスといった世界的な企業を複数擁しており、それらが国の産業を支えてきた。また運河や河川による運輸網が国中に整備されていることもあり、運河に沿って各地に大小の産業施設や工場が多数立地している。しかし近年はこうした施設が空き家になったり解体されたりして、保存・活用が進んでいる。

その中には19世紀末から20世紀初頭に建てられたものも多く、産業遺産として国や州、市の文化財(monument)に指定されている。日本の場合、文化庁管轄の文化財に指定されている産業遺産は建築遺産に比べて少なく、積極的に活用されている例はまれである。しかしオランダでは、多数の産業遺産が建築遺産と同様に文化財に指定されており、その保存・活用も盛んである。

ここでは、産業遺産の中でも工場に焦点を当ててみたい。ひと口に工場といっても様々な種類がある。均質な大空間がビル状に積層したものもあれば、プラント施設のように様々な設備が群をなすものもあるが、ここでは平屋建ての均質な大空間を持つもので、天井高10m程度以下の工場に限定する。改修方法としては、大規模で均質な空間をいかに分節するかがテーマとなる。その方法に着目しながらいくつかの事例を見てみたい。

大空間を分節する

デン・ハーグ市に建つカバレロ・ファブリーク[**Fig.1**][**口絵p.050**]は、L. ハイツ & フランス・ファン・デ・トフツの設計により1953年に建設されたタバコ工場が、複合施設として活用されたものである。建築事務所グループAの設計により2006年と2009年の2回に分けて改修された。デザインや建築設計、アート関係の企業や事務所が多数入居する、延べ床面積1万5,000m²のオフィスの「集合住宅」のようになっている。2030年には、この敷地周辺がオフィスや娯楽施設、住宅などが混在する地区として再開発される予定で、その端緒となるプロジェクトとして実現した。

建物の外観はいわゆるモダニズム建築だが、外壁に煉瓦タイルが張られたオランダらしいものである。一方内部は、元は柱が整然と並んだ均質な大空間であったが、新たに複数の壁が建てられて大空間が細分化され、部分的に地下を掘り込んで中2階が設置され、中庭も挿入されるなど、変化に富んだ空間に生まれ変わっている。食堂や会議場、中庭、談話・休憩スペースなど、大小の公共的な空間が建物の随所に埋め込まれていることも特徴である。採光については、平屋の均質な大空間であったため壁面の窓は少ないが、かつての工場で使われていたトップライトがすべて残されており、随所で効果的に用いられている。大空間は失われたとしても、工場ならではの別の特徴が生かされた巧みな改修だと言える。

アムステルダムにあるA-ファクトライ[**Fig.2**]は、1952年に建設された古い自転車工場が、2002年に低層複合オフィスビルに改修されたものである。改修設計は、レム・コール

Fig.1 ■ カバレロ・ファブリーク Caballero Fabriek ■ 2006年＋2009年｜改修設計：Group A［1953年｜設計：L. Huijdts & Frans van de Togt］ ■ Map番号［43］

Fig.2 ■ A・ファクトライ A-Factorij ■ 2002年｜改修設計：Neutelings Riedijk Architects［1952年］ ■ Map番号［7］

Fig.1

a｜運河側から見た外観。
煉瓦タイル張りの大小のモダニズム建築が組み合わされている。
左手の建物は、ガラス窓の大部分が一時的に西日を遮る可動式のスクリーンで覆われている。

b｜中庭の様子。かつては室内だったが、
トップライトのガラスが除去されて、中庭に改修された。
和風を意識したのか、砂利と飛び石で構成された庭となっている。

Fig.2

a｜玄関ホールを見る。かつての工場の均質な空間が、
パーティションで区切られたり、部分的に屋根が切り取られたりしている。

b｜オリジナルの工場の建物を見る。外観はほとんど変わっていない。北側に開いたヴォールト状の屋根が並んでいる。

c｜玄関部分を見る。ノイトリング&リーダイクが設計し玄関側に増築した建物の隙間から内部に入っていく。
形は斬新だが、煉瓦タイルを貼ってオリジナルの建物に調和させている。

d｜1階平面図。かつての工場のグリッドに則して屋根が除去され、4つの中庭が設けられている。
平面図上部の玄関側に新しい建物が3棟増築されている。

ハースの事務所OMA出身で世界的に知られるノイトリングス＆リーダイク建築事務所による。

北側採光の4分の1円ヴォールト屋根が12mピッチで6棟連続する工場に接続して、3つの印象的な形を持つ新館が増築された。その壁面は旧館同様煉瓦タイル張りで、屋根の形状も元の工場のデザインに呼応している。内部は、壁やガラス窓によって空間が分節され、4か所で部分的に建物が除去され中庭が設けられて、変化に富んだ空間を生み出している。前述のカバレロ・ファブリークではオリジナルの大空間が見通せないほど細分化されていたのに対して、ここではトップライトだけではなく側面からの採光を増やし、オリジナルの大空間が比較的見通せるようになっている点に特徴がある。

アムステルダムのアイ運河の北側に広がるNDSM地区では、かつて工場だった建物が現在は放送局フィアコム・インターナショナル・メディア・ネットワーク［**Fig.3**］［**口絵 p.050**］のオランダ本社として活用されている。造船所NDSMの施設としてG.J.ランホウトの設計で1927年に建設されたもので、当時は木工作業用の工場として使われていた。その後、マックス・ファン・アーシュホットの設計によって改修が行われ、放送局として2007年に竣工した。この建物も国の文化財に指定されている。

外壁の4面のうち2面は改修されているが、内部では、ほぼすべての鉄骨の柱や梁などがそのまま残され、45×60mの広さと10mほどの高さを持ったワンルームの大空間の中に、4階建てのオフィススペースが新たに詰め込まれている。エントランスホール付近はオリジナルの天井まで吹き抜けにされ、工場として使われていた空間の記憶を想起させるとともに、均質になりがちなオフィス空間に中心性を与える役割を果たしている。執務スペースにもほとんど間仕切りがなく、オリジナルの大空間が感じられるのもよい。

大空間をそのまま活かす

以上3つの事例は、いずれもオリジナルの大空間を分節し空間に変化を生み出す改修であったが、対照的な事例としてティルブルフ（Tilburg）市のデ・ポント美術館［**Fig.4**］［**口絵 p.050**］がある。ティルブルフはかつて紡績業で栄えた工業都市である。同市出身の弁護士で実業家のヤン・デ・ポント氏の没後設立されたデ・ポント財団によって、1939年に建設された羊毛の紡績工場が改修され、1992年に現代美術館に生まれ変わった。スキポール空港ターミナ

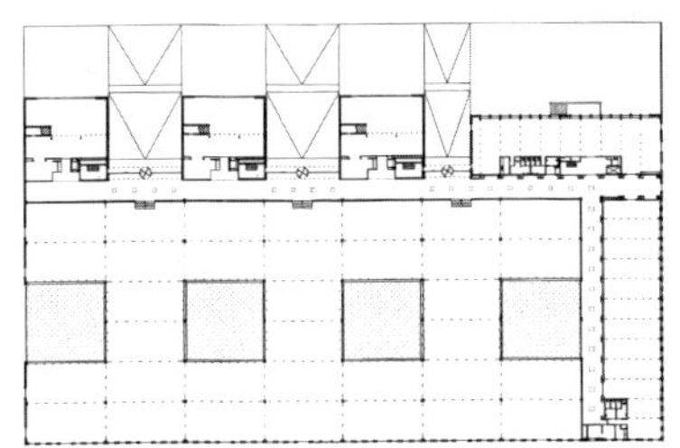

Fig.2 d

Fig.3 ■ フィアコム・インターナショナル・メディア・ネットワーク Viacom International Media Networks ■ 2007年｜改修設計：Max van Aerschot［1927年｜設計：G.J. Langhout］■ Map番号［8］

Fig.4 ■ デ・ポント美術館 De Pont Museum ■ 1992年｜改修設計：Benthem Crouwel Architects［1939年］■ Map番号［73］

Fig.3

a｜建物裏側を見る。大きく開けられたかつての搬入口にガラス窓が設けられている以外は、元の工場の姿がそのまま保たれている。

Fig.4

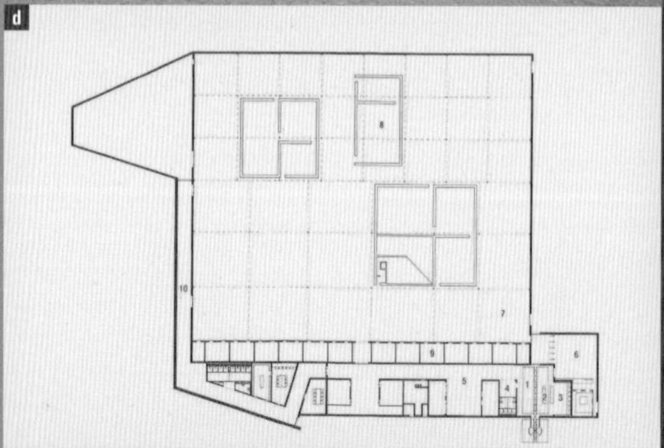

a｜玄関部分を見る。玄関には新たにポーチや風除室などが設けられている。新旧が対比されたデザインがよい。
b｜展示室を見る。大きな展示室の横に、かつて工場で製造した糸の塊を仮置きする小さな部屋が並んでおり、現在は展示室として使われている。
c｜工場時代の様子。電動式の紡績機が並んでいた。
d｜1階平面図。かつての工場のワンルームの大空間が展示室として使われ、その中にパーティションで区切られた小さな展示室が配されている。

ルビルの設計などで知られるベンテム・クローヴェル建築事務所の改修設計による。

内部では、かつて多数の織機が並んでいた60×70mの均質な大空間が、そのまま展示室に転用されている。展示物への日光の影響を減じるため、トップライトには特殊なガラスが使われるなど技術的な工夫が加えられている。床は敷き詰められていた煉瓦が除去されてコンクリートでプレーンに仕上げられている一方、天井はオリジナルのトラス構造の鉄骨の梁が強いリズムを保っており、印象的である。かつての工場の雰囲気が残された広大で均質な空間が、展示される現代美術にマッチしている。

著名な建築家の設計による作品性の高い工場の場合はどうだろうか。アイントホーフェン（Eindhoven）郊外の小さな町ベルヘイク（Bergeijk）に、G.Th.リートフェルトの設計により1959年に竣工した、デ・プルーフ・ベルヘイク［Fig.5］が建っている。当時はカーテンや家具の布地などを製造する織物工場だった。庭園部分は造園家のミーン・ルイスの設計による。建物は国の文化財に指定されている。

戦後に家庭用品の需要が増加する中で、リートフェルトの設計により新しい工場が建設されたもので、彼にとっての初めての工場建築である。鉄筋コンクリートのフレームが均等に建ち並ぶが、ヴォールト屋根が用いられて外壁が斜めにズラされ、壁にはところどころに原色が用いられるなど、リートフェルトらしさも見られる。

工場は2007年まで操業していたが閉鎖され、その後ベルギーのミュージアム開発業者ブルンスによって購入された。ディデレンディリックス建築事務所の設計により2016年に改修されて、現在は木工の工場として使われ、一部がアートのワークショップ会場や展覧会場などとして使われている。改修に際しては、オリジナルの透明感ある空間を残しながら、空調設備など設備や機能面で改善が行われた。しかし新たな機能を詰め込むのではなく、オリジナルの空間を見通すことができ、その価値が尊重されたものとなっている点が、前述の他の工場建築の改修とは異なる。

■

オランダでは、このような工場の改修事例が全国各地に多数存在し、オフィスや商業施設など日常的な施設として活用されている。工場とはいえ、オリジナルの建物が高い歴史的価値を持ち、また鉄骨の骨組みなどが産業遺産ならではの力強い魅力を有していることも、改修による活用が数多く存在する理由の1つであろう。

改修方法で言えば、いかにオリジナルの大空間の魅力を残しながら、同時に変化のある空間をつくり出すかが課題だ。倉庫と同様、工場は就業空間や居住空間としては欠点を持つが、トップライトなどをうまく活かすことで、魅力的な空間を実現できる。工場は教会などに比べると、建物そのものが持つ魅力は低い。しかしだからこそ、手を加えることで新しい魅力的な空間をつくり出す余地が残されているとも言えそうだ。

Fig.5 ■ デ・プルーフ・ベルヘイク **De Ploeg Bergeijk** ■ 2016年｜改修設計：diederendirrix architecten［1959年｜設計：G.Th.Rietveld］■ Map番号［81］

a｜建物側面を見る。建物の端部の壁面は、少し斜めに開いて隙間にガラス窓が入れられている。ドアのカラフルな色使いは、リートフェルトらしいデザイン。

b｜内部のオフィススペースを見る。かつての工場の大空間の一部が壁で仕切られて、オフィスとして使われている。壁のパネルや天井の電灯は新しく設置されたもの。

前節では、かつて紡績業や軽工業の工場として使われていた天井高10m程度までの平屋建ての建物で、水平に広がるワンルームの大空間を特徴とするものを紹介した。本節で取り上げるのは、造船業や製鉄業などの重工業に使われた、天井高が20m近くかそれ以上あり、かつ広大な床面積を持つ巨大な工場、あるいは、そのような工場の建物が群となって建っている事例である。

オランダでは、古来、河川や運河を利用した港湾施設を内陸部に多数有していたが、近年はそれらを再編し、北海に面する場所に新しい巨大港湾施設を移設するなど、大きな再開発プロジェクトが進んでいる。そうした中で、造船業などに使われていた巨大工場の建物が改修され活用されている。ここでは巨大工場をいかに改修し、活用しているかに注目したい。

巨大空間を活かす

アムステルダムの北部、アムステルダム中央駅そばのアイ運河を挟んだ北側に広がる地域の一角に、NDSMというかつての造船所の跡地がある。1894年に創立されて、数々の大型客船や貨物船を建造したオランダを代表する造船会社であったが、1984年に操業を停止し、以来建物が空き家となっていた。

このNDSMの敷地の一角に、NDSMラスロード［**Fig.1**］［**口絵p.051**］という船の溶接作業用につくられた100×200mの広さと20mの天井高を持つ巨大な建物がある。J.D. & A.E.G.ポストマの設計により1952年に竣工したもので、国の文化財に指定されている。2004年にNPO組織によりアーティストの拠点施設に改修されて、外観はオリジナルのままであるが、内部では巨大なワンルームの空間が4つの区画に分割して活用されている。

その大部分を占めているのは、クンストスタッドと名付けられたアーティストのアトリエが入る2階建ての鉄骨フレームの建物である。ダイナモ建築事務所の設計による。アーティストは、このフレーム内の1部屋を間借りし、自由に設えてスタジオや事務所として使用する。残りの3区画は、イベントホールやローラースケートの練習施設などとして活用されている。建物内にはかつて使われていた重機も残されており、4つの区画が壁で仕切られていないため、オリジナルの空間の巨大さを実感できるのが特徴である。

一方ロッテルダムでは、NDSMと同様のかつての巨大な造船所が、学校の校舎として活用されている。1902年に設立されヨーロッパ最大級の造船会社であったRDMが、1996年に操業を停止して造船所は放置されていた。現在は、デザインや製造について学ぶロッテルダム高等専門学校やアルベダ・カレッジ、それらと連携し共同開発を行うベンチャー企業が入居する施設、RDMキャンパス［**Fig.2**］として改修され活用されている。

その主たる施設となっているのが、1910年から50年にかけて建設されたかつての機

Fig.1 ▪ **NDSM ラスロード NDSM Lasloods** ▪ 2004年｜改修設計：Dynamo Architecten［1952年｜設計：J.D. & A.E.G. Postma］▪ Map番号［9］
Fig.2 ▪ **RDM キャンパス RDM Campus** ▪ 2009年｜改修設計：Van Heerden & Partners Architecten［1902年］▪ Map番号［56］

Fig.1

a｜建物の正面を見る。内部も外部も工場時代の荒れた感じのまま活用されている。
b｜屋内の広場を見る。ところどころに広場が設けられて、
アーティストらが寛いだりミーティングしたりするスペースとして使われている。
c｜屋内を見る。鉄骨のフレームの中は、各アーティストが自由にデザインできる。
工場稼働時に使用されていた設備はそのまま残されている。

Fig.2

a｜かつての工場の大空間を見る。
室内にはガラス張りの温室のような建物が配置されて、
工房などの作業場として使われている。
b｜運河側から見る。屋根の高さや形の異なる
巨大な工場の建物が連なって並んでいる。鉄骨造だが
壁にはオランダらしく煉瓦タイルが貼られている。
c｜2階平面図。かつての工場の大空間の中央に、
ガラス張りの建物が配置され、
その間に通路が設けられている。

械工場である。約2万3,000m²の広さと天井高が最大20mある巨大な空間を持つ。ロッテルダム市の文化財に指定されている。2009年にファン・ヘールデン&パートナーズ建築事務所の設計によって改修された。大空間の中に高さ6mほどのガラス張りの温室が並べられ、イノベーション・ドックと名付けられて実験室や工房として使われている。温室を活用することで、巨大空間が遮られることがなく、室内から全体を見渡すことができる。用途に応じてスペースを細分化することもできるし、空調などを個別にコントロールすることができる点でも有効だ。巨大さと機能的な空間をうまく共存させている。

ヘンゲロー(Hengelo)には、かつての製鉄所の巨大工場が活用された事例がある。この街は戦前から工業都市として栄え、現在も中心の駅からほど近いところにいくつかの工場が建ち並んでいる。そのうちの1つ、1902年に建設され1979年まで稼働していたメス・ストーク社の巨大な製鉄工場が、IAA建築事務所の設計によって2008年にROCファン・トゥヴェンテ[**Fig.3**][**口絵p.051**]という職業訓練学校に改修、活用されている。ヘンゲロー市の文化財に指定されている。

ここでは、新しいコンクリート造の建物が細長い形状の古い工場の建物を両側から挟み込むように建ち、中央の工場空間はエントランスホールや公共的な空間として活用されている。工場空間では新たにエスカレーターやオブジェのようなデザインの会議室、仮設のようなトイレブース、大階段やカフェなどが設けられて、まるでショッピングセンターの中央アーケードのような趣となっている。巨大工場の高さと奥行きを生かしながら、均質にならぬように変化をつけた改修となっている。

巨大工場群の改修

1つの建物が巨大であるだけでなく、1つのエリアを構成する巨大工場群がまとめて改修されているのが、オランダ南西部の都市ドルドレヒト(Dordrecht)にあるエナジーハウス[**Fig.4**]である。1910年から1928年にかけて発電所として建設された建物群が文化施設に改修されたものだ。オリジナルの設計者は不詳であるが、1910年に建設された部分は折衷主義的なデザイン、1918年に建設された中間部分はモダンではあるが大きな屋根が特徴の古典主義的なデザイン、1928年に建設された部分はフラットルーフによる箱のようなモダニズムのデザ

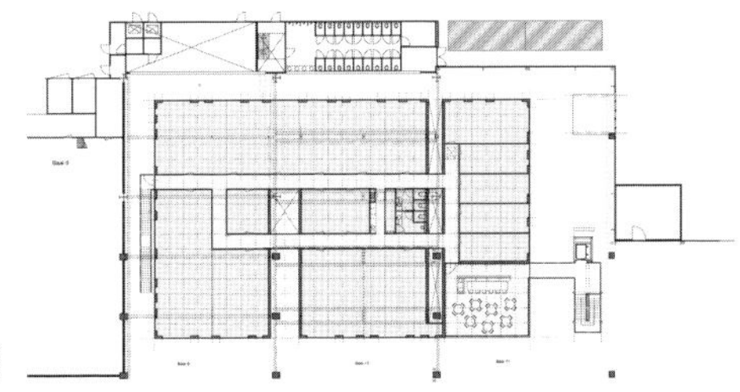

Fig.2 **C**

Fig.3 ▪ ROCファン・トゥヴェンテ ROC van Twente ▪ 2008年｜改修設計：IAA Architects［1902年］▪ Map番号［98］

Fig.4 ▪ エナジーハウス Energiehuis ▪ 2013年｜改修設計：Jonkman Klinkhamer（現TenBrasWestinga）［1910年～1928年］▪ Map番号［67］

Fig.3

a｜かつての工場空間の内部を見る。
階段やエスカレーターなどが設置され、
公共スペースとして活用されている。
b｜玄関付近を見る。建物は新しい外装材で覆われており、
外部から工場のオリジナルの姿を見ることはできない。

Fig.4

a｜レストランを見る。部分的に壁で区切られて
レストランなどに使われている。
トップライトからの光や大空間が心地よい。
b｜玄関付近を見る。窓のサッシなどが刷新されている以外は、
外観はほとんど変わらず、
工場時代のままの姿で活用されている。

インと、建設された時代の特徴がよく表れている。ドルドレヒト市の文化財となっている。

1960年代に発電所が別の場所に移転して以降、一時オフィスなどとして使用されていたが、ヨンクマン・クリンクハマー（現テンプラス・ヴェスティンハ）の改修設計により、2013年から音楽芸術センター、エナジーハウスとして活用されている。かつての6つの機械室とボイラー室を、クラシックからポップスまで、アマチュアやプロを問わず利用できる3つのコンサートホール、11のリハーサル室、30のスタジオや教室、会議室、またカフェやレストランなどに活用している。改修の手法としては、巨大な空間をいかに「切断」するかがテーマだったという。しかし文化財的な価値を守るため、オリジナルの壁は極力保持され、「切断」のために新しく加えられた壁面は鉄骨や異なる色の壁とされるなど、新旧の区別がなされている。

アイントホーフェン（Eindhoven）の中心部に位置するストライプS［**Fig.5**］［**口絵p.051**］は、さらに巨大な工場群が改修された事例である。電機製品メーカーとして世界的に知られるフィリップス社の27 haにおよぶ巨大な工場跡地が再開発されたもので、かつての工場の建物群が集合住宅やオフィス、商業施設、文化施設などに改修され、街区を形成している。国の文化財に指定されている。

「ストライプ（Strijp）」は、アイントホーフェンの地区の名称である。開発された順に、エリアがストライプS、ストライプT、ストライプR……と、ストライプという言葉を構成する6つのアルファベットで分けられている。ストライプSは最も古く、創業者アントン・フィリップスが1916年に最初の工場を建設したエリアに該当する。その後、フィリップス社の営繕課の監修のもと、A.I.J. デ・ブローケルトらの設計により、1927年から鉄筋コンクリート造の工場が建てられ始め、1953年まで次々と工場が建設された。

1990年代からフィリップス社は徐々にこの場所から撤退し始め、2002年にパーク・ストライプ・ビヘーア社が敷地全体を購入し、アイントホーフェン市などと共同で再生計画を立てた。その結果2010年代に入って、改修されたかつての工場の建物が次々に竣工している。改修の全体計画は、ランドスケープ・アーキテクチュア事務所のウエスト8が担当している。三角形の敷地にリニアに建ち並ぶ建物をよく残しながら改修し、またその隙間に公園やレストランを配するなど、殺風景だったかつての工場群が、現代の街として生まれ変わって、活気を取り戻している。

街区をまるごと改修

オランダ東部、ドイツとの国境に接する街エンスヘーデ（Enschede）のルームビーク（Roombeek）という地区に建つトゥヴェンツェヴェレ博物館［**Fig.6**］は、自然史博物館と地域史博物館、テキスタイル博物館から成る文化複合施設である。エンスヘーデは、イギリスのマンチェスターなどと並ぶ繊維産業の街として栄え、19世紀末から20世紀初頭の最盛期には160もの繊維工場が建ち並んでいたという。その最盛期の1907年に繊維工場として建設された建物を活

Fig.5

a｜工場として稼働していた頃の様子。徐々に鉄筋コンクリート造の工場の建物が建設されている様子が分かる。

b｜広場から建物群を見る。建物群の間に設けられた広場は、イベント開催などに活用されている。

c｜店舗内部の様子。鉄筋コンクリート造のかつての工場の建物の1階は、店舗やオフィスなどに活用されている。

d｜建物配置図。広大な敷地の中央に、細長い広場が設けられ、建物群を繋ぐ軸線として機能している。

用した施設である。

2000年に隣接するSEファイアーワークスの花火工場で爆発事故が起こり、周辺の40 haものエリアが被害を受けた。23人が死亡、947人が負傷、住宅400棟と建物1,500戸が損壊するという大惨事だった。その後、テキスタイル工場を含むルームビーク地区全体で復興計画が検討され、花火工場跡地は慰霊碑が建てられた公園となり、テキスタイル工場が文化複合施設として、周辺の工場跡地は住宅地としてそれぞれ再生され、2008年に竣工した。

改修設計を担当したのは建築事務所seARCHである。中央にあるかつての工場の建物に博物館やレストランなどの主要施設が収められ、その周辺に付属施設や住宅が建てられた。改築された部分も多いが、かつての煉瓦造の工場をイメージした、しかし断片化され歪んだような新しいデザインでまとめられている。その姿は、元の繊維工場に因んだ織物や敷地の歴史の重なりを想起させる。

同様の規模を誇る大きな工場群がある。オランダ北部の街、デン・ヘルダー（Den Helder）の北海に面した海岸沿いに残された、かつての海軍工廠ライクスヴェルフ・ヴィレムソールド［**Fig.7**］である。19世紀初頭にナポレオン・ボナパルトによって海軍工廠に適した土地として見出され、40 haの広大な土地に、19世紀を通じてドックや工場、その他の施設が整備され続けた。第2次世界大戦時には空襲で大きな被害を受けたが、戦後はオランダの海軍基地として復活した。多い時で2,500人がこの基地で働いたという。

しかし1995年に海軍が立ち退き、2000年までにデン・ヘルダー市が土地を取得し、建物群の修復と改修が始まった。1997年には国の文化財となり、2004年にレジャーパークとしてオープンするが経営が破綻し、2006年に閉鎖。2007年に市が会社を設立し運営を改めた。現在は、映画館や劇場、博物館や展覧会のためのホールなどを備える文化複合施設として活用されている。

建築家のエリック・クニッパースが全体の改修計画を立て、さらに建築事務所のセペゼットやアーキテクテンフォーラムが改修設計に参加した。煉瓦造や鉄骨造によるオリジナルの建物の間に、ところどころ新たなガラス張りのモダンな建物が挿入されている。全面的な改修ではなく、必要なものだけが改修、増築されているため、ほどよく新旧が混在した街区になっているのが面白い。

■

巨大工場の改修は、何よりもそのオリジナルの建物や空間の巨大さが魅力である。しかしそれを執務や生活のための空間として活用するには、スケールがあまりにも大きすぎる。ここで紹介した事例は、空間すべてを機能で満たすのではなく、巨大な空間の一部を活用し、それ以外の部分を余白として残している点で共通している。一見、丁寧ではないように見える改修だが、余白を残すことで、空間の巨大さを認識することができる。密度を高めすぎないことが、こうした建物の改修の秘訣だと言えるかもしれない。

Fig.6 ■ トゥヴェンツェヴェレ博物館　TwentseWelle Museum ■ 2008年｜改修設計：seARCH［1907年｜設計：R. van der Woerd］■ Map番号［99］

Fig.7 ■ ライクスヴェルフ・ヴィレムソールド　Rijkswerf Willemsoord ■ 2008年｜改修設計：Erik Knippers, cepezed, Architectenforum［19世紀〜20世紀］■ Map番号［37］

Fig.6

a｜道路側から見る。手前の低い煉瓦造の壁はオリジナルのもの。その壁の裏側は焼失したため、新築されている。デザインや材料の新旧の対比が面白い。

b｜博物館の内部を見る。焼け残った工場の大空間が、博物館に転用されている。

c｜1階平面図。上部の大きな建物は焼け残ってそのまま活用されているが、下部の建物は、最下部の壁面を除いてほとんど焼失したため、新築されている。

Fig.7

a｜運河越しに施設群を見る。かつての煉瓦造の工場の建物の間に、鉄骨とガラスによる建物が新築されて、新旧が混在した街並みをつくり出している。

b｜海軍工廠として使われていた頃の様子。工場やドックが建ち並び、その間に複数の船が停泊している。

オランダは低地の小国であり、1960年代に北海の海底で発見された天然ガスを除けば、天然資源に乏しい。したがって大規模な炭鉱や製鉄所が数少なく、ドイツとベルギー国境に接する南部のリンブルク州に存在する程度である。オランダとは対照的であるのがドイツで、北西部のルール地方には巨大な炭田が広がっており、19世紀以来、多数の炭鉱や製鉄所が操業し、ドイツのみならずヨーロッパの工業の心臓部となっている。

しかしドイツでも1970年代を境に重工業は斜陽となり、1980年代には数多くの炭鉱や製鉄所が閉鎖に追い込まれた。失業者も急増し、ルール地方の産業は一気に停滞した。そのような中、復興のため1988年から99年にかけて国家的プロジェクトとして実施されたのがIBAエムシャーパーク(エムシャーパーク国際建築展覧会/Internationale Bauausstellung Emscher Park)である。産業遺産を活用して公園や文化施設をつくりながら自然環境を修復し、雇用をも創出する広域のまちづくりである。1979年から87年にベルリンで実施され世界的に注目された、IBAベルリンの新たな展開に位置づけられる。ここではIBAエムシャーパークの一環で実施された炭鉱や製鉄所の改修事例を見てみよう。

廃墟の娯楽化

エッセン(Essen)のツォルフェライン炭鉱業遺産群[**Fig.1**][**口絵p.52**]は、225 haもの規模を有し、IBAエムシャーパークの中でも最大規模を誇る。炭鉱は1847年に採掘作業が始まり、1986年に操業を停止した後、州が跡地を購入して産業遺産として保存活用することとなり、2001年には世界遺産に登録された。その後レム・コールハース率いるOMAが活用と改修のマスタープランを作成し、ノーマン・フォスターや日本のSANAAも建物の改修や新築を行っている。

中心となっているのは第12立坑地区と呼ばれるエリアで、ここには1932年に竣工したモダニズムのデザインによる工場施設が建ち並んでいる。その1つである旧石炭洗浄工場の巨大な建物は、コールハースによって改修されルール博物館として活用されている。屋外から博物館へ導くエスカレーターが設置され、屋上にも建物が増築され、オリジナルの建物とコントラストをなしながら調和するデザインとなっている。屋内でも、巨大な機械類を残しながらそれらを際立たせるような改修が目立つ。

また隣接するコークス工場地区では、コークス精製のための巨大な施設が廃墟として残されているが、アーティストのデザインによって、コークス炉に観覧車が挿入されたり、工業用貯水槽が冬季にスケートリンクとして活用されたりしている。巨大な空間体験を新たな娯楽に変換する試みである。

デュイスブルク(Duisburg)には、同様の改修の早期の事例がある。ランドシャフトパーク・デュイスブルク・ノード[**Fig.2**]と呼ばれる200 haもの規模の公園である。1901年に設立

Fig.1

Fig.1 ■ ツォルフフェライン炭鉱業遺産群 Zollverein Coal Mine Industrial Complex ■ 2008年｜改修設計：OMA, Norman Foster, SANAA etc.
［1847～1993年｜設計：Fritz Schupp, Martin Kremmer etc.］ ■ Map番号［110］

a｜博物館に改修された旧石炭洗浄工場の建物の外観。
レム・コールハースの設計で改修され、
屋上の建物やエスカレーターが増築されている。
b｜博物館に改修された旧石炭洗浄工場の建物の内部。
巨大な機械の隙間が展示スペースや休憩スペースとして使われている
c｜かつてのコークス炉を見る。コークス炉の中に観覧車が設置されている。
手前には水が張られており、冬にはスケートリンクとして使われる。

された製鉄所および石炭精製所が1985年に操業を停止した。その後1991年に活用の設計競技が開催され、ほぼすべての産業施設をそのまま残すというラッツ・アンド・パートナーの案が最優秀に選ばれて実現し、1994年に開園したものである。

ここでも製鉄所の巨大な高炉や石炭精製施設などが廃墟として残されており、来園者はそれらを24時間自由に見学できる。日本であれば立ち入り禁止にされるかもしれないが、ドイツでは公共的な公園施設となっているのである。古いガスタンクがスキューバダイビングの練習場に、コンクリートの壁はロッククライミングの練習施設に改修され、巨大な製鉄施設の窪みには屋根が架けられて野外劇場として活用されている。既存の施設をできる限り残しながら、そこに簡単な仕掛けをつくるという手法である。産業遺産そのものの魅力を最大限に見せようとしている。

ボーフム（Bochum）には巨大な鉱山博物館が存在し観光客を集めているが、改修事例としてはヴェストパルク・ボーフム［**Fig.3**］［**口絵 p.052**］が面白い。かつての製鉄所がアルバイツゲマインシャフト・ウェストパークやミキッシュ・ウント・パートナーらの設計およびデザインによって改修され、公園として活用されている。製鉄所は1842年に操業を始め、1985年に操業を終えた後、1999年に敷地面積75 haのうち約15.4 haが公園に改修されて開園した。

ここでは、1902年の博覧会の展示場がペツィンカ・ピンクの設計で改修されたヤーフンダーハレと呼ばれるイベントホールが中心施設となり、その周辺にかつての製鉄所の冷水機や蒸気機関室、ポンプ室などが部分的に改修されてホールなどに活用されている。施設の周囲は芝生が植えられ、水辺や散歩道が設置されるなど、明快なランドスケープの庭園に生まれ変わっている。古い施設とのコントラストが強調され、歴史の層を感じさせるものとなっている。

ケルン（Köln）の郊外には、かつての炭鉱施設がグルーベ・カール［**Fig.4**］と名付けられた集合住宅に改修されている事例が存在する。この炭鉱は1905年に開設され、1995年まで操業した後、2008年にASTOCアーキテクツ・アンド・プランナーズの設計により集合住宅に改修された。屋上に新しい階が増築されたり外壁にベランダが新設されたりしているが、往時の様子を十分にとどめている。かつて使われていたベルトコンベアーも、立ち入ることはできないが、そのまま残されて炭鉱時代の記憶をとどめている。建物を活用した屋内駐車場も整備され、今後も商業施設や幼稚園などが新設されるという。上階からは、遠くにケルンの大聖堂を望むことができ、住人は炭鉱を活用していることに加えて、眺望の良さを気に入っているようだ。

ボタ山さえ活用

ルール地方では、製鉄所や炭鉱施設だけが活用されているわけではない。例えばガスタンクや給水塔などの産業遺産、さらにはボタ山さえ活用されている。ボタ山とは、石炭や亜炭

Fig.2

a｜かつての製鉄所を見下ろす。
廃墟となった施設が、立ち入り禁止にもされず、
そのまま立体的な公園として使われている。
b｜野外ホールを見る。
施設の隙間に新たな構造体を挿入し屋根を架けている。
新旧のデザインが絡みつくように融合しているのが面白い。

Fig.3

a｜ヤーフンダーハレと呼ばれるイベントホールに
改修された建物。鉄骨とガラスによるモダンな建物が
増築されているが違和感なく共存している。
b｜ヤーフンダーハレの裏側を見る。活用している建物には
ガラスが入れられているが、そうでない建物はガラスも
割れたままで廃墟のようになっている。
c｜公園の配置図。かつての製鉄所の建物が残され、
その隙間はランドスケープとして美しくデザインされている。

Fig.2 ■ **ランドシャフトパーク・デュイスブルク・ノード Landschaftspark Duisburg Nord** ■ 1994年｜改修設計：Latz + Partner［1901年］■ Map番号［113］

Fig.3 ■ **ヴェストパルク・ボーフム Westpark Bochum** ■ 1999年｜改修設計：Arbeitsgemeinschaft Westpark, Büro Mikisch und Partner［1842年］■ Map番号［109］

の採掘に伴い発生する捨石や土、製鉄所で出るスラグ（鉱滓）などを山状に積み上げたものを指す。

デュイスブルクの南部郊外には、ハインリッヒ・ヒルデブラント・ヘーヘという、高さ35mのボタ山の上に設置された展望台がある。この敷地周辺は、2008年まで金属会社メタルヒュッテ・デュイスブルクのスラグ置き場として使われていたが、近年デュイスブルク市が購入し、公園として再開発されている。この展望台もその再開発の一環で設置されたもので、ドイツのアーティスト、ハイケ・ムターとウルリッヒ・ゲントのデザインが設計競技で1等に選ばれて建設された。タイガー&タートル・マジック・マウンテン［**Fig.5**］［**口絵 p.052**］と名付けられており、鉄骨造のジェットコースターのレールのような幅1mに満たない全長220mの細

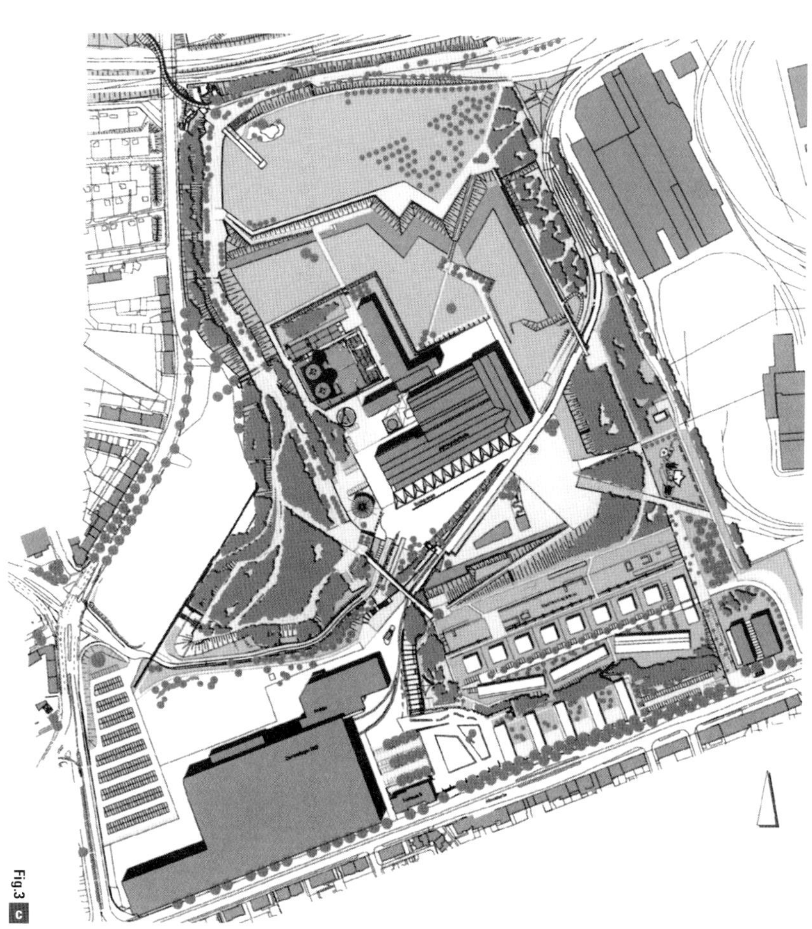

Fig.3 C

Fig.4 ▪ グルーベ・カール Grube Carl ▪ 2008年｜改修設計：ASTOC Architects and Planners［1905年］ ▪ Map番号［119］

a｜住棟を見る。かつてのベルトコンベアーの斜路が住棟同士を連結している。
斜路の内部は立ち入り禁止とされ、当時の様子を物語るオブジェとして残されている。
b｜住棟を見る。改修時に鉄骨造のベランダが設置されたことで、集合住宅らしい表情となっている。

長いデッキが、自在に曲がりながら40m四方に広がる。ループ状になった部分は高さ20mにまで達するが、人が立ち入れるのは13mの高さまでとなっている。夜にはデッキに沿って設置された880個のLEDのライトが点灯され、展望台全体が夜空に浮かび上がる。

展望台からの眺めはよく、かつての重工業地帯であるルール地方を一望することができる。そんな眺望のよさも手伝って、2011年11月に設置されて以来、大勢の見物客で賑っており、1年間で25万人がこの展望台に訪れたという。たった1つの小さな展望台の設置が、ゴミの山でしかなかったボタ山を、観光スポットにまで変えてしまったことになる。

ボトロップ(Bottrop)にある、かつてのボタ山の頂上に設置されたテトラヘドロン[**Fig.6**]という展望施設も魅力的である。90mもの高さを持つかつてのボタ山には、今や数多くの樹木が植林されており、頂上の広場には鉄骨を組み合わせた一辺が60mもある三角錐の展望台が設置されている。ヴォルフガング・クリストの設計により1995年に竣工した。

ここでもただのボタ山が、街のランドマークや緑で覆われた市民の憩いの場となり、地域を見渡す展望施設として活用されている。ほんの少し手を加えただけで、大きな効果が得られている様子が見て取れる。なお、近隣にはやはりかつてのボタ山の斜面を使った人工室内スキー場も設置されている。産業遺産による地形が様々に活用されているのが面白い。

■

炭坑や製鉄所の活用事例は、いずれも工場以上に広大な面積を有することや巨大な機械や設備の集積であるという点で、前節までに紹介した事例とは異なる。しかも敷地が市街地の周辺や郊外に位置しており、廃墟化した産業遺産を自然と共存させた公園的なものとして活用される事例が目立つ。巨大工場の改修事例にも似て、改修の手を加えない「余白」が大きいのだが、産業遺産そのものが非常に力強い魅力を持つため手を加えるのを最小限にとどめた方が、産業遺産ならではの巨大なスケールと廃墟の魅力を楽しめると言えそうだ。

Fig.5 ■ タイガー&タートル・マジック・マウンテン Tiger & Turtle Magic Mountain ■ 2011年｜改修設計：Heike Mutter＋Ulrich Genth ■ Map番号［114］

Fig.6 ■ テトラヘドロン Tetrahedron ■ 1995年｜設計：Wolfgang Christ ■ Map番号［111］

Fig.5

a｜展望台の上から見る。通路が上下左右に
曲がりくねっているため、いろいろな方向の景色を
楽しむことができる。
b｜ボタ山を遠望する。ジェットコースターのレールのように
見えるが、階段や通路を繋いだ展望台となっている。
休日には大勢の市民が訪れ楽しんでいる。

Fig.6

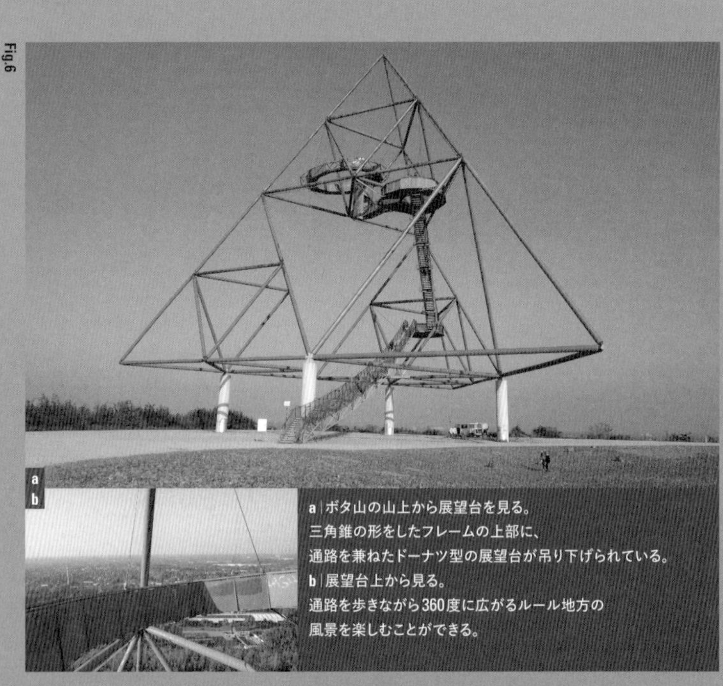

a｜ボタ山の山上から展望台を見る。
三角錐の形をしたフレームの上部に、
通路を兼ねたドーナツ型の展望台が吊り下げられている。
b｜展望台上から見る。
通路を歩きながら360度に広がるルール地方の
風景を楽しむことができる。

9 線形産業遺産

→p.085

a｜クラーンスポール Kraanspoor
運河側から見る。
鉄筋コンクリート造のクレーンの土台の上に、
細い鉄骨の柱で支えられた
オフィスビルが増築されている。
ガラス窓が部分的に閉じられて
模様を作り出している。
p.086｜**Fig.1**

b｜デ・ハーレン・アムステルダム De Hallen Amsterdam
玄関付近から奥を見る。
かつては右手に並ぶ扉の裏にレールが並び、
電車の車庫になっていた。
現在は商業施設やホテル、
映画館を含む複合施設として活用されている。
p.088｜**Fig.3**

c｜クレーン・ホテル・ファラルダ・アムステルダム
Crane Hotel Faralda Amsterdam
クレーン上部の鉄骨フレームの中に3部屋の
客室がはめ込まれており、
1階からエレベーターでアプローチする。
p.090｜**Fig.6**

a | ヴァータートーレン・ファン・シント・ヤンスクロースター
Watertoren van Sint Jansklooster
2階から上部を見上げる。
大きな筒状の空洞の中に階段が
ジグザグ状に配置されており、
地上と天井の上にあるかつての
給水タンクとを繋いでいる。
p.092 | **Fig.1**

b | デ・ヴァータートーレン・デルフト **De Watertoren Delft**
ホワイエとして使われているかつての
給水タンクの最下部を見る。
螺旋階段を上ると、
ミーティングルームに改修された給水タンクに至る。
p.094 | **Fig.2**

c | ヴァータートーレン・ハゼルスウォウデ
Watertoren Hazerswoude
下層部のガラス窓は改修後に嵌められたもので、
かつては鉄筋コンクリートの骨組みが露出していた。
現在は下層部が役員室、
最上階は社長室として使われている。
p.096 | **Fig.4**

11 サイロ

→P.099

a｜サウカーシロース Suikersilo's
改修によってサイロ内部に床が張られ、
外壁に多数の窓ガラスが設けられた。
このうち3分の1程度が実際の窓で、その他はフェイク。
p.100｜**Fig.1**

b｜フロシロ（ジェミニ・レジデンス） Frosilo(Gemini Residence)
かつてのサイロの内部を見下ろす。
サイロの空洞は吹き抜けとして残され、
廊下と階段が設けられて、
空洞そのものを楽しめるようになっている。
p.102｜**Fig.2**

c｜グラーンシロース Graansilo's
運河越しに見る。左右いずれの建物も、
かつてはサイロとして使われていた。
集合住宅への改修に際して
サイロの壁面に窓が設けられた。
p.104｜**Fig.3**

12

タンク

→P.105

a | **HET建築事務所（ハスハウダー）**
HET Architectenbureau (Gashouder)
道路から玄関付近を見る。
ガスタンクの金属板が2枚剥がされている部分が玄関。
オリジナルのデザインを最大限に
尊重して手が加えられている。
p.106 | **Fig.1**

b | **ガゾメーター・シティ Gasometer City**
4棟を遠望する。建物の手前にオフィスビルが増築されているが、
ガスタンクの建物の外壁はオリジナルのまま残されている。
p.106 | **Fig.2**

c | **トメコン・マンション Tomekon Mansion**
道路側から見る。鉄筋コンクリート造のかつての汚水タンクの中に
長方形の平面の集合住宅を挿入し、壁に開口を設けて、
ベランダや庭を新設している。
p.110 | **Fig.5**

13

要塞

→P.111

a | **ブンカー599 Bunker 599**
鉄筋コンクリート造の要塞が半分に切断されて、
アート作品として展示されている。切断されたおかげで、
普段は窺い知れない内部の様子が分かる。
p.112 | **Fig.1**

b | **フォート・フューレン Fort Vuren**
玄関付近を見る。円形のコンクリート造の要塞が、
地中に埋もれるようにして建っている。
現在は宿泊施設として活用されている。
p.114 | **Fig.3**

c | **フォート・ステュルハット Fort Steurgat**
ベランダ側を見る。オリジナルの要塞の上に増築し、
南側に大きなガラス窓を設けて、集合住宅として活用している。
p.116 | **Fig.4**

本節では鉄道や高速道路など線形状の土木構造物やクレーンなど垂直性の強い構造物を活用した事例を見てみたい。オランダでは港湾部を中心に不要となった鉄道などの土木構造物の多くが解体、撤去されているが、中には保存され、驚くような形で活用されているものが存在する。およそ日本では発想すら難しいと思えるようなものが、オランダには実在するのだ。

土木構造物は元々人間の生活空間としてつくられたわけではなく、物資や商品、設備のためにつくられたものである。それを人間のための空間として活用するとなると、大きく改変せざるを得なくなる。しかもそれらは、著名な建築家によって美的で自立した作品としてつくられたものでもない。したがって大きな改変を加えたとしても、オリジナルのデザインの価値が損なわれるものではない。むしろ改修によって生まれる劇的な変化こそが、ここでの見所である。

水平線形産業遺産の改修

近年のオランダの改修事例の中でも最も注目を浴びているのが、アムステルダムのクラーンスポール[Fig.1][口絵 p.081]と名付けられたオフィスビルである。アムステルダム中央駅の北側に位置するアイ湾に面したNDSM造船所跡地に残された、1952年建造の長さ270m、高さ13.5m、幅8.7mの可動式クレーンの台座に載せられたオフィスである。女性建築家トゥルーデ・ホーイカースが改修設計を担当し2007年に竣工した。

1997年の夏、自転車でこの付近を通ったホーイカースのパートナーの建築家が、使われなくなっていたこのクレーンの走行台を見つけて魅了され、その上に新しいオフィスビルを建設したいと思い立ったのが計画の始まりとなった。この走行台は解体される予定だったが、その建築家がアムステルダム市に呼びかけて保存に至り、その後ING銀行グループ不動産部門との連携によって改修し活用することが可能になった。

改修にあたっては、元のコンクリートの台座の許容積載能力に限りがあるため、増築するオフィスビルを可能な限り軽い建物とする必要があった。そのためガラスで覆われた鉄骨造の建物が設計された。ガラス窓は二重構造で、ルーバー状になった外側のガラスを回転させて室内環境を調整できるなど、環境配慮型の設計としても注目された。しかしここでは、可動式のクレーンが撤去されたこの古いコンクリートの台座が、まるで最初からこの新しいオフィスビルのために存在しているかのように見えることに注目したい。新旧が一体化した見事な改修デザインだと言えよう。

クラーンスポールと同じような方法で活用されている線形の産業遺産がもう1つある。アムステルダム中央駅のすぐ近くの運河の中に建つレストラン、カフェ・オープン(現・レストラン・ヴォルフ・アトリエ)[Fig.2]である。1922年に建設された重さ300tの鉄道の可動橋の上に、

Fig.1

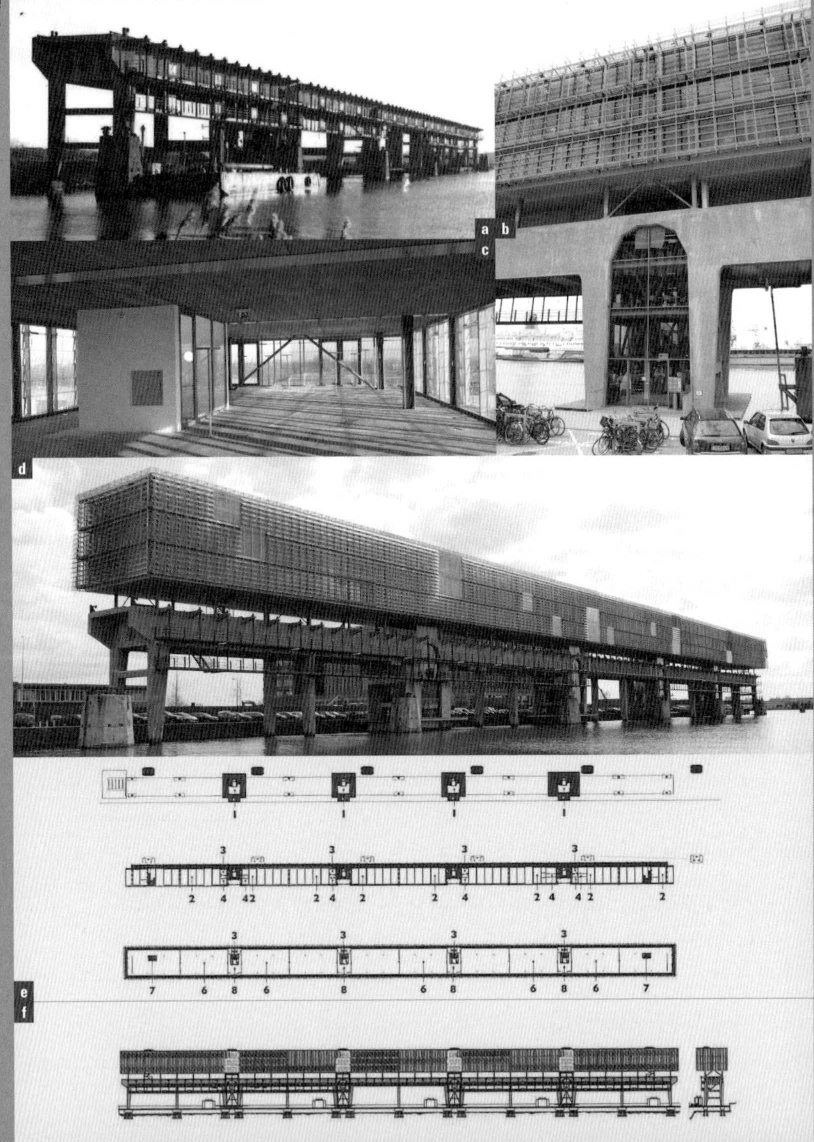

a｜オフィスに改修される直前のクレーン土台の様子。かつては、そばに造船所の施設が存在し、賑わっていた。
b｜陸側から建物を見上げる。オフィススペースは、外気を隔てる大きなガラス窓の外側に、
キャットウォークを挟んでブラインド状の可動窓ガラスが設置されている。
c｜オフィススペースの様子。ガラス張りの細長い空間が壁や階段室で区切られて、複数の企業が同居している。
d｜運河側から見る。鉄筋コンクリート造のクレーンの土台の上に、
細い鉄骨の柱で支えられたオフィスビルが増築されている。ガラス窓が部分的に閉じられて模様をつくり出している。
e｜主要階平面図。4か所にエレベーターと階段室が設置され、地上と上階のオフィススペースとを繋いでいる。
f｜立面図。鉄筋コンクリートの土台とオフィススペースとの間には隙間が設けられて、建物が浮いているように見える。

ガラス張りの箱のような建物が載せられ、レストランとして活用されている。アムステルダム中央駅と埠頭を結ぶ貨物線のために架けられた可動橋が、埠頭の再開発により不要となったものだが、立地がよく珍しい眺めが得られることから活用されることになった。建築家グループのデ・アーキテクテン・セー・イー・エーが改修設計を担当し、2008年に竣工した。

レストランの窓は、それぞれ上下にスライドさせて折りたたむことができ、夏には屋外にいるかのような開放的な空間となる。可動橋が運河に対して平行な状態で固定されており、行き来する船を間近に眺めながら食事を楽しむことができる。橋の土台はレストランへの入り口やテラスとして活用されている。小さいながらも回転橋の特徴を生かした秀作である。

鉄道の車庫が活用されている事例もある。アムステルダム西部に位置するデ・ハーレン・アムステルダム［**Fig.3**］［**口絵 p.081**］は、1901年から28年にかけて建設されたアムステルダム市営トラムの車庫を改修した文化複合施設で、図書館、映画館、TVスタジオ、ホテル、レストラン、店舗、工房などが入る。1996年までトラムの車庫および修理工場として使われた後、2005年までアムステルダム交通博物館などとして利用され、その後スクウォッターが占拠していた。しかし文化複合施設として活用されることになり、アンドレ・ファン・スティフトの設計で改修されて、2014年にオープンした。国の文化財に指定されている。

ファン・スティフトによれば、改修に際しては、新旧の調和がテーマだったという。例えば、映画館やスタジオなどは自然光を必要としないため、2階建ての棟の1階に配置するなど、建物の特性に合わせた機能が選ばれた。東西に貫くホールをすべての施設へのアプローチ空間として活用し、そこから北へ向かって延びる細長い車庫部分に、様々な機能が割り当てられている。地面にはレールがそのまま残され、かつて車庫として使われていたことを暗示している。オリジナルの施設の特性の活かし方が素晴らしい。オープン後は多くの市民で賑い、週末は大混雑するまでになっている。

ドイツのデュッセルドルフにも、ディ・ヴィルデ13［**Fig.4**］という1914年に建設されたトラムの車庫を集合住宅に転用した事例がある。建築事務所BM + Pベッカー・ヘッセ・ハゼルホフの改修設計により、2008年に79戸の低層集合住宅として生まれ変わった。

ここでは住宅や庭、通路が、車庫を覆っていた鉄骨フレームの中に収められ、線路に沿うように線形に並べられている。庭や共同スペース上部の屋根は取り除かれているため明るく開放的である。住宅としての人気も高く、販売から数週間のうちに完売したという。

垂直線形産業遺産の改修

オランダでは、垂直に高く伸びた工業用の建造物も改修し活用されている。その1つにアムステルダムのアイ運河の中に建つREMエイランド［**Fig.5**］と呼ばれる建造物がある。1964年8月に北海沖約9kmの海の中に建設され同年放送を開始した、オランダ初の民間放送テレビ（ラジオ）ノールドゼー放送局の建物が移築され、建築家グループ、コンクリートの設計で改修

Fig.2

a｜運河側から見る。回転橋の上に、ガラス張りの鉄骨の建物が載っている。自由に開閉できる窓越しに、運河を行き交う船を見ながら食事ができる。
b｜レストラン内部から見る。大きく開放された窓越しに鉄道の線路が見え、往時の様子が分かる。

Fig.3

a｜かつての車庫の入り口付近から建物を見る。奥の車庫へ誘導する線路が地上に設置されていたが、改修に際して地下駐車場が設けられ、そのための斜路に置き換えられた。
b｜トラムの車庫として使われていた時代の内部の様子。レールに沿って細長い建物が並んでいる。
c｜改修後のレストランの様子。大勢の人で賑わっている。レストランの床にはレールがそのまま残され、かつてトラムの車庫であったことが分かる。
d｜トラムの車庫として使われていた時代の平面図。1か所から枝分かれしたレールが並んでいる。図面左端の上下を結ぶ廊下のような空間が、玄関と建物の奥を結ぶコンコース。この平面上の骨格や部屋の配置は、今もそのまま受け継がれている。

Fig.2 ■ カフェ・オープン（現・レストラン・ヴォルフ・アトリエ）**Café Open (Restaurant Wolf Atelier)** ■ 2008年｜改修設計：de Architecten Cie.［1922年］■ Map番号［11］

Fig.3 ■ デ・ハーレン・アムステルダム **De Hallen Amsterdam** ■ 2014年｜改修設計：André van Stigt［1901年〜1928年］■ Map番号［12］

されて2011年からレストランとして営業しているものである。

建設された当時、オランダ政府は民間の放送事業を認めていなかった。そのため、地上ではなく海上に放送局が設置されたのである。しかし放送開始から4か月後の1964年12月には、新たな法律が施行されて放送が打ち切られてしまう。建物はその後、政府によって北海の温度や塩分濃度の測定に使われていたが、2006年に解体され移築、改修された。

放送局時代、建物は2階建てで最上階がヘリポートだったが、移築、改修に際して3階部分が増築された。建物からは、遠くにアムステルダム中央駅、近くにはクラーンスポールが見えるなど、アムステルダム港を見渡すことができ、市民の観光スポットとなっている。

またアムステルダム中央駅のアイ運河を挟んで北側に広がるかつての造船所NDSMの敷地には、鉄骨造のクレーンを改修してつくられたホテル、クレーン・ホテル・ファラルダ・アムステルダム［**Fig.6**］［**口絵p.081**］が建っている。1950年代に建設されたもので、かつては10基ほど同様のクレーンが並んでいたが、現在は1基のみが保存されている。国の文化財に指定されている。

1984年のNDSMの倒産により放置され錆びついていたが、ホテルとして活用されることになり、IAA建築事務所の設計により改修され、2014年にホテルとしてオープンした。クレーンの胴体部分の30mから50mの高さに宿泊室が3室嵌めこまれており、最上部には露天のスパが設置されている。眺望のよさも手伝って、1泊5万円以上する5つ星クラスの高級ホテルとして人気を博している。

■

鉄道施設やクレーンなど線形産業遺産は、その細長い形態から、一見建物として活用するには不向きのように見える。しかしここで紹介したいくつかの事例からは、細長い特殊な形態の特徴こそが生かされて、未知の魅力を生み出していることが読み取れる。さらに、これまで人間の活動の場ではなかった場所が建築化されることで、街に対する新しい眺望を可能にしていることも興味深い。産業遺産の改修は、建築以上に人々に驚きを与えるものに生まれ変わる可能性があると言える。それにしても、クレーンにまで価値を見出し、オフィスや高級ホテルに変えてしまう、オランダ人の豊かな発想力と実行力には脱帽させられる。

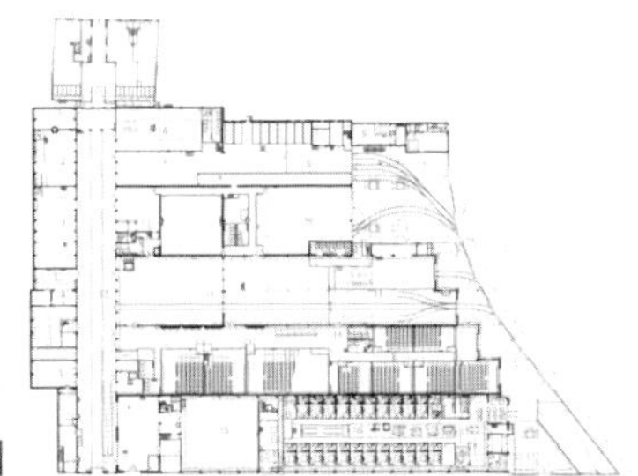

Fig.3 **d**

Fig.4 ■ ディ・ヴィルデ13 Die Wilde13 ■ 2008年｜改修設計：BM＋P Beucker Hesse Haselhoff Architekten Stadtplaner［1914年］■ Map番号［117］
Fig.5 ■ REMエイランド REM eiland ■ 2011年｜改修設計：Concrete［1964年］■ Map番号［13］
Fig.6 ■ クレーン・ホテル・ファラルダ・アムステルダム Crane Hotel Faralda Amsterdam ■ 2014年｜改修設計：IAA Architecten［1950年代］■ Map番号［14］

Fig.4

a｜道路からかつてのトラム車庫を見る。煉瓦の石畳とレールが当時のまま残されており、往時の雰囲気がよく分かる。
b｜かつての車庫の内部を見る。車庫は大部分の屋根が除去され、鉄骨の骨組みの中に集合住宅が挿入されるように建てられている。

Fig.5

a｜陸側から見る。改修前に建物の上に建っていた大きなアンテナは除去され、そこに建物が増築された。
b｜建物を見上げる。ユニット化されたスチール製のパネルを組み合わせてつくられている。移築改修の際に、赤と白に塗り変えられた。
c｜北海沖で放送局として稼働していた時代の様子。大きなアンテナが建ち、建物はその一部のようなつくりだった。

Fig.6

a｜クレーン上部の鉄骨の間に3部屋の客室がはめ込まれており、1階からエレベーターでアプローチする。
b｜客室を見る。最上階に露天のバスが設置されている。クレーンの左側に梯子のようなエレベーターのレールが見える。

ヨーロッパでは19世紀以降に建設された給水塔が各地に現存しており、今もなお給水塔として使われたり、改修されて他の機能の建物に転用されたりしている。中でもオランダは低地であるため水道を供給するには高さが必要になり、数多くの給水塔が建設された。260棟の給水塔が建設され、そのうち175棟が現存、その4分の1が現在も給水塔として使用され、約40棟が他の機能に転用されているという。文化財に指定されているものも多い。オランダ給水塔財団（Nederlandse Watertoren Stichting）が設立され、給水塔の維持やその情報提供、出版、展覧会、講演会などの事業を行うなど、給水塔の保存活用が盛んである。

オランダの給水塔は様々で、構造形式ではレンガ造から鉄筋コンクリート造、鉄骨造まで、建築様式ではルネサンス風から中世の城郭風、アムステルダム派風、モダニズム風と、実にバリエーションが多い。共通しているのは、直径10m前後の円形もしくは矩形の平面を持ち、垂直に縦長の形状で、平均高さが35m程度のものであるということだ。特殊な形態であるため他の機能を持つ建築に転用するのはなかなか難しいはずだが、魅力的な改修事例が多い。ワンルームの筒状の縦長の空間をいかに分節するかが改修設計上のテーマである。

10 給水塔

展望台やレストランとしての活用

オランダ北部のシント・ヤンスクロースター（Sint Jansklooste）という小さな村にヴァータートーレン・ファン・シント・ヤンスクロースター［**Fig.1**］［**口絵 p.082**］という、1932年竣工のアムステルダム派風のデザインによる給水塔が建っている。2002年まで給水施設として使われていたが、その後産業遺産を保存活用するNPOの所有となり、オランダのZecc建築事務所の改修設計により展望台に改修され、2014年に竣工した。国の文化財に指定されている。

最上部にあるかつての給水タンクの下は空洞になっており、高さ46mの最上階に至るオリジナルの配水管と木製階段、加えて新たにデザインされた階段が絡み合うようにして設置されている。かつての貯水タンクの中を通って最上階に到達すると、そこには4つの大きなガラス窓が設置されており、自然遺産（Natuurmonmenten）に指定されている周辺の風景を360度見渡すことができる。

新たに設置された階段が空洞の中を自由に折れ曲がりながら上昇しているため、見学者はこの建物の高さと空間の大きさを存分に体験できるようになっており、たどり着いた頂上では絶景を楽しむことができる。普通の階段やエレベーターを設置しただけでは、これほどの面白さは生まれなかったであろう。オリジナルの形態の特性が十分生かされた改修だと言える。

デルフト（Delft）の旧市街地の境界線付近に位置するデ・ヴァータートーレン・デルフト［**Fig.2**］［**口絵 p.082**］は、建築家M.A.C. ハルトマンの設計により1895年に建設されたネオ・ル

Fig.1 ■ ヴァータートーレン・ファン・シント・ヤンスクロースター Watertoren van Sint Jansklooster ■ 2014年｜改修設計：Zecc Architecten［1932年］■ Map番号［103］

a｜階段を見下ろす。
階段がジグザグ状に配置されているため、
階段を上下しながら、大きな空洞の内部を
様々な方向に移動して楽しむことができる。
d｜最頂部の展望台の様子。
四方に大小の小さな窓が開けられており、
周辺の景色を360度見渡すことができる。
c｜展望台に改修された給水塔を見上げる。
頂部に展望台の窓ガラスが見える。
d｜断面図。給水タンクの下の大きな空洞の内部に、
最上部の展望台と地上とを繋ぐ階段が設置されている。

ネサンス様式の煉瓦造の給水塔である。1996年まで上部に600m³のタンクを収めた給水塔として使用されていたが、その後現在のオーナーが購入し、集会施設として使用するため友人であったロチャ・トンバル建築事務所に改修を依頼し、2007年に竣工したものである。国の文化財に指定されている。

改修の際、外観には一切手が加えられなかったが、内部空間は細分化されて様々な形状の階段や通路、居室が設置された。最上階にあった給水タンクは壁面の鉄板を残したままミーティングルームへと生まれ変わった。この部屋へは給水タンクの中を貫くようにして設置された螺旋階段を上っていく。改修部分は白く塗られて、オリジナルの煉瓦造の外観と対比をなしている。立体的な迷路のような、斬新な改修作品である。

ユトレヒト（Utrecht）には、オフィスやレストランに改修された1907年竣工の給水塔ヴァータートーレン・ユトレヒト・ハウフェロード［**Fig.3**］がある。P.E.ライクの設計によるネオ・オランダ・ルネサンス様式で37mの高さがある。ユトレヒト市の文化財に指定されている。

1977年に改修された際、アルミで覆われて白や青色に塗られてしまっていたが、1998年に改修された際に元の姿に戻された。その後、2010年にユトレヒト市の所有となり、改修コンペが行われ、6件の応募の中から建築事務所スライマー・エン・ファン・レーヴェンが改修設計者に選ばれた。その案に従って、デザイン事務所やスタジオ、会議室、そして最上部の9階と10階にレストランを設けた施設として、2015年にオープンした。最上階のレストランはユトレヒトの街を一望できることもあって、人気を博している。

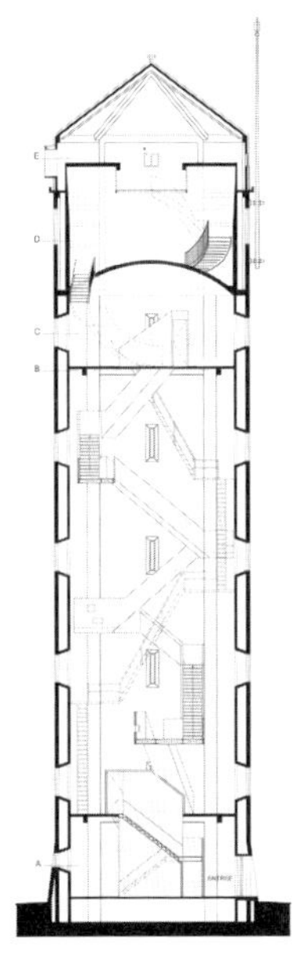

Fig.1 d

Fig.2 ■ デ・ヴァータートーレン・デルフト De Watertoren Delft ■ 2007年｜改修設計：Rocha Tombal Architecten［1895年｜設計：M.A.C. Hartman］ ■ Map番号［45］

Fig.3 ■ ヴァータートーレン・ユトレヒト・ハウフエロード Watertoren Utrecht Heuveloord ■ 2015年｜改修設計：Sluijmer en van Leeuwen［1907年｜設計：P.E. Rijk］ ■ Map番号［89］

Fig.2

a｜1階から階段を見上げる。チューブ状の階段室が新たに設置され、上階のミーティングルームと繋いでいる

b｜煉瓦造の様式的なデザインの外観が美しい。改修された様子は、外から認識できない。

c｜給水タンクを改修したミーティングルームを見る。壁面の窓やドアは改修の際に開けられたもの。

d｜平面図。下の図が玄関ホール、中の図がホワイエ、上の図がミーティングルームのもの。
これ以外に、途中階に別のミーティングルームがある。

e｜断面図。最上部にミーティングルームに改修されたかつての給水タンクがあり、
そこに至るチューブ状の階段室が新たに取りつけられた。

Fig.3

a｜運河側から見る。屋上にレストランの屋根が設けられたことを除いて、
外観はオリジナルとほとんど変わっていない。

オフィスや住宅としても活用

ライデン郊外の小さな町ハゼルスヴォウデ・ラインダイク（Hazerswoude-Rijndijk）の運河沿いに位置する給水塔ヴァータートーレン・ハゼルスヴォウデ［**Fig.4**］［**口絵 p.082**］は、建築家A.D. ヘーデリクの設計により1915年に建設された鉄筋コンクリートと煉瓦の混構造の給水塔である。1985年から使われずに放置されていたが、建築家ベン・ギリッセンとインテリアデザイナー、ヤン・ファン・スカイクの設計により2003年にオフィスビルに改修された。スーパー・マーケットなどを経営する企業ホーフ・フリット・ベヘーアのオーナーが、経営する店舗の近くにあったこの給水塔を改修してオフィスにすることを思い立ち、実現したものである。州の文化財に指定されている。

最上部の腰壁が一部失われていたが、改修の際当時の図面や絵葉書を元に復元された。新たに設置された最上階の社長室は15分かけて回転し、変化する眺望を楽しみながら仕事ができる。下層部はかつてコンクリートの脚がむき出しとなった屋外空間であったが、現在は室内化されてガラス張りの役員用のオフィスとして活用されている。また新たに裏側に設置されたエレベーターは、外観を損ねないよう箱型のシャフトを必要としない油圧式のものが使われている。シンプルだが完成度の高い改修作品である。

ブッサム（Bussum）の郊外に位置するヴァータートーレン・ブッサム［**Fig.5**］は、1897年に建設され1990年以来使用されていなかった給水塔が、フォーカス建築事務所の設計により

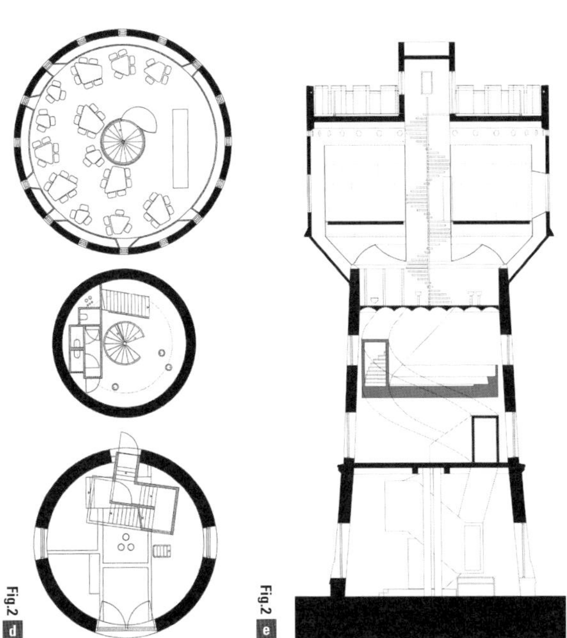

Fig.2 d

Fig.2 e

Fig.4 ■ ヴァータートーレン・ハゼルスヴォウト Watertoren Hazerswoude ■ 2003年｜改修設計：Ben Gilissen＋Jan van Schaik［1915年｜設計：A.D. Heederik］■ Map番号［41］

Fig.5 ■ ヴァータートーレン・ブッサム Watertoren Bussum ■ 2010年｜改修設計：VOCUS architecten bna［1897年］■ Map番号［87］

Fig.4

a｜下層部のガラス窓は改修時に嵌められたもので、かつては鉄筋コンクリートの骨組みが露出していた。
現在は下層部が役員室、最上階は社長室として使われている。
b｜会議室に改修されたかつての給水タンクを見下ろす。
改修に際し、コンクリートの壁に通路と採光を兼ねた開口部が設けられた。
c｜下層部の役員室の様子。かつてこの場所には床もガラス窓もなかった。
しかし、まるで最初からこのようにデザインされていたかのように見えるのは、改修デザインがうまい証拠。

Fig.5

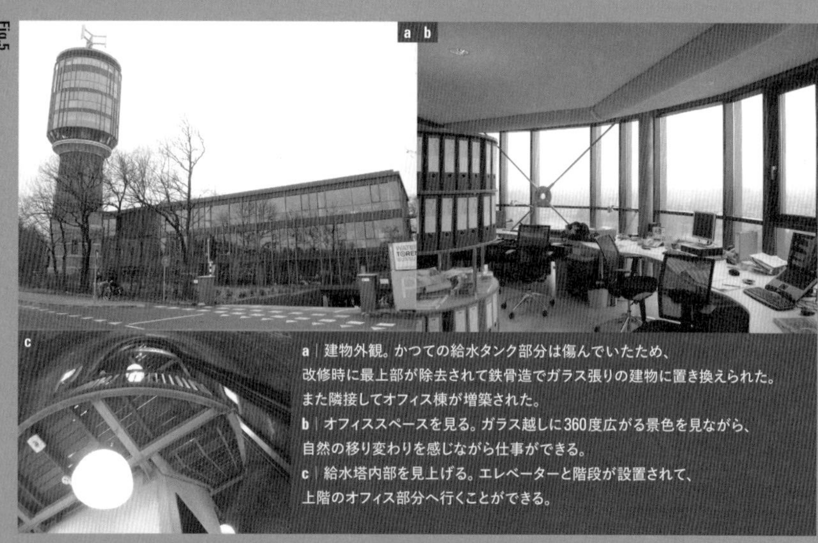

a｜建物外観。かつての給水タンク部分は傷んでいたため、
改修時に最上部が除去されて鉄骨造でガラス張りの建物に置き換えられた。
また隣接してオフィス棟が増築された。
b｜オフィススペースを見る。ガラス越しに360度広がる景色を見ながら、
自然の移り変わりを感じながら仕事ができる。
c｜給水塔内部を見上げる。エレベーターと階段が設置されて、
上階のオフィス部分へ行くことができる。

オフィスビルとして改修され2010年に竣工したものである。給水タンクが収められていた建物上部は腐食が原因で1967年に失われていたが、改修の際にオリジナルの形態をイメージした鉄骨造の4階建ての建物が増築され、ガラス張りのオフィスとして使用されている。

すぐそばに低層オフィスビルが新築されて給水塔と連結されている。風車やソーラーパネル、バイオ熱によって自家発電を行って二酸化炭素の排出を抑え、汚水も再利用して80%もの上水道の節水を行うなど、サスティナブル技術を駆使した最新型のオフィスビルとしても注目されている。ただ、現存するオリジナル部分は階段室およびエレベーターシャフトとしてしか使われておらず、増築されたガラス張りの部分だけがオフィスとして使われている。

ソースト(Soest)市の住宅街に位置するヴァータートーレン・ソースト[**Fig.6**]は、建築家H.F.メルテンスの設計で1931年に竣工した給水塔である。Zecc建築事務所の設計で2004年に住宅に改修された。外観は煉瓦タイルに覆われているが、構造は鉄筋コンクリート造で、頭頂部の給水タンクを支えるように、バットレスが放射状に配置され垂直性が強調されている。国の文化財に指定されている。

改修によって内部に複数の床が設けられて空間が細分化され、8階建ての住宅に生まれ変わった。丸い壁面に沿うように設置された階段を螺旋状に旋回しながら上階へと上っていく。改修当初は1階が台所、2階以上が下から順に居間、ゲストルーム、子供部屋、浴室とトイレ、倉庫とサウナ、書斎、8階が寝室として使われ、屋上がテラスとして設定された。その後住人が代わり、現在は当初とは多少異なる使われ方をしている。

ほとんど窓を必要としない給水塔を住宅に改修する際の問題の1つは採光であるが、ここでは裏庭に面した壁面の1階から3階まで大きな開口部を設けて解決し、街の景観に関わる道路側の壁面には小さな窓だけが設けられた。内部は壁面が白く塗られていることもあって明るく、十分生活できる空間となっている。階段による8階までの上下移動は大変だろうが、その大変さを凌駕する面白い住空間となっている。

■

給水塔は建物の規模が小さく特殊な形態を持つが、エレベーターや階段を設置し、内部空間の分節と接続の方法、あるいは採光など外部との関係の取り方を工夫すれば、機能的で魅力的な日常空間として活用可能であることが分かる。街に対する新しい眺望をもたらしていることも魅力であろう。給水塔の新たなオーナーは、ここで生活し仕事をしたい、屋上からの展望を手に入れたい、という強い思いに駆られて購入することが多いようだ。給水塔もまた、改修し活用することで新たな価値が生まれるビルディングタイプの1つだと言えそうだ。

Fig.6 ▪ ヴァータートーレン・ソースト Watertoren Soest ▪ 2004年｜改修設計：Zecc Architecten［1931年｜設計：H.F. Mertens］▪ Map番号［88］

Fig.6

a｜庭から見上げる。建物の裏側（庭側）には、採光のため、1階から3階までを貫く大きな窓が設置されている。

b｜2階のリビングルームを見る。改修の際に、壁に沿って螺旋状に上下する階段が設置された。

c｜給水塔時代と現在の断面図。給水タンクの中や下に新たに床が設けられて、8階建ての住宅に改修されている。

オランダに限らないことだが、ヨーロッパではおよそ建築物として使えそうにない産業遺産が、改修・活用されていることがある。そのようなものの1つにサイロがある。サイロとは、穀物などを貯蔵するための巨大な筒状の建物である。鉄製や鉄筋コンクリート製、円筒形や直方体など様々なタイプのものがあるが、円筒形の場合は直径が20mから30m程度、高さ40mから50m程度で、内部は空洞のワンルームとなっているものが多い。改修の際には、この巨大な空間をいかに分節するか、同時にオリジナルの空間をいかに活かすか、またいかに採光のための窓を開けるかが課題となる。

空間の特徴や改修の方法は、前節の給水塔と似ているが、給水塔に比べてサイロの方が内部空間は大きい。したがって、個人住宅や小さな単独のオフィスではなく、集合住宅や多数のオフィスを収容するのに適している。また給水塔の多くは煉瓦造だったのに対して、サイロは鉄筋コンクリート造が多く、構造的な強度にも違いがある。

11 サイロ

対照的な2つの改修方法

最初に紹介するのは、アムステルダムとハーレムとの間に位置する町ハーフヴェフ（Halfweg）に建つサウカーシロース［**Fig.1**］［**口絵 p.083**］である。これはかつて砂糖用サイロだった高さ50mの2棟のコンクリート製の建物で、現在はいずれもオフィスビルに改修されている。外観がアルミニウムで覆われ無数のガラス窓が取りつけられたその異様な姿が、鉄道の車窓からも目をひく。

1863年に創業した砂糖工場の広大な敷地の中に建つこのサイロは、1964年に建設された。1990年代前半には工場とともに使われなくなり、その後ハーレム市と不動産会社のコブラスペンによって再開発されることになった。一帯の10万m²が、シュガー・シティと名付けられて、映画館やカジノ、スポーツ施設、オフィス、ホテルなどの文化・レジャー複合施設として生まれ変わる計画で、その最初の施設として完成したのがこのサウカーシロースである。ソータース・ファン・エルドンク建築事務所が改修設計を担当し、2007年に竣工した。

サイロ内には12層の床が設けられ、1万5,000m²の床面積を持つオフィスビルとなっている。元々サイロの内側に直径19mのコンクリート製の小さな筒が存在し、そこに階段やエレベーターを収め、直径30mの外壁をなす筒との間のドーナツ状の空間をオフィスとして活用した。また構造体の強度を考慮するとオリジナルの外壁の面積の30%程度なら窓を開けられるという計算から、窓の大きさや形状、数が決定されたという。

外壁に取りつけられた窓の約3分の1はデザイン上の統一感を与えるための飾りであるが、夜になると窓枠に取りつけられたLEDが様々な色の光を放ち、SF的な様相を見せる。その様子は近接するアムステルダムのスキポール空港に離着陸する飛行機からも見ることができる。巨大な内部空間に床を積層させたため、内部でオリジナルの大空間を感じられない

Fig.1 ■ サウカーシロース Suikersilo's ■ 2007年改修｜設計：Soeters Van Eldonk architecten ■ [1964年] ■ Map番号[38]

Fig.1

a｜外観を見る。改修によってサイロ内部に床が張られ、
外壁に多数の窓ガラスが設けられた。
このうち3分の1程度が実際の窓で、その他はフェイク。
b｜玄関付近を見る。
2棟のサイロの間に向けて玄関が設けられている。
それぞれのサイロの中央に設置されたエレベーターを
使って上階へアプローチする。
c｜オフィススペースの様子。
かつてのサイロの内部に12層の床が張られ、
オフィススペースとして使われている。
壁には菱形の窓が等間隔に設けられた。
d｜改修前のサイロの様子。
窓のない鉄筋コンクリート造の筒のような建物だった。

という欠点はあるが、外観にオリジナルのサイロの形態が生かされ、また構造体の強度から必然的に改修方法が決定されているのが面白い。

サウカーシロースとは対照的な方法で改修されたサイロが、コペンハーゲンの港湾部に建つフロシロ(ジェミニ・レジデンス)[**Fig.2**][**口絵 p.083**]である。この地区は20世紀初頭からデンマーク最大の港として栄えてきたが、1990年代から再開発が始まった。そのような中、15万m^2の広さを持つ再開発地区の一角に1963年に建設された2棟の穀物倉庫が、集合住宅に改修された。コンペに勝利したオランダの建築家グループMVRDVによる改修設計で、2005年に竣工したものである。

このサイロは高さ42m、直径25mの鉄筋コンクリート造の筒状で、壁の厚さは25㎝ある。現在は8層、84戸を収める集合住宅となっており、外周には幅1.5mのバルコニーが廻らされて、すべての住戸から港湾の景色を満喫することができる。

住居として使うには、採光のための十分な開口部が必要だが、筒の内側に住居を入れるとコンクリートの強度の限界から、十分な開口部が得られない。そこでMVRDVは、筒の外側に住居を張り出させることで、この問題を解決した。結果的に、サイロの最大の特徴である巨大な筒状の内部空間がガラス張りのアトリウムとして残された。住民はその特異な空間を毎日体験しながら生活することになる。

サイロ群の改修

同じサイロでも、前述の2つとは全くタイプが異なるサイロもある。アムステルダム中央駅の北西に位置し、アイ運河に面して建つグラーンシロース[**Fig.3**][**口絵 p.083**]である。一見すると巨大な倉庫のようだが、かつては高さ約30m、約4m四方の細長い筒状の多数のシューターが束になって収められた穀物用サイロだった。建物は2つあり、片方が煉瓦造、もう片方が鉄筋コンクリート造で、いずれも1990年に国の文化財に指定された後、ヨープ・ファン・スティフトの改修設計により集合住宅とオフィスなどの複合施設に改修され、2000年に竣工した。

煉瓦造のサイロは、J.F.クリンクハマー&A.L.ファン・ヘントの設計によって1898年に竣工した長さ105m、奥行き20m、高さ27mの建物。内部に約100基のシューターを備え、約1万7,000tの穀物を貯蔵することができた。現在は92戸の住宅と41戸のオフィスや商業施設が入っている。一方コンクリート造のサイロは、G.&J.D.ポストマの設計により1952年に建設されたもので、長さ45m、奥行き約25m、高さ37mの建物。およそ50基のシューターが収められ、約1万tの穀物を貯蔵していた。現在は、低層部分に商業施設やオフィスを入れ、上部に78の賃貸住宅と11の分譲住宅が入る。

改修方法としては、約4m四方の縦長の筒状の空間の束の中にいかに床を張り、またいかに壁を取り去って横に繋げていくかが課題である。内部では、50cmから1mほどの厚さの壁が残されているが、それらが仕切り壁として活用され、また上下に長い空洞を生かしてメ

Fig.2 ▪ フロシロ（ジェミニ・レジデンス） Frosilo (Gemini Residence) ▪ 2005年｜改修設計：MVRDV［1963年］ ▪ Map番号［126］

a｜運河側の道路から見上げる。
かつてのサイロの外壁から外に張り出すようにして住棟が増築されている。

b｜サイロ時代の様子。窓のない打ち放しコンクリートの筒が2本並んで建っているだけだった。

c｜玄関ホールから屋根を見上げる。かつてのサイロ内部は吹き抜けとして残され、
廊下や階段が配置された。ガラス張りの屋根が設けられて、吹き抜け空間は室内化されている。

d｜標準階平面図。中央の2つの円形の空洞がかつてのサイロ。
サイロの空洞が残され、外壁の外側に住棟が増築されている。

e｜断面図。中央の筒状の部分がかつてのサイロ。

ゾネットタイプの住戸にも改修されている。倉庫や給水塔と同様に、新たに採光窓が必要となるが、ここではオリジナルの筒状の構造体の特徴を生かして、筒の数だけ外壁側の壁が除去されて縦長の窓に置き換えられている。オリジナルの特性がうまく生かされている。

厳密にはサイロとは言えないが、サイロと同様の形態と機能を持つ装置の改修事例がある。ユトレヒト(Utrecht)中央駅の近くに小さな運河に接続する港フェイリンクハーフェンに建つユトレヒタース[**Fig.4**]というオフィスビルである。この港は約90年前に建設され、果物や野菜の競り市場として使われ、その後、砂や砂利の置き場として使われていた。1995年にユトレヒトの歴史的な場所としてこの港が再生されることになり、その際、再生を主導したユトレヒト歴史的港湾協会が、ホッパーと呼ばれる砂や砂利の大型漏斗装置を保存しようとした。しかし老朽化していたため、新しいものに置き換えることになった。ロッテルダムのオリジナルの製造会社に制作を依頼したが、1950年代以降に漏斗装置のデザインは大きく変わってしまっていたため、現代のもので代用して設置したという。それを建築事務所ストゥディオNL-Dの設計で、オフィスやミーティングルームに改修し2007年に竣工したものである。

この建物はオリジナルではなく、現在のデザインで新調されているため、いわゆるイメージ保存だと言えるかもしれない。ただ、これが機能を与えられずに設置されているのであれば、フェイクのオブジェに過ぎないかもしれないが、この場合はかつての港の歴史を想起させる新しいデザインの建物だと理解することができる。フェイクかどうかよりも、常識や想像を超えたこの装置の使われ方に目を奪われる。もはや本物か偽物かといった問題を不問にしてしまうような改修となっているのが面白い。

■

サイロは、元の姿のままでは魅力的とは言えず、そっけないものが多い。これも改修してこそ魅力が高まる建物だと言えるだろう。その改修に際しては、垂直性の強い空間や構造体をいかに活用するかがデザイン上の課題となる。また倉庫と同様、元々人間の生活や活動のためにつくられているわけではないから、採光の取り入れ方も検討しなければならない。だからと言って窓を大きく開けすぎると、構造体として維持することができなくなってしまう。したがって、改修方法やデザインは力学的な問題から、必然的に決定されていくことになる。垂直性や平面の狭さ、採光、構造体といった検討すべき課題が多いからこそ、面白い改修になるのかもしれない。

Fig.3 ■ グラーンシロース Gransilo's ■ 2000年｜改修設計：Architectenbureau J. van Stigt［1898年｜設計：J.F. Klinkhamer en A.L. van Gendt, 1952年｜設計：G. en J.D. Postma］ ■ Map番号［15］

Fig.4 ■ ユトレヒタース U-trechters ■ 2007年｜改修設計：studio NL-D ■ Map番号［90］

Fig.3

a｜新館の1階内部を見る。天井からコンクリート製のサイロの排出口が突き出ている。現在はオフィスとして使われている。
b｜旧館の正面中央部を見る。細部まで凝った様式的なデザインとなっている。
縦長に連続する大きな窓ガラスは、集合住宅への改修時に設置されたもの。
c｜サイロとして使われていた時代の様子。左の旧館、右の新館の2棟とも壁に窓がなく、
閉ざされた要塞のような雰囲気の建物だった。
d｜サイロとして使われていた時代の旧館の立面図と平面図。
内部はグリッド状の壁で地上から最上階まで細分化され、それぞれがサイロの筒となっていた。

Fig.4

a｜現在の様子。かつて同様の大型漏斗装置が設置されていた場所に、
新しいタイプの大型漏斗装置が設置されて、オフィスなどに使われている。
b｜オリジナルの大型漏斗装置が使われていた時代の様子。右手奥の装置がオリジナルのもの。
これは老朽化で廃棄され、新しい装置が同じ場所に設置され、現在使われている。
c｜大型漏斗装置を下から見上げる。新たに設置された階段を使って建物の内部にアプローチする。

都市のライフラインを支える施設の1つに、都市ガスや水などの貯蔵に用いるタンクがある。ガスタンクの場合、今では丸い球体型のものを思い浮かべてしまうが、かつては円筒形でガスが外に漏れないように下層部に水を貯めた「有水式」と呼ばれるものが多くを占めていた。その後「加圧式」の貯蔵方法が採用されるようになり、ガスの圧力に対して均等な耐性を持つよう球体型のものが多数建設されるようになる。しかし現在は、液化天然ガス(LNG)のガスホルダーが普及し、円筒形のものが再び増えているようだ。

ここで主に取り上げるのは、かつてヨーロッパで一般的だった円筒形の有水式のガスタンクである。直径がわずかに異なる複数の円筒形の金属製タンクが、ガスの貯蔵量に従って、カメラの三脚の脚のように上下に伸縮する。しかしこのタイプでは、鉄板の外壁はガスを密閉するための被覆の役割しか持たず、改修の際には荷重を掛けられないという問題がある。そうした点に注意しながら、いくつかの改修事例を見てみたい。

12 タンク

内部空間を分節して活用

最初に紹介するのは、デルフト(Delft)近郊の小さな町ナールドヴァイク(Naaldwijk)にあるHET建築事務所(ハスハウダー)[**Fig.1**][**口絵p.084**]である。外壁に鉄板をむき出しにした有水式のガスタンクとして1927年に建設され、1971年からは上水道の貯水タンクとして用いられていた。しかし売却されることになり、国の文化財に指定された後、活用のための設計コンペが開催された。その結果、HET建築事務所の案が最優秀となった。2008年に改修されて、現在は彼らの設計事務所として活用されている。

このガスタンクの場合、タンクを覆う鉄板の厚さは7mmほどしかなく、建築的な荷重をかけることができない。そのため屋内に鉄骨の構造体を新たに挿入し、2階建てにして改修している。また鉄板のままでは耐火性が低いため、内壁にポリウレタンを塗布することで耐火性を向上させている。最大の課題は採光だったというが、外壁の鉄板の一部を除去して入り口や窓をつくり、さらに天井面にトップライトを設けて対応している。外観はオリジナルのものが残された寡黙な表情をしているが、内部では吹き抜けやトップライトにより変化のある魅力的な空間が生み出されている。小規模なガスタンクとしては見事な改修事例である。

ガスタンクの中には、金属板の壁面を隠すようにして、その外側に煉瓦造の外壁を建てたタイプのものも少なくない。ウィーンのガゾメーター・シティ[**Fig.2**][**口絵p.084**]はそんなタイプの1つである。テオドール・ヘルマンの設計によって1896年から1899年に建設された高さ約70m、直径60mの円筒形のタンク4棟が隣接して建っている。1978年にオーストリアの国の文化財(Bundesdenkmal)に指定され、その後ジャン・ヌーベル、コープ・ヒンメルブラウなど4人の建築家が1つずつタンクを担当して2001年に改修された。現在は商業施設やオフィス、集合住宅の複合施設として活用されている。いずれも下層部が商業施設などに使われ、上

Fig.1 ■ HET建築事務所（ハスハウダー） HET Architectenbureau（Gashouder） ■ 2008年｜改修設計：HET Architectenbureau［1927年］ ■ Map番号［50］

Fig.2 ■ ガゾメーター・シティ Gasometer City ■ 2001年｜改修設計：Jean Nouvel, Coop Himmelblau, etc.［1896年〜1899年｜設計：Theodor Hermann］ ■ Map番号［121］

Fig.1

a｜道路から玄関付近を見る。ガスタンクの金属板が2枚剥がされたところが玄関。オリジナルのデザインを最大限に尊重して手が加えられている。

b｜1階から吹き抜けを見上げる。建物の奥（裏側）には大きな窓ガラスと吹き抜けが設けられて、小さいながらも変化ある空間となっている。

c｜2階を見る。天井や壁面から採光しており、内部は意外に明るい。

d｜1・2階平面図。タンクの内部に鉄骨造のデッキが挿入され、2階建ての建物に改修されている。1階中央の長細い棚は、かつてのガス管のラインに沿って設置されている。

Fig.2

a｜煉瓦造の外壁は様式的なデザインとなっている。左の建物は、増築されたオフィスビル。

b｜商業施設を見る。中央に円形の広場が設けられている。トップライトからの光で、意外に明るい。

c｜商業施設内の広場からトップライトを見上げる。トップライト越しに上層部の集合住宅が見える。

d｜断面図と平面図。外壁を残してガスタンクそのものは除去され、そこに新築の建物が挿入されるように建設された。下層部が商業施設、上層部は集合住宅として活用されている。

層部が集合住宅となっている。

内部にあった鉄板のガスタンクは除去されて、ルネサンス風の様式的なデザインの煉瓦造の外壁のみが残されているのだが、巨大な円筒形ならではの内部空間が新たにデザインされているのが魅力的である。商業施設の中央に設けられたアトリウムから、中庭を囲むようにして配置されている上層部の集合住宅がガラス屋根越しに見えるのも面白い。

アムステルダム市の西部に位置するかつてのガス製造工場の跡地公園ヴェスターハスファブリーク[**Fig.3**]には、外壁の下部が煉瓦造で、上部は金属板をむき出しにした、高さ14.5m、直径53.8mの有水式の巨大なガスタンクがある。工場は1885年に操業を開始し、1902年に建築家イサック・ホスハルクの設計によりガスタンクが建設された。当時は最大高さ40mまでシリンダーが伸び上がり、ヨーロッパ最大規模を誇ったという。

1992年までガス関連施設として使われていたが、2006年にブラークスマン・エン・ロース建築事務所の設計によって改修され、現在は3,500人を収容するイベントホールとして活用されている。ガスタンク特有の巨大な無柱空間をそのまま活用した好例である。国の文化財に指定されている。

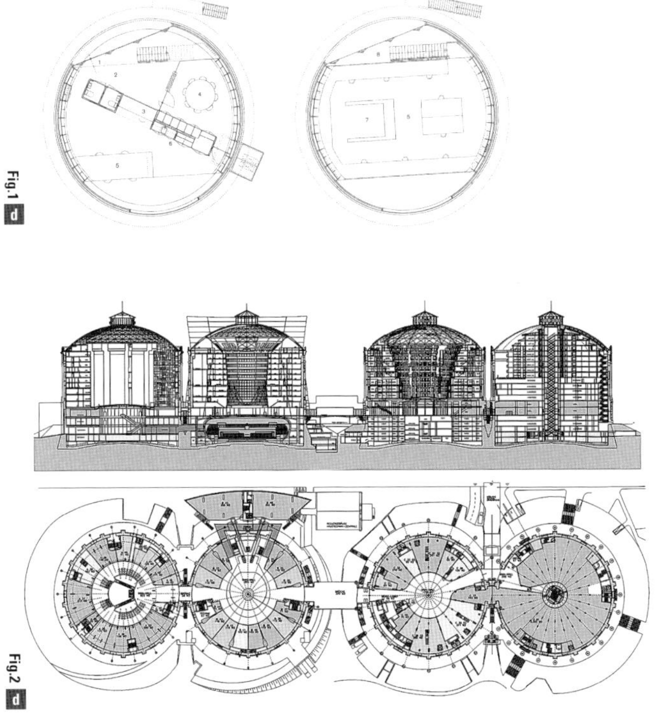

Fig.1 d

Fig.2 d

Fig.3 ■ ヴェスターハスファブリーク Westergasfabriek ■ 2006年｜改修設計：Braaksma en Roos Architecten［1902年｜設計：Isaac Gosschalk］■ Map番号［16］

Fig.4 ■ オーバーハウゼン・ガゾメーター Oberhausen Gasometer ■ 1994年｜改修設計：Arbeitsgemeinschaft für Architektur und Design［1929年］■ Map番号［112］

Fig.3

a｜内部はイベントホールとして活用されている。
天井の鉄骨の骨組みはオリジナルのまま残されている。
b｜建物の外壁を見る。土台部分は煉瓦造、
ガスタンク本体は鉄骨と鉄板でできている。
c｜建物の外壁を見る。ガスタンクの周囲に
扇型の平面を持つガラス張りのオフィス棟が増築されている。

Fig.4

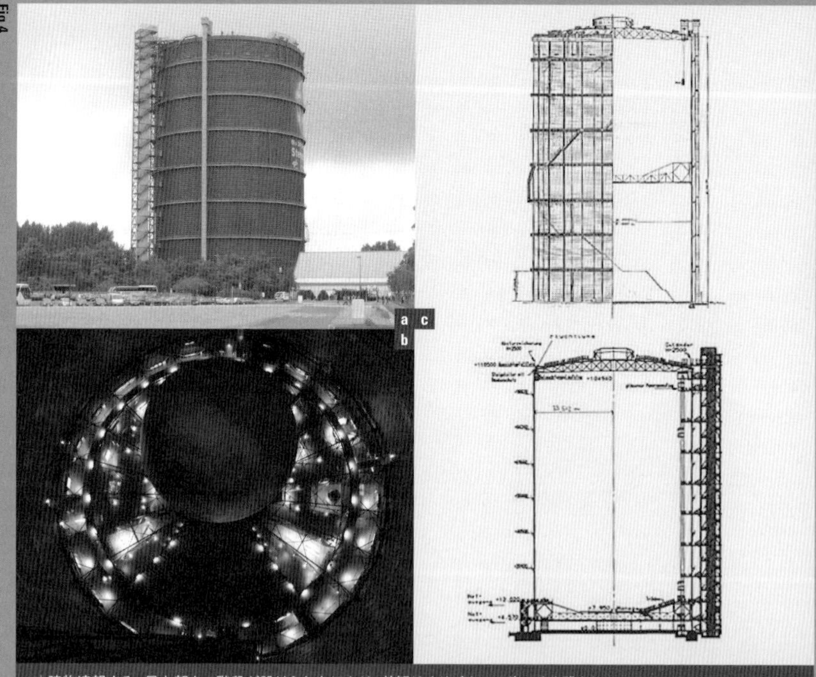

a｜建物遠望する。最上部まで階段が設けられたほかは、外観はオリジナルの姿のまま残されている。
b｜内部のエレベーターから見下ろす。空洞部分は床も張られず、オリジナルの状態のまま残されている。
中央に見えるのは巨大な地球儀の展示物。最下部は展示室となっている。
c｜ガスタンク時代(上)と現在(下)の断面図。ガスタンクの空洞部分はそのまま残され、エレベーターや階段が設置された。

大空間をそのまま活用

ドイツのオーバーハウゼン(Oberhausen)のオーバーハウゼン・ガゾメーター[**Fig.4**]は、さらに大規模なガスタンクである。1929年に建設されたもので、当時ヨーロッパ最大規模のものだったという。戦火は免れたものの1946年に火災に遭い、1949年にオリジナルの部材を再利用しながら再建された。高さ117.5m、直径67.6mという、約30階建ての高層ビルが丸ごと1個入るほどの巨大なタンクである。

1994年にアルバイトゲマインシャフト・フュア・アルヒテクチュル・ウント・デザインの設計で改修され、現在はイベントおよび展示ホールとして活用されている。改修時に内部の高さ4.5mの位置にかつてのガスタンクの底部が固定されてイベントスペースとして、その下の空間は展示室として活用されている。また内部の壁面に沿ってエレベーターが設置されており、来館者はホールの巨大さを体感しながら最上階へ至り、屋上の展望台から街を見渡すことができる。ホール施設としては、ヨーロッパにおける最大の高さを誇るものだと言われ、その内部空間の巨大さには圧倒される。オリジナルの巨大な内部空間をシンプルに、そして最大限に生かした魅力的な改修事例だと言える。

汚水タンクも活用

ガスタンクではないが、類似の事例として水道タンクの改修事例も挙げておく。アムステルダム市の西部に位置する下水処理施設の鉄筋コンクリート造の汚水タンクが集合住宅に改修されたもので、トメコン・マンション[**Fig.5**][**口絵 p.084**]と名付けられている。ローイアッカース・トメセン建築事務所の設計により2000年に改修された。当初はタンクも解体予定だったが、建築家の「残した方が街に個性が出る」との判断から、残されて活用された。

このタンクは歴史的価値や文化的価値が高い、いわゆる文化遺産的なものではない。しかしこの建物が存在していることで、この敷地のかつての機能を認識することができ、ランドマークとしても機能している。タンクに大きな開口が設けられ屋根も取り払われているので、オリジナルの形がそのまま生かされているわけではないが、円形の壁に絡みつくようにして設計されているのが面白い。

■

前節で紹介したサイロは、オリジナルの構造体を改修後にも構造体として活用している。それに対して、タンクの中でもガスタンクの場合はオリジナルの構造体が鉄板でできているため脆弱で、改修後の建物の構造体としては活用できないという欠点を持つ。ガスタンクを覆う鉄板は、被膜や境界の明示として用いるしかない。言い換えれば、巨大なタンクの内部空間を上下に細かく分節するような使い方は難しい。とはいえ、そもそもガスタンクが改修されて活用されているという事実だけでも驚くべきことである。円筒形という特殊な形態や巨大さを素直に見せる改修ができれば、十分に魅力的なものになると言える。

Fig.5 ■ トメコン・マンション Tomekon Mansion ■ 2000年｜改修設計：Rooijakkers + Tomesen architects ■ Map番号［17］

Fig.5

a｜道路側から見る。鉄筋コンクリート造のかつての汚水タンクの中に、
長方形の平面の集合住宅を挿入するように増築している。
b｜集合住宅の中から外を見る。
かつてのタンクの壁と新しい集合住宅の間には庭が設けられ、
桜の木が植えられている。
c｜公園側から見る。3つの鉄筋コンクリート造の汚水タンクが
残され活用されている。右側の建物は改修時に増築された集合住宅。

ここでは軍事的な防衛拠点として使われた要塞に焦点を当てる。オランダは低地（nether land）であるため、幾度もの洪水に悩まされてきた。しかし16世紀に入って、その地理的に不利な条件を逆手に取って、軍事的な防衛に用いることを考えた。川の堤防を決壊させたり水門を開いたりすることで特定地域を意図的に浸水させ、敵の進攻を阻むものである。しかも水深を数10cm程度に浅く設定することで、徒歩はもちろん、ボートや船による進攻さえ妨げるよう設計された。

こうした地域は洪水線（Waterlinie）と呼ばれる。主なものとして、17世紀から18世紀にかけてアムステルダムの南からユトレヒトの西側を通りドルドレヒト付近までの南北約80kmにわたって整備された「旧洪水線（Oude Hollandse Waterlinie）」や、19世紀にユトレヒト市を中心に南北85km、幅3kmから5kmで整備された「新洪水線（Nieuwe Hollandse Waterlinie）」、19世紀末から20世紀初頭にかけて首都アムステルダムの10kmから15kmの郊外に全長135kmに環状にわたって整備され、1996年には世界遺産に指定された「アムステルダムの防塞線（Stelling van Amsterdam）」などがある。そしてそれらの輪郭に沿うようにして、防衛の拠点となる多数の要塞が築かれた。

この要塞は、煉瓦やコンクリートでつくられた倉庫や居住スペースを備えた施設で、半分地下に埋められた状態のものが多く、周囲に堀や土塁を備える特殊な形態を持つ。ただ、陸上戦を前提にして建設されたため、第1次世界大戦以降に航空機による戦闘が主になると、要塞は本来の役割を果たすことができず放置されることになった。近年、それらが様々な用途の施設に転用され活用されている。

アート作品への改修

ユトレヒト市から南に15kmほどの町クーレムボルフ（Culemborg）のディーフダイク（Diefdijk）に位置するブンカー599［**Fig.1**］［**口絵p.084**］は、前述の「新洪水線」の一角に位置する、1940年に建設された4×5m程度の小さなコンクリート造のバンカー（トーチカ）である。周辺には100mぐらいの間隔で同じタイプのバンカーが並んで、1つの風景をつくり出している。そのうちの1つが、建築アート集団RAAAFとアーティスト、アトリエ・デ・リヨンによって、ランドスケープ・アート作品に改修されて2013年に竣工した。国の文化財に指定されている。

ここでは、バンカーの中央が幅1mほど切除されて通路が設けられ、隣接する池の上のデッキに一直線に繋がっている。この切除によって、2m程度におよぶ分厚いコンクリート壁とその内側にある居室が露出している。かつて軍事施設として不可視のものであったバンカーの内部が可視化され、歴史の真実の一断面を露出している。一方で、その切除によって、水辺に向けて切り取られた新しい風景を体験することもできる。シンプルな操作であるが、新たな風景をもたらすアート作品として実に面白い。

フォート・アーン・デ・クロップ［**Fig.2**］は、ユトレヒトの防塞線の一部をなすもので、1852

Fig.1 ▪ **ブンカー599 Bunker 599** ▪ 2013年｜改修設計：RAAAF（Rietveld Architecture-Art-Affordances）, Atelier de Lyon［1940年］ ▪ Map番号［94］

Fig.2 ▪ **フォート・アーン・デ・クロップ Fort aan de Klop** ▪ 2007年｜改修設計：不詳［1852年］ ▪ Map番号［91］

Fig.1

a｜鉄筋コンクリート造の要塞が半分に切断されて、アート作品として展示されている。切断されたことで、普段は窺い知れない内部の様子が分かる。

b｜要塞の内部から見る。切断されているおかげで、内部の構造や壁の厚みを実感することができる。

Fig.2

a｜要塞はレストランとして活用され、周囲はキャンプ施設として活用されている。

b｜要塞は煉瓦造で、内部にはアーチやヴォールト天井の空間が広がっている。

年に建設された要塞である。モルタルで仕上げられた煉瓦造で、軍事的防衛線「新洪水線」の一部として爆撃の監視に使われていた。1881年に別の要塞が建設されたことでその役割を終え、軍事の倉庫として使われていた。1940年にはナチスドイツの占領軍によって使用され、戦後も1960年代まで軍事用に使われた。

その後、1980年からは、警察犬のトレーニングセンターなどに活用されていた。しかし1997年にユトレヒト市がレジャー施設として活用することを目的に購入し、2007年にキャンプ施設のカフェとして活用され始めた。要塞が建設されてから200年を経て、ようやく一般に開かれる施設となり、現在は市民の憩いの場として活用されている。国の文化財に指定されている。

居住空間としての活用

宿泊施設に改修された要塞もある。ドルドレヒト(Dordrecht)の東20kmほどの所に位置する町フューレンに建つフォート・フューレン[**Fig.3**][**口絵p.084**]は、前述の「新洪水線」の一角をなす要塞で、1849年に建設された。ここでは円筒形の給水塔とそれを環状に取り巻く要塞の2つの建物が一体となって建っており、その周囲には堀が廻らされている。

現在は、マウリス建築事務所によって宿泊施設ベッド・アンド・ブレックファースト(B&B)に改修されて2014年に竣工し、家族連れなどで賑わっている。かつての倉庫や居住スペースに、トイレやバス、ベッド、キッチンが備えつけられ宿泊室となり、施設の上部は芝生に覆われて敷地と一体化し、キャンプ場として開放されている。国の文化財に指定されている。

集合住宅に改修された要塞もある。ドルドレヒトから東に10kmほど離れた町ヴェルケンダム(Werkendam)に位置するフォート・ステュルハット[**Fig.4**][**口絵p.084**]は、やはり「新洪水線」の一角をなす要塞で、1882年に建設されたものである。堀に囲まれた島状の敷地に、かつて兵舎だった煉瓦造の60×23mの長方形の平面を持つ建物と、30×20m大のかつての防空壕が地中に埋もれるようにして建っている。地元の建築家B. クノースターによって、2つの建物とその周囲の敷地が、合わせて11軒の集合住宅に改修され2001年に竣工した。国の文化財に指定されている。

かつての要塞の上部や背後には増築が行われ十分な居住スペースが確保されているが、土が盛られて増築したように見えない工夫がされている。内部にはエレベーターや階段、最上階の住居には自動開閉式のトップライトが設けられ、土盛りの形状に合わせて斜めに配された大きな窓からは、近くの川や林を見渡すことができる。自然と共存する優れた集合住宅となっている。

■

これら以外にも、オランダには転用され改修された要塞が多数存在する。その用途は元の用途や形状からは想像しにくいが、アート作品やレストラン、博物館、集合住宅など様々で、自

Fig.3 ■ フォート・フューレン Fort Vuren ■ 2014年｜改修設計：Maurice Architekten［1849年］■ Map番号［69］

Fig.3

a｜屋根から見下ろす。建物は地下に埋もれるようにして建っている。
芝生から飛び出ている装置は宿泊室のための換気口。
b｜ベッドルームを見る。元々要塞は人が生活できるようになっていたこともあり、
スケール感が住宅に似ており、宿泊施設にちょうどよい。

由な用途転用が行われている。要塞は元々兵士が滞在するための居住機能も備えていたため、スケール的に見て様々な用途に合うのだろう。それは、改修したとしても、歴史的価値や文化財としての価値を損ねにくいことを意味している。郊外の自然の中に立地していることが多く、環境もよい。オランダならではの歴史遺産と自然環境を守り、楽しむことができる事例だと言える。

a
b
c
d

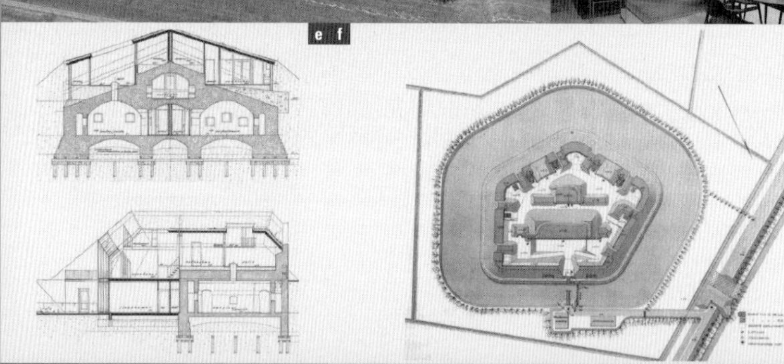

e f

a｜ベランダ側を見る。オリジナルの要塞の上に増築し、南側に大きなガラス窓を設けて、集合住宅として活用している。
b｜現状を俯瞰する。中央に集合住宅が建ち、周囲の地面に埋まった部分はガレージや倉庫として使われている。
住宅には小さな橋を渡ってアプローチする。
c｜玄関側から見る。煉瓦造の部分はオリジナル。元々集合住宅として造られたかのような外観である。
d｜居間から見る。増築されて大きなガラス窓が設けられ、明るい住宅に生まれ変わっている。
e｜断面図。グレーで塗られた部分がオリジナルの要塞の躯体。改修に際して、
要塞の上や横に増築され、床面積を増やして活用されている。
f｜要塞として使われていた頃の平面図。周囲に堀が巡らされ、堀に沿って五角形の土塁が築かれ、
その内側に複数の施設が並んでいたことが分かる。

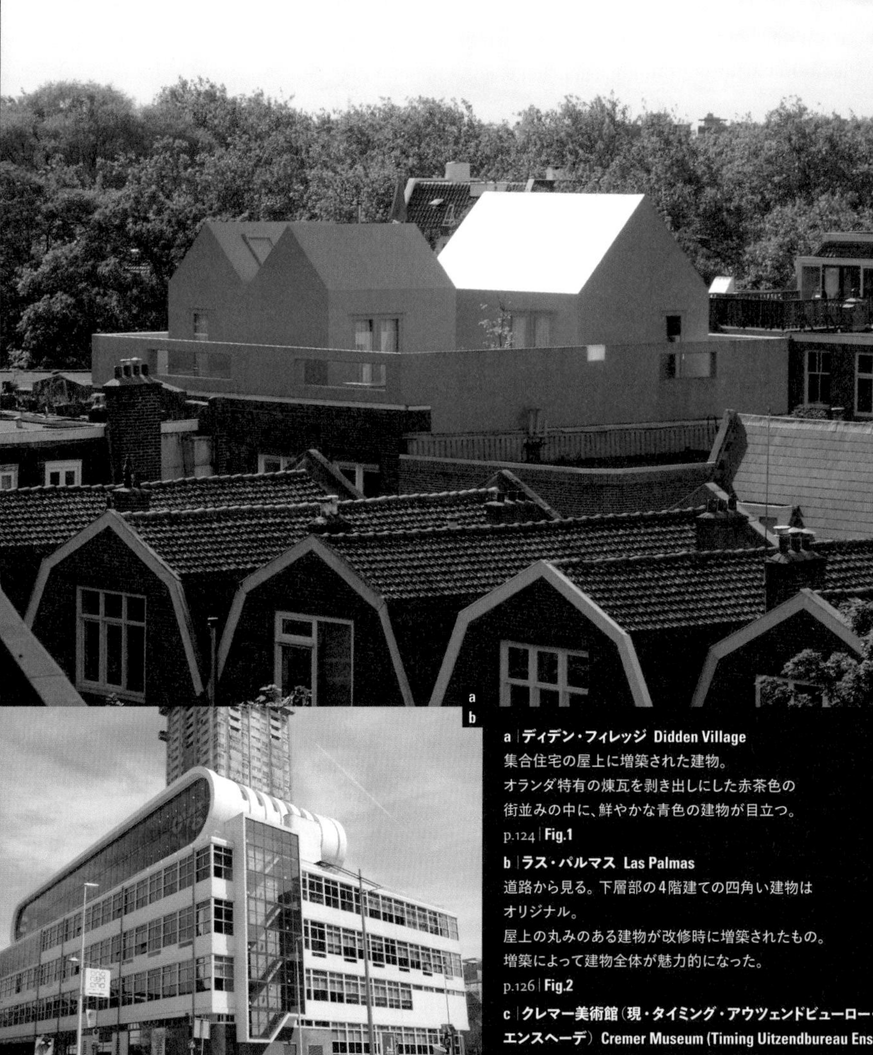

1 増築

→p.123

a | **ディデン・フィレッジ Didden Village**
集合住宅の屋上に増築された建物。
オランダ特有の煉瓦を剥き出しにした赤茶色の
街並みの中に、鮮やかな青色の建物が目立つ。
p.124 | **Fig.1**

b | **ラス・パルマス Las Palmas**
道路から見る。下層部の4階建ての四角い建物は
オリジナル。
屋上の丸みのある建物が改修時に増築されたもの。
増築によって建物全体が魅力的になった。
p.126 | **Fig.2**

c | **クレマー美術館(現・タイミング・アウツェンドビューロー・エンスヘーデ) Cremer Museum (Timing Uitzendbureau Enschede)**
道路から見る。煉瓦造の倉庫の途中階で
上下を切り離して鉄骨を挿入し、階高を
増した上で奥に増築するという、アクロバティックな改修。
p.130 | **Fig.6**

a | 海事博物館
Het Scheepvaartmuseum
室内化された中庭を見る。玄関ホールや通路、
広場を兼ねた空間として使われている。
屋根の幾何学模様のフレームとその影が美しい。
p.134 | Fig.3

b | BKシティ(デルフト工科大学 建築学部 校舎)
BK City (Faculteit Bouwkunde Technische Universiteit Delft)
室内化された中庭を見る。
デルフト工科大学建築学部の学生の作業室を兼ねた
大講義室として使われている。大きな階段状の建物は、
教授を務めるMVRDVのヴィニー・マースの設計。
p.132 | Fig.1

3｜減築→p.137

a｜**ロイド・ホテル Lloyd Hotel**
食堂から見上げる。各階の床の一部が除去され、
食堂上部が吹き抜けにされている。上階の吹き抜けに面した部分は、
共有のリビングスペースとなっている。
p.138｜**Fig.1**

4

立体交差

→p.141

a | **カントール・デ・ブルフ Kantoor De Brug**

運河から見る。歴史的建築物の旧館の上を跨ぐようにして建つ新館。交差部分にしっかりと隙間を設けたことで、それぞれの建物が自立して見え、新旧の対比が際立っている。

p.142 | **Fig.1**

b | **ルネットB Lunet B**

玄関付近から建物の内部を見る。廃墟と化した要塞を覆うようにして新しい建物が建てられた。要塞はミーティングルームなど、建物の一部として活用されている。

p.146 | **Fig.5**

a

b

DUTCH RENOVATION

前章では、改修事例をオリジナルの建物のビルディングタイプごとに紹介し、

その改修設計の手法の特徴を論じた。

しかし、ビルディングタイプごとに論じるだけでは見えない手法上の特徴も多々ある。

保存や改修の手法に焦点を当てることで、明らかになる課題もあることだろう。

そこで第2章では、改修の手法ごとに改修事例を分類し、

第1章で取り上げていない新たな事例を紹介しながら、その特徴を論じてみたい。

日本での保存や改修にそのまま適用できるとは思わないが、学べることも多いはずだ。

歴史的建築物の改修は、用途の変更や機能的な要求の増大がきっかけとなっていることが少なくない。それに対処する最も一般的な改修手法が、増築であろう。歴史的建築物に対して「足し算」をするかのように新築の建物を加える手法である。その際、既存の建物に対する接続のさせ方や増築部分のデザインのあり方が課題になる。

日本では、増築部が極力目立たないように既存の建物の後方に増築する手法か、都市部では外壁の一部を残して高層棟を直上に建てる手法が典型的である。それは増築の手法が限定されていることを意味している。オランダやヨーロッパでは、増築の手法が多彩であるのが特徴だ。手法の多様性に注目しながら、オランダにおける歴史的建築物に対する増築の事例を見てみたい。

増築が建物のイメージを刷新

ロッテルダムの西部、中層のアパートが建ち並ぶ住宅街の一角の屋上に、増築された住宅ディデン・フィレッジ[Fig.1][口絵 p.117]がある。MVRDVの設計により2006年竣工したものである。歴史的な建物を住居兼用の仕事場として使うことになったため、新たにスペースが必要となり、増築された。

建物の屋上に両親と子供のための2つの寝室が増築され、その周囲は屋上庭園となっている。寝室には、階下のリビングスペースから、螺旋階段を使って直接アプローチする。寝室同士が庭園で隔てられているため、互いのプライバシーは守られている。屋上に増築されたことで、屋上を使いやすくなったことも特徴であろう。増築部が真っ青に塗られているのは、空に溶け込んだ天国がイメージされているためだという。オリジナルとは全く違うデザインで歴史的な建物とのコントラストがつけられ、増築部分が鮮明になっているのが面白い。

屋上に増築した事例は他にもある。ロッテルダムのマース川に面して建つラス・パルマス[Fig.2][口絵 p.117]は、元々ファン・デン・ブルーク&バケマの設計で1953年に建設されたホーランド・アメリカ・ライン社の倉庫だった。国の文化財に指定された後、ベンテム・クローヴェル建築事務所によって、写真美術館や図書館、レストラン、オフィスなどを収容する複合施設として改修され、2008年に竣工した。増築部分は不動産開発会社OVGの本社ビルとして使われている。

ここでは、オリジナルの建物が単なる箱のような禁欲的なモダニズム建築だったのに対し、近未来的な斬新なデザインの建物を増築することで、全く新しい価値を得たことに特徴がある。増築後はロッテルダムのランドマークの1つとなっている。最初から増築部分まで含めてデザインしてあったかのように違和感がなく、増築後の方が、元の建物のデザインの価値が増したように感じられるから不思議である。2008年のヨブ・デュラ賞など複数の賞を受賞している。

Fig.1 ▪ ディデン・フィレッジ Didden Village ▪ 2006年｜改修設計：MVRDV ▪ Map番号[57]

Fig.1

a｜道路から見上げる。
鉄筋コンクリート造の古い集合住宅の上に、増築部が載っている。真っ青に塗られているため、晴れた日には空に溶け込んでいるようにも見える。

b｜平面図。3階（左上の平面図）はワンルームだが屋上（左下）では個室が独立して配置されている。屋上庭園が第2のリビングのようになっている。

c｜断面図。屋上に部屋が増築され、下の階（3階）から螺旋階段でアクセスできるようになっている。

日本とは似て非なる事例

アムステルダムのアムステル地区に位置するW99［Fig.3］は、最上階が除去された上で増築が行われた事例である。1896年にJ. ファン・ローイの設計で工場として建設され、その後アムステルダムの消防本部として使われていた。ヴェースペルザイデ（Weesperzijde）通り99に位置することから、W99と名付けられた。フント・フォルク建築事務所とファクト建築事務所の改修設計により、22戸が入る集合住宅とオフィスと26台分の駐車場の複合施設に改修され、2017年に竣工した。

改修に際しては、一部にオリジナルが残っていたものの、改変が激しかった3階部分が除去されて、新たに鉄骨造のフレームが載せられた。増築部分は全く新しいデザインではあるが、色彩が抑えられ、フレームに厚みが感じられ、リズムをつくり出していることから、1、2階のオリジナルのデザインとうまく調和している。

日本では神戸地方裁判所（河合浩蔵設計、1904年／建設省近畿地方建設局改修設計、1991年）のように、外観の下部にオリジナルの壁を残した改修事例があるものの、ガラス面が強調され外壁を張りつけたようなデザインとなっているためか、軽薄に見えてしまう事例が多い。一方W99は、上部が刷新されているものの違和感はない。細部のデザインがこれほど大きな差をつくり出すのかと感じさせられる事例である。

日本では見慣れた感のある高層棟の増築事例も見ておこう。ロッテルダムのビュルス・ワールド・トレード・センター（WTC）［Fig.4］は、ヤン・フレデリック・スタールの設計により1940年に竣工した建物で、デュドックの作品にも似たオランダ特有のモダニズム建築である。1973年にスタールの子息アーター・スタールによって低層部分の増築が行われ、その後1986年に93mの高さの高層棟が、グロースマン・パートナー建築事務所の設計によって低層部にあるコンベンションホールの上に増築された。

日本の高層棟の増築の場合、歴史的建築物の上部に、建築面積が同程度の高層棟が増築されるためか、アンバランスで違和感が伴う。しかしビュルスWTCはデザイン上の違和感がない。この建物が元々大小いくつかの棟の組み合わせによってできた大規模なものであり、増築部の建築面積は建物全体の建築面積の一部に過ぎず、高層棟と全体とのバランスがよいためだと思われる。高層棟の足元にある古い建物がほとんど壊されていないことにも、歴史的建築物を残そうとする意志が感じられる。高層化による増築も、デザイン次第で優れたものになりうることを感じさせる事例である。

室内や途中階への増築

室内に増築する事例もある。ヴァイクセントラム・デ・ポールテン［Fig.5］と呼ばれる建物がティルブルフ（Tilburg）市の中心部に建っている。ハッセルツェ教会として1898年に竣工したもので、設計者はティルブルフを拠点に活躍した建築家のフバート・デ・ビール。煉瓦造のネオ・

Fig.2

a｜道路から見る。4階建ての四角い建物はオリジナルのもの。
屋上の丸みのある建物が改修時に増築されたもの。増築によって建物全体が魅力的になった。
b｜改修前の様子。倉庫として建設されて使われた後、放置されて荒れ果てていた。
c｜1階内部の様子。低層部はレストランや美術館などとして活用されている。
オリジナルの鉄筋コンクリートの力強さが映える。

Fig.3

a｜道路から見る。オリジナルの最上階は除去されて、鉄骨造の新しい建物に置き換えられた。
窓のプロポーションやフレームのリズムがオリジナルの建物に同調しているからか、違和感はない。

Fig.2 ■ ラス・パルマス Las Palmas ■ 2008年｜改修設計：Benthem Crouwel Architects［1953年｜設計：Van den Broek & Bakema］■ Map番号［58］
Fig.3 ■ W99 W99 ■ 2017年｜改修設計：Hund Falk Architecten, Fact Architects［1896年｜設計：J. van Looy］■ Map番号［18］

ゴシック様式でデザインされている。信者数の増加を背景に建設されたが、1998年に教会としての役目を終えた。その後アーティストのスクウォッターにより室内が傷んだため修復が行われたが、2003年に原因不明の火災で屋根や塔を焼失してしまう。骨格は残っていたため、修復と改修が行われ、アド・スミュルダー建築事務所の改修設計により2005年にコミュニティセンターとして再生された。文化財ではないが、歴史的建築物として質が高いため、自治体や市民らによって支持され、維持され続けている。

2005年の改修に際して、鉄骨造の塔が新しくデザインされた。かつての教会堂の内部には5階建ての建物が挿入されて、図書館やオフィス、喫茶室、ミーティングルーム、老人クラブ、児童館などとして使われている。大空間の中に新しい建物が詰め込まれているため、オリジナルの教会堂の特徴はあまり感じられないのが残念である。しかしアーチや装飾も可能な限りでオリジナルのものを残している。かつての教会がコミュニティセンターに転用されているのだが、宗教色を取り払った形で以前と同じような集会施設としての機能が維持されていることも興味深い。

建物の上部でも室内でもない、途中階に挿入するようにして増築した驚くべき事例も存在する。1907年に竣工した綿の倉庫バレンヘボウを美術館に改修したクレマー美術館(現・タイミング・アウツェンドビューロー・エンスヘーデ)[**Fig.6**][**口絵p.117**]である。エンスヘーデ市の文化財に指定されている。

オリジナルの倉庫は、1973年に所有する会社が倒産したことで放置されて傷んでいた。また2000年に生じた隣接する花火工場の大爆発事故により、大きな損壊は免れたものの、その後傷みが進んだ。しかし爆発現場の復興過程で、アーティスト、ヤン・クレマーをテーマとする美術館として再生されることになる。レム・コールハースとの協同により建築家グループSeARCHが改修設計し、2013年には完成するまでにこぎつけた。しかし資金不足により美術館の計画は頓挫する。その後、しばらく空き家として放置されていたが、2017年からオフィスビルとして使われている。

オリジナルの建物は1階の天井高が2.2mしかなかったが、改修に際して1階部分は4m以上の天井高が必要になった。そのため3階部分を水平にカットし、その上部全体を3m持ち上げて鉄骨造のガラスの層を挿入した。最上階にも同様のガラスの層を挿入し階段で繋げた上で、さらに東側に増築してミュージアムショップやワークショップスペースやオフィススペースを収めている。増築部分の壁面は、ヤン・クレマーの最初の著書の表紙写真をレリーフにした装飾で覆われている。

煉瓦造の建物がこれほどのアクロバティックな方法で増築されていることに驚かされるが、加えてこの建物が文化財であり、したがって厳しい審査を受けた上で改修されていることにも驚かされる。日本ではこれほど大胆な文化財の改修は、今のところ不可能であろう。しかしこの建物は元が倉庫であり、デザイン的価値が極めて高いわけではないこと

Fig.4 ■ ビュルス・ワールド・トレード・センター Beurs World Trade Center (WTC) ■ 1973年、1986年｜改修設計：Arthur Staal, Groosman Partners architecten［1940年｜設計：Jan Frederik Staal］■ Map番号［59］

Fig.5 ■ ヴァイクセントラム・デ・ポールテン Wijkcentrum De Poorten ■ 2005年｜改修設計：ad smeulders architect［1898年｜設計：Hubert de Beer］■ Map番号［72］

Fig.4

a｜道路から見る。オリジナルの建物は、内装や外装が改修されているものの、すべて残された上で高層棟が増築された。高層棟はボリュームや配置のバランスがよく、あまり違和感はない。

b｜増築・改修される前の様子。浅い曲面のヴォールト屋根や直方体のモダンな建物が密集して建っている。

c｜コンベンションホール内部の様子。右奥に増築された高層棟を支える列柱が見える。

Fig.5

a｜玄関付近から奥を見る。身廊内部に挿入するようにして新しい建物が増築されている。

b｜道路からファサードを見上げる。
焼失して置き換えられた鉄骨の塔以外は、オリジナルの姿のまま残されている。

c｜断面図。教会堂の身廊の中に建物が増築されている様子が分かる。
鉄骨造の塔も改修時に新たにデザインされた。

が、こうした改修を可能にしたと見られる。オランダの文化財行政の柔軟さが感じられる事例である。

■

日本では歴史的建築物に対する増築の多くが、「仕方なく」行われた「つけ足し」のように感じられる。大きく増築する場合でも、それが罪悪であるかのように遠慮がちに、消極的に全面ガラス張りでデザインしてみせるのだ。高層化による増築はその典型的な例であろう。歴史的な建物に配慮して空に溶け込むようにガラスの高層ビルを増築するのであるが、かえって陳腐になる場合がほとんどである。

それに対して、ここで紹介したオランダの事例は、多くの場合、増築したことで、新たな魅力を獲得していると言える。それは「仕方なく」行われたのではなく、歴史的建築物の価値を積極的に高めるものとなっているのだ。日本では、魅力的な増築は不可能であるように思われがちだが、デザインで解決できる余地はまだ残されているのではないか。そんなことを感じさせる事例の数々である。

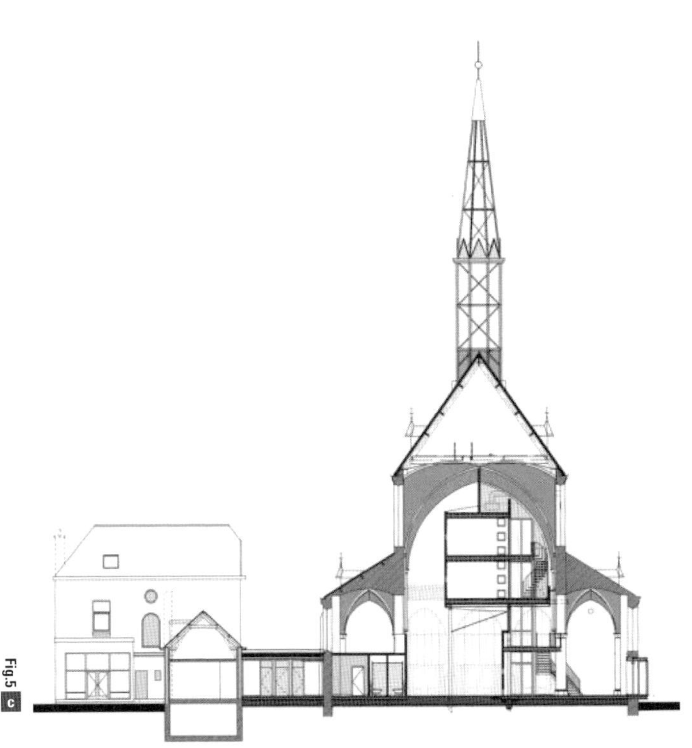

Fig.5 c

Fig.6 ▪ クレマー美術館（現・タイミング・アウツェンドビューロー・エンスヘーデ）Cremer Museum (Timing Uitzendbureau Enschede) ▪ 2013年｜改修設計：Rem Koolhaas, SeARCH［1907年］▪ Map番号［100］

Fig.6

a｜道路から見る。煉瓦造の倉庫の途中階で上下を切り離して1層分の鉄骨フレームを挿入し、
階高を増した上で右手に増築するという、アクロバティックな改修。
b｜玄関側から見る。建物の外側には、ガラスで覆われた階段や通路が取り付けられている。
c｜改修される前の建物の様子。煉瓦造のさほど大きくない倉庫だった。
この2層目の窓の上部で建物が水平に切断されて1層分の鉄骨フレームが挿入された。

ここでは、建物と建物の間にある屋外空間に屋根を架けて「室内化」する手法に焦点を当てる。前節で取り上げた「増築」に似ているが、別の建物を加えるのではなく、既存の屋外空間を有効活用し床面積を増やしている点で異なる。ここでは別の手法として捉えたい。

ヨーロッパで20世紀以前に建てられた大規模な建物の多くは、その中央に採光や通風のための大きな中庭を備えている。これは煉瓦造で大空間をつくるには技術的な限界があること、人工照明や空調が発達していなかったことなどによると考えられる。日本でも、戦前に竣工したオフィスビルや官公庁の庁舎、病院など大規模な建物には、同様の中庭が存在した。

こうした建物の改修に際して、中庭に屋根を架けて屋内空間に変えた事例が、オランダのみならずヨーロッパ各地で見られる。建物の改修の動機の多くは、建物の用途変更や高機能化による増床である。中庭を「室内化」すれば、既存の歴史的建築物の価値をあまり損ねることなく機能を高め、床面積を増やすことができる。このような方法を採用したいくつかの事例を見てみたい。

コの字型の裏庭を室内化

デルフト工科大学建築学部の校舎は、ヨハネス・ファン・デン・ブルーク&ヤープ・バケマの設計で1970年に建設されたモダニズム建築の名作だったが、2008年に不慮の火災により焼失してしまった。そこで急遽、1923年にヘラルド・ファン・ドレヒトの設計で同大学の前身校の校舎として建設された建物を改修し、建築学部の校舎として活用することになった。ブラークスマ&ルース建築事務所やMVRDVなど、同大学出身の建築家らが合同で改修設計を行い、BKシティ[**Fig.1**][**口絵 p.118**]と名付けて2009年に竣工した。国の文化財に指定されている。

この改修の特徴は多々あるが、最も印象的なのは、建物がコの字型に囲んでできた裏庭に、ガラスの屋根を架けてつくられた2つの大きなホール空間である。1つが巨大な模型製作室として、もう1つが大講義室や製図室として活用されている。いずれも内部に2階を設けて増床している。これによって、既存の建物にはなかった求心的かつ巨大な空間が実現している。外観に変化は生じるが、建物の裏側に設置されているため気にならず、新旧の対比が感じられるのもよい。

アムステルダム市の中心部に建つ高級ホテル、コンセルファトリウム・ホテル[**Fig.2**]も同様の手法で室内化されている。元は19世紀末に、ダニエル・エドワルド・コネリス・クヌッテルの設計により国立郵便銀行として竣工した建物である。音楽学校として使用された後、イタリアの建築家ピエロ・リッソーニとオランダのMVSA建築事務所によって改修され、2012年にホテルとして竣工した。

ホテルの裏側のコの字型に建物で囲われた庭に、ガラスで覆われた鉄骨造の斬新

Fig.1

a

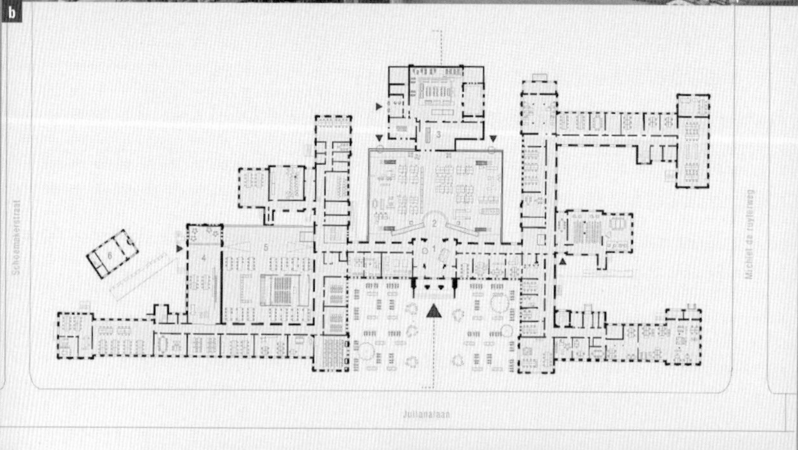

b

c

a｜模型製作室を見る。玄関ホールの裏側に広がる庭に屋根を架けて室内化している。
b｜1階平面図。細長い建物が縦横に建ち並ぶが、その隙間にある2か所の中庭（裏庭）に屋根を架けて室内化している
c｜玄関付近を見る。外観は、窓ガラスが新調された以外は、ほとんどオリジナルの姿のまま使われている。

Fig.1 ■ BKシティ（デルフト工科大学 建築学部 校舎）BK City (Faculteit Bouwkunde Technische Universiteit Delft) ■ 2009年｜改修設計：Braaksma & Roos architectenbureau, Fokkema & Partners Architecten, Kossmann.dejong, MVRDV, etc.［1923年｜設計：Gerard van Drecht］ ■ Map番号［46］

な空間が増築され、玄関ホールやカフェ、レストラン、集会室などが収められている。大きな空間を必要とする諸室が既存の建物の裏側に集約された格好だ。デザイン上の新旧の対比が斬新であるのみならず、レストランやカフェでくつろぎながら、古い建物の外壁をじっくりと眺められるのもよい。

ロの字型の中庭を室内化

ロの字型に囲われた建物の中庭が室内化されている事例も多い。アムステルダム中央駅近くの運河に面して建つ海事博物館[**Fig.3**][**口絵 p.118**]は、元々1658年に建築家ダニエル・スタルパートの設計で海軍の倉庫として建てられた建物である。1973年に海洋博物館として使われるようになり、その後オランダのDok建築事務所の設計により改修が行われ、2011年に竣工した。国の文化財に指定されている。

この改修で最も特徴的なのが、中庭の室内化である。ロの字型の建物の中央を占める34 m角の中庭の上部に、ベルギーの構造デザイナー、ネイ&パートナーズの設計による幾何学的な美しい鉄骨フレームで支えられたガラス屋根が架けられた。外観には変化がなく文化財的価値は全く損ねられていない一方で、室内化された中庭が大きく象徴的な玄関ホールの役割を果たすことになり、来館者も居場所を認識しやすくなっている。一石二鳥とも言うべき優れた効果を発揮している。

アムステルダム市の音楽学校と職業訓練学校を併設したヘット・シーラード[**Fig.4**]も、同じ手法で改修されている。元々1924年にアムステルダム派の建築家アレンド・ヤン・ヴェスターマンの設計で、第4工業学校として建設された。その後、2003年から宝石デザイン学校として使用され、オランダの建築家グループOIII建築事務所の設計で現在の学校施設に改修され、2007年に竣工した。国の文化財に指定されている。

ここでもロの字型の建物の中庭に大きな屋根が架けられて室内化され、大きなホールとして使用されている。上階にはホールの観覧席としても使用できる休憩スペースが設けられるなど、建物の使い方に変化も生まれている。建物の強度の問題から、海事博物館のように建物に直接屋根を載せず、ホール内に建てられた数本の柱で屋根を支える方式を取っているが、機能性の高い中心的な空間が生まれ、以前に増して魅力的な建物になったと言える。

近代美術やファッション、工芸などを扱うハーグ市立美術館[**Fig.5**]は、オランダの巨匠ヘンドリク・ペトロス・ベルラーヘの設計による遺作である。ベルラーヘは、1935年に竣工する前年に亡くなったが、この建物を自作の中で最も重要な作品と考えていたようだ。しかし近年の美術館機能拡充の必要性から、1992年以来、建築家ユニット、ブラークスマ&ロースによって断続的に改修が行われている。2014年には、中央の中庭に屋根が張られて室内化され、これによって床面積が700m^{2}増えた。国の文化財に指定されている。

ベルラーヘはこの中庭を休息やミーティング、展示などに使われることを想定して設

Fig.2 ▪ コンセルファトリウム・ホテル Conservatorium Hotel ▪ 2012年｜改修設計：Piero Lissoni, MVSA Architects［19世紀末｜設計：Daniël Eduard Cornelis Knuttel］▪ Map番号［19］

Fig.3 ▪ 海事博物館 Het Scheepvaartmuseum ▪ 2011年｜改修設計：Dok architecten［1658年｜設計：Daniël Stalpaert］▪ Map番号［20］

Fig.2

a｜室内化された空間を見る。コの字型に建物が囲われた裏庭に
屋根が架けられて室内化され、ロビーやレストランなどに使われている。
b｜道路から見る。
複数の塔や尖った屋根が目立つ19世紀的な華やかなデザイン。
道路側からは、改修されたことが分からない。
c｜断面図。建物の中央付近にガラスの屋根が架けられて室内化され、
その中にエレベーター付きの建物が増築されている。

Fig.3

a｜室内化された中庭を見る。
玄関ホールや通路、
広場を兼ねた空間として使われている。
屋根の幾何学模様とその影が美しい。
b｜運河越しに見る。
建物の外観はオリジナルのまま
残されている。オランダには珍しい、
白っぽい石張りの壁面が美しい。
c｜1階平面図。中央の正方形の空間が、
屋根が架けられて室内化された
かつての中庭。

計していたが、実際にはあまり使われていなかった。むしろ室内化されることによって、その意図はより一層強められたと言える。現在、この空間はカフェや講演会、ディナー、コンサート、展示などに使われている。新しいガラス屋根は鉄骨の柱梁で支えられているが、この鉄骨はベルラーヘが用いた110mmという煉瓦の単位を用いてデザインされている。これによってベルラーヘのオリジナルのデザインとの調和を図っている。

■

「室内化」は、オランダではもはや歴史的建築物の増床のための常套手段と化している。だが、かつては文化財としての価値を損ねるものとして、文化財の審査を行う当時のオランダの文化財保存局(RDMZ)は、その導入に積極的ではなかったようだ。現在でも、既存の建物が石造や煉瓦造の建物の場合、ガラス屋根をコーニス上部の溝に架け渡すなど、文化財としての価値を損ねないような工夫が目立つ。しかし、歴史的価値を守りながら新しいデザインを可能にする、比較的簡単かつ優れた改修手法だと言えるだろう。

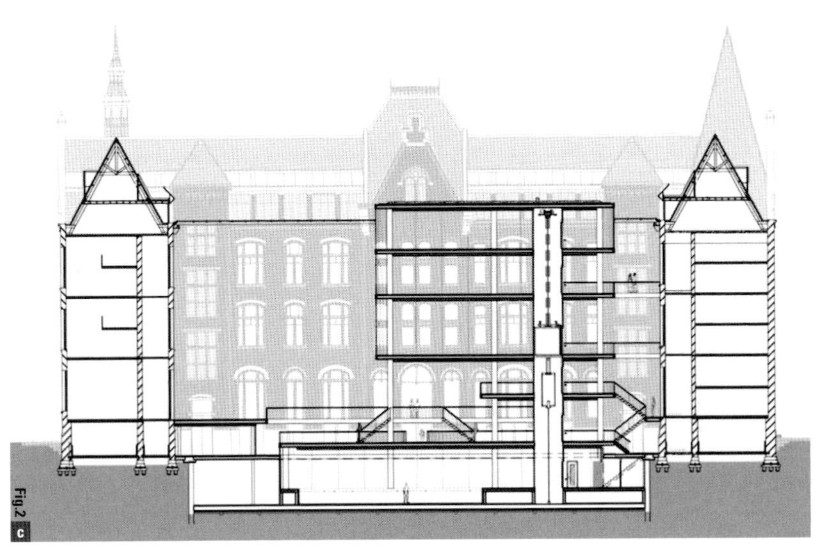

Fig.2 C

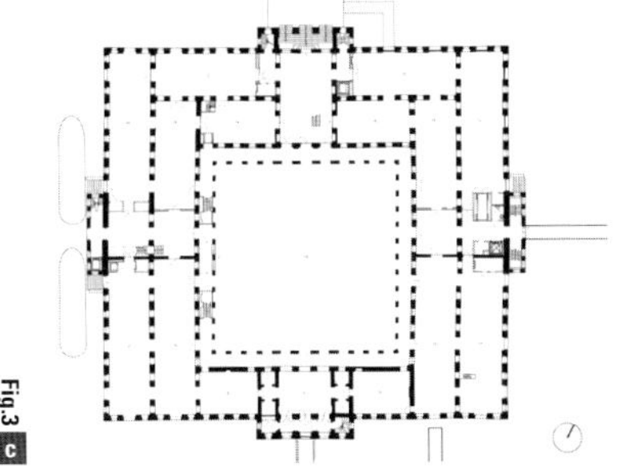

Fig.3 C

Fig.4 ■ ヘット・シーラード **Het Sieraad** ■ 2007年｜改修設計：Olll Architecten［1924年｜設計：Arend Jan Westerman］■ Map番号［21］

Fig.5 ■ ハーグ市立美術館 **Gemeentemuseum Den Haag** ■ 2014年｜改修設計：Braaksma & Roos［1935年｜設計：Hendrik Petrus Berlage］■ Map番号［44］

Fig.4

a｜室内化された中庭を見る。
イベントやパーティーの開催にも使える大空間に生まれ変わった。
屋根を支える柱など骨組みのデザインが美しい。
b｜運河越しに見る。建物の外観はオリジナルのまま残されている。
運河のそばに建つ要塞のような建物。

Fig.5

a｜室内化された中庭を見る。カフェとレストランに付属する飲食スペースとして使われ賑わっている。
屋根を支える柱や梁のデザインは違和感なく収まっている。
b｜建物前の水盤越しに見る。建物はタイルで覆われているが、
ベルラーへ設計の建物としては最もモダニズムに近づいたデザイン。
c｜室内化される前の中庭の様子。開放的だが閑散とした印象が強い。中央にあるオブジェは、改修の際に撤去された。

「減築」とは、歴史的建築物を部分的に除去し、「引き算」するようにして改修を行う手法を意味している。歴史的建築物の改修は、用途変更がきっかけとなることが多い。その際、特に新たに採光が必要な場合や大空間をつくりたい場合などに、「減築」が用いられる。

日本で歴史的建築物の改修の際によく見られる「ファサード保存」も、建物のファサード以外を除去してしまうという意味では「減築」の一種と言えるが、これは歴史的建築物の価値を大きく損ねてしまっている。したがって、歴史的建築物の改修のための手法として積極的には評価できない。ここで対象とするのは、歴史的建築物の価値を大きく損ねない限りでの「減築」である。

吹き抜けをつくる

アムステルダムの西側の再開発港湾地区に建つロイド・ホテル［**Fig.1**］［**口絵 p.119**］は、エファート・ブレマンの設計により、アメリカへの移民が一時的に利用する宿泊施設として1921年に建設されたものである。留置所や少年院、アーティストのスタジオなどに使用された後、MVRDVの改修設計によって、客室が117あるホテルとしてリニューアルオープンした。2001年に国の文化財に指定されている。

外観や廊下、階段室などはオリジナルの状態で残されているが、1階食堂上部の床がすべて除去され最上階の屋根裏まで吹き抜けによって一体化され、その中を階段で上下に移動する形に改修された。吹き抜けの途中階は、団らんスペースや図書スペースなど公共的なスペースとして活用されている。壁面は真っ白に塗られ、オリジナルの建物とコントラストをなすモダンな空間となっている。外観への影響はほとんどなく、一方内部では気持のよい空間が生まれており、効果的な手法だと言える。

オランダ南部の都市アイントホーフェン（Eindhoven）は、世界的な電器メーカー、フィリップス（Philips）の大規模工場を擁する工業都市として栄えた。アイントホーフェン駅前に建つヴィッテ・ダーメ［**Fig.2**］は、ディルク・ローゼンブルフの設計により1931年にフィリップスの工場として建設された、鉄筋コンクリート造の建物である。1980年代に工場移転のために空き家となり、解体の予定もあった。しかし自治体の働きかけにより保存され、ベルト・ディリックスの改修設計により、1998年に図書館やデザイン専門学校、ギャラリーなどを収容する文化複合施設に生まれ変わった。

ここでは、幹線道路側の建物の一部が、壁面を残したまま大きく取り除かれ、玄関ホールの役割を果たす吹き抜けの半屋外空間となっている。エスカレーターやブリッジが設置され、訪問者は最初にこのダイナミックな大空間を体験することになる。元はL字型の平面を持つ鉄筋コンクリート造の均質な建物であったが、一部を減築したことで象徴的な空間が生まれている。またこの空間を介して動線を分けたり裏庭と接続したりするなど、機

Fig.1 ■ ロイド・ホテル Lloyd Hotel ■ 2004年｜改修設計：MVRDV［1921年｜設計：Evert Breman］■ Map番号［22］

Fig.2 ■ ヴィッテ・ダーメ Witte Dame ■ 1998年｜改修設計：Bert Dirrix［1931年｜設計：Dirk Roosenburg］■ Map番号［77］

Fig.1

a｜食堂を見る。上階の床が除去されて吹き抜けになり、壁は白く塗られてオリジナルと区別されている。吹き抜けに面した上階は、各階共有のリビングスペースとなっている。

b｜道路から見る。屋根の中央左にガラスのスリットが付加され、窓のサッシが新調されているほかは、外観はオリジナルと変わらない。

c｜断面図。中央付近の床が部分的に除去され、屋根までの吹き抜け空間がつくられている。吹き抜けの中を階段で移動できるのが面白い。

Fig.2

a｜道路から見る。建物の床の一部が2階から最上階まで除去されて吹き抜け空間に改修され、玄関ホールとして使われている

b｜玄関ホールの吹き抜けを建物内部から見る。外部の壁面だけはオリジナルのまま残されている。こんなことができるのは、鉄筋コンクリート造だからこそ。

c｜図書館の様子。改修の際に階段が設けられた。「減築」によって均質な空間に変化が生まれている。

d｜左手が工場として使われていた頃の建物。大きなガラス窓に均質な大空間が積み重なるという、製品の大量生産にふさわしいものとなっている。

e｜改修後の平面・立面・断面の合成図。改修によって元の均質な空間が分節され、メリハリがついている。

能的な中心も得られた。内部の図書館でも一部の床が除去されて、上下の空間的かつ動線的な繋がりが得られるなどの効果をみせている。

上下階を繋ぐ

ヴィッテ・ダーメの近くのストライプSと呼ばれるエリアの中に、1930年に竣工したフィリップスの工場を集合住宅やオフィス、商業施設などの複合施設に改修した建物アントン・ストライプS［Fig.3］がある。竣工当時はホーヘ・ラフと呼ばれ、フィリップスで最初につくられた2つの工場の建物だった。鉄筋コンクリート造の機能性と合理性を追求したもので、戦前はラジオ、戦後はテレビの製造工場として使われた。そのうちの1つが、創業者アントン・フィリップスの名前に由来して「アントン」と名付けられ、建築事務所ディーデレンディリックスの設計により集合住宅に改修された。隣りのもう1つの建物はヨー・クーネンによって改修され「ヘラルド」と名付けられて活用されている。いずれも国の文化財に指定されている。

「アントン」は、元は巨大な製造スペースが7層にわたって重なり、エレベーターと階段室だけで繋がれていた。改修に際して、オリジナルの梁を活かしながら5つの大きな吹き抜けが設けられて、最上階から自然光と空気が取り入れられ、階段が設置された。これにより、従来皆無であった上下の繋がりが生まれ、建物の内部が一体化された。住戸はかつての工場の天井高と大きなガラス窓がそのまま使われ、ワンルームとなっている。その中にトイレとバス、台所などを入れた「箱」が置かれ、その上が寝室に使われている。工場特有の天井の高い空間がうまく活用され、大胆だが心地よい住宅に改修されている。

デルフトの市街地に位置するメディアテーク［Fig.4］は、エルネスト・グロースマンの設計により1970年代に建設された、鉄筋コンクリート造のオフィスとスーパー・マーケットからなる複合施設であった。近年の周辺の再開発の際に大きく改修され、Dok 建築事務所の改修設計により図書館や商業施設、集合住宅の複合施設に改修され、2006年に竣工した。オリジナルの建物は、鉄筋コンクリートのラーメン構造をむき出しにした即物的なものであった。しかし改修の際に内部の床が部分的に除去されて大きな階段が設置され、その上部に斜めになったガラス屋根が架けられた。これによって建物の奥の方にまで日光が届いて館内が明るくなり、機能的にも施設の中心となる空間が生まれた。

■

「減築」は、床が積層する均質な空間の中に大空間や象徴的な空間を生み出すことができ、上下階を繋げる効果を持つ。また、外観には影響を及ぼしにくいため歴史的な都市景観を守りやすいと言える。外観の歴史的な価値を守りながら、内部で変化のある魅力的な空間を生み出すのに適した手法だと言えるが、日本では耐震性の観点から、やや使いにくい手法であるのかもしれない。

Fig.3 ■ アントン・ストライプS　ANTON Strip S ■ 2014年｜改修設計：diederendirrix［1930年｜設計：Dirk Roosenburg］■ Map番号［78］

Fig.4 ■ メディアテーク　Mediatheek ■ 2006年｜改修設計：Dok Architekten［1970年代｜設計：Ernest Groosman］■ Map番号［47］

Fig.3

a｜階段室を見上げる。
コンクリートの床の一部が楕円形状に「減築」され、階段が設置されている。
b｜工場として使われていた頃の様子。
女性の作業員が机に向かって部品を組み立てている。
ガラス窓が大きく、作業に適した明るい空間となっている。
c｜道路から見上げる。
大きな窓1つが1つの住宅に対応している。ガラス張りの1階は、店舗などに使われている。
d｜住宅内部を見る。この大きな一部屋が居間と食堂と寝室を兼ねている。
写真には写っていないが、手前にトイレやバス、キッチン、その上に別の寝室がある。

Fig.4

a｜図書館内部を見る。元は均質な空間が積層しているだけだったが、床が「減築」されて、大きな明るい空間が生み出された。
b｜広場から見る。元の建物はいかにも戦後の商業施設の建物だが、
ガラスが嵌め込まれて斬新なデザインに生まれ変わっている。
c｜図書館内部を見る。床の一部を除去して吹き抜けにした上、階段を設置したことで、ダイナミックな空間が生まれた。

本節では「立体交差」と称して、改修によって新旧の建物同士や建物と道路が立体的に交差している事例に焦点を当てる。これは時に「増築」、時に「減築」と解釈できるような改修の手法であるが、交差するもの同士の独立性がより高いという点が異なっている。

日本では大阪のゲートタワービル(1992年)のように高速道路と交差する特殊な例を除いて、法律上建物と道路を立体交差させることはできない。しかしオランダでは、「立体交差」が改修デザインの1つとして積極的に採用されることがあり、それによって斬新な新旧の共存が実現している。オランダでは国中に運河が張り巡らされているため、昔から随所で運河と道路や鉄道が立体交差しており、運河が道路の上を跨ぐ天井川も珍しくない。立体交差が1つの風景として受け入れられていると言える。

建物同士の交差

立体交差の代表的なものとして、ロッテルダムにある食品および石鹸のメーカーとして日本でも有名なユニリーバの本社ビルがある。1891年の創業時に建てられたブルー・バンド・マーガリン社の赤レンガの工場建物の上に、JHK建築事務所の設計による長さ130 m、幅33 m、4階建てのカントール・デ・ブルフ(橋のオフィスの意)[**Fig.1**][**口絵 p.120**]と名付けられた鉄骨造の建物が立体交差して増築され、2005年に竣工したものである。

増築に際して、24時間稼働している工場を邪魔することなく工事を進めることが必要になった。そこで200 mほど離れた空き地で増築部分を組み立て、レールとクレーンで高さ25 mまで吊り上げて、既存の赤レンガの建物の上に移設したという。

細いV字型の柱で既存の建物を飛び越えるように支えたアクロバティックな姿は、ロッテルダムの港湾地区で異彩を放っている。しかし隙間を空けて立体交差させることで、増築部分と既存の建物が癒着せず、自律した2つのデザインがコントラストをなしながら共存することに成功している。単にアクロバティックな技術を見せているだけではなく、歴史的建築物に配慮したデザイン手法だと見るべきだろう。

アムステルダムの南部に位置する集合住宅ライトファクトリー[**Fig.2**]も、立体交差しながら増築されている事例の1つである。元の建物は1898年に竣工した煉瓦造で、ドイツの電機メーカーAEGの倉庫として使われた後、電灯を製造する工場として使われていた。しかし改修計画が生じ、コンペによってケザー・エン・サルマン建築事務所の案が採用され、69戸が入るマンションとなって1999年に竣工した。ここでは、運河に面して建ち並んでいた工場の建物の一部が解体され、その空いたスペースと隣接する古い建物の上部に跨って増築がなされている。その増築の大胆さもさることながら、立体交差した隙間を玄関ホールとして使っているのが面白い。住人は、常に新旧の対比を感じながら自宅に出入りすることになる。

Fig.1 ■ カントール・デ・ブルフ Kantoor de Brug ■ 2005年｜改修設計：JHK Architecten［1891年］■ Map番号［60］
Fig.2 ■ ライトファクトリー Lightfactory ■ 1999年｜改修設計：Köther en Salman Architecten［1898年］■ Map番号［23］

Fig.1

a｜建物のそばから見る。巨大でダイナミックな新館と繊細なデザインの旧館との対比が面白い。
b｜平面図と断面図。歴史的建築物の旧館を跨ぐようにして新館が建てられた。

Fig.2

a｜道路から見る。玄関ホールに隙間を開けながら、右側の新しい建物が左側の古い建物の上に乗り上げるようにして増築されている。
b｜玄関ホールを見る。新館と旧館の間に隙間がつくられて、玄関ホールの役割を果たしている。この隙間のおかげで、新館と旧館がそれぞれ自立して見える。

建物と道路の交差

アムステルダムのアイ運河に面して建つパクハウス・デ・ズヴァイハー[Fig.3]は、元々ヤン・デ・ビー・ルーフェリング・ティーンクとK. バッカーの設計により1934年に竣工した冷蔵倉庫だった。建築家のアンドレ・ファン・スティフトの改修設計により、2007年に大小のホールやスタジオ、ラウンジ、カフェ、オフィスなどを含んだ文化施設として生まれ変わり、その際、道路が貫通して立体交差が生まれた。2000年代に入ってこの倉庫と運河を挟んだ向かい側に位置するジャワ島を結ぶ橋が建設されることになり、倉庫は解体が予定されたが、タイミングよく国の文化財に指定されて解体を免れた。その結果いわば妥協策として、橋の建設のため数本の柱を撤去しそこに大きな梁を入れるという方法が取られた。そのため橋が建物を貫き、建物がその橋へのゲートのような役割を果たすことになった。妥協の産物とはいえ、開発と保存が緊張ある姿で同居した興味深い事例だと言える。

デルフトに建つデ・オリモーレン[Fig.4]は、1829年から1874年にかけて建てられた風車を動力とする製油工場の建物が、ハルスホフ建築事務所の設計によりケアハウスに改修され、2008年に竣工したものである。風車そのものは1900年に解体され、その際残った工場の東側に倉庫が増築されており、今回はその2つの建物が合わせて改修された。デルフト市の文化財に指定されている。

改修の際、隣地で開発された住宅地に繋がる道路が建物の中央を通ることになり、道路の上部に屋根の一部が残されたまま改修された。日本では見ることができない不思議な姿であるが、古い建物の原型は留めており文化財的価値はかろうじて守られている。改修された建物が、隣接する住宅地へのゲートにもなっている。決して望ましい形ではないが、保存への執念が感じられるような事例である。

ブレダ(Breda)にあるルネットB[Fig.5][口絵 p.120]と呼ばれる要塞は、前述のものとは異なるタイプの立体交差を見せている。元はベルギーに対するアントワープ前線の一部として、1841年に煉瓦造で建設されたものである。19世紀後半になってそれらが撤去され始め、ルネットBは一部を残して廃墟と化していた。しかしその後国の文化財に指定されたため、崩壊を防ぐ修復が施された。その要塞を建築家グループ、ロータウゼン建築事務所が購入し、自らの設計事務所に改修。2005年に竣工した。現在は、カトリック系の教育財団の事務所として使われている。

ここでは、新しい建物が廃墟となった要塞を覆うように建てられ、要塞の周囲のスペースがオフィスとして使われている。かつて弾薬庫に使われていた要塞の内部も、会議室や執務室、休憩室などに使われている。要塞を新しい建物で覆ったのは、廃墟となり崩壊しつつあった要塞を、風雨や日光から保護するための対策でもあるという。壁面がほとんどガラス張りにされており、道路や周辺から内部の要塞を見学することもできる。いわばショーケースに入れて都市内に展示された要塞であり、実にユニークな改修事例である。

Fig.3

a｜道路から見る。建物の下をバスが通っている様子が分かる。
玄関は道路の右側にある。
b｜最上階のオフィススペースを見る。大きな窓から光が入り吹き抜けもある。
改修によってこそ生まれた魅力的な空間。

Fig.4

a｜運河越しに見る。建物を貫いて新たに道路が通されたが、
全体としては元の建物が残されているように見える。
b｜建物と道路の交差部分を見る。鉄骨の骨組みが屋根を支えている。
妻側の壁は改修の際に設置された。

Fig.3 ■ **パクハウス・デ・ズヴァイハー Pakhuis De Zwijger** ■ 2007年｜改修設計：André van Stigt［1934年｜設計：Jan de Bie Leuveling Tjeenk, K. Bakker］■ Map番号［24］

Fig.4 ■ **デ・オリモーレン De Oliemolen** ■ 2008年｜改修設計：Hulshof Architecten［1829年］■ Map番号［48］

ザハ・ハディドの遺作

オランダの隣国ベルギーに生まれた斬新な立体交差の改修作品は、アントワープ港に建つヘット・ハフェンハウス[Fig.6]である。ザハ・ハディドの設計により2016年に港湾局の本部施設に改修されたが、竣工直前に彼女が亡くなり、遺作となってしまった。オリジナルの建物は、16世紀後半に建てられ1893年に火事で焼失したアントワープのオースタースハウスあるいはハンゼハウスと呼ばれるハンザ同盟のための建物を模倣したデザインで、ベルギーの建築家エ・ミリ・ファン・アファベケの設計により1922年に消防署として建てられたものである。ベルギーの国の文化財となっている。

港湾局の建物は別の場所に建っていたが、手狭となり、このかつての消防署の建物に機能を移転し、増築することになった。その際、ヨーロッパ第2の規模を誇るアントワープ港の象徴である歴史的建築物を守るため、ザハは建物の周囲に増築せず、上部に増築した。この案はコンペで選ばれたが、このような奇抜な案を提示した建築家は他におらず、オリジナルの建物も保存されているため、この案が最優秀案として選ばれたという。増築部分は、建物の中庭と前面広場に建てられた柱で空中に持ち上げるようにつくられている。上部の建物は不規則な多面体のミラーガラスで覆われ、アントワープの産業であるダイヤモンドを想起させるデザインとなっている。新旧の建物がいずれもアントワープを象徴するものであり、それがコントラストをなしながら共存しているさまは素晴らしい。

■

こうして見ると、いずれの事例も意図された見世物的なデザインなのではなく、時には妥協の産物として、時にはオリジナルの歴史的建築物の価値を守るための合理的な方法として、それぞれに理由があって「立体交差」していることが分かる。また、東京駅前のKITTEや日本工業倶楽部のような日本の高層ビルの増築とは異なり、新旧2つの建物の接合部に隙間を空けることで、それぞれの建物のデザインの自立性を確保している。そこに「立体交差」のデザイン上の最大の効果があると言えるかもしれない。新旧のデザインが互いに自立しながら共存することによってこそ、魅力的な改修になるのだろう。些末なことのようであるが、実は重要な問題で、デザインによる解決法として学ぶべきところは大きい。

Fig.5 ■ ルネットB Lunet B ■ 2005年｜改修設計：Rothuizen Architecten［1841年］■ Map番号［71］

Fig.6 ■ ヘット・ハフェンハウス Het Havenhuis ■ 2016年｜改修設計：Zaha Hadid［1922年｜設計：Emiel Van Averbeke］■ Map番号［124］

Fig.5

a｜建物の内部を見る。崩れかけた要塞を覆うようにして新しい建物が建てられた。要塞はミーティングルームなど、建物の一部として活用されている。

b｜改修される前の要塞の様子。一部に屋根が架けられて建物として使われていた。

c｜道路から見る。道路側に大きなガラス窓が設けられ、窓越しにかつての要塞が見える。市民はいつでも要塞の様子を見ることができる。

d｜1階平面図。要塞はそのまま残され、その周りを囲うようにしてガラスの壁面が建てられている。

Fig.6

a｜運河越しに見る。古い建物を跨ぐようにして新しい建物が上部に増築されている。色調は似ているが、形態的には新旧が強いコントラストをなしている。

b｜玄関ホールを見る。かつての中庭が室内化され、そこにV字型の柱を立てて上部の建物を支えている。

5｜コントラスト →p.151

a｜デ・フンダティ美術館 Museum de Fundatie
道路から見る。古典主義的な建物の屋根の上に
卵型の建物が増築されている。色調は似ているが、
形態的には強いコントラストをなしている。
p.152｜Fig.1

b｜スヒーダム市立美術館 Stedelijk Museum Schiedam
玄関ホールを見る。形態的にはオリジナルの建物の
骨格に合わせているが、
色彩的に強いコントラストをなしている。
p.154｜Fig.3

6

両義化・重合

→p.157

a | グラス・ファーム Glass Farm
道路から見る。ガラスの上から、
サイズが実物の1.6倍に引き延ばされた
古民家のフィルム・シート製の写真が
貼り付けられている。
あえて偽物感を強調した表現となっている。
p.158 | **Fig.1**

b | クリスタル・ハウス Crystal Houses
道路から見る。外壁の下層部はガラスブロックを
積み上げて造られている。それはつまり、
上部の煉瓦も新調されていること、
全体が新築されたもので、オリジナルの
歴史的建築物ではないことを示している。
p.158 | **Fig.2**

c | オンス・リーフェ・ヒール・オプ・ソルダー博物館
Museum Ons'Lieve Heer op Solder
運河越しに見る。中央の建物は、
煉瓦造の建物の外壁だけを再利用して新築された
管理棟および展示施設。
その左手（木立の向こう）に、
現在は博物館となっている教会堂の建物が建っている。
p.160 | **Fig.4**

7
復元
→p.165

a
b

a｜**ソンスベーク・パビリオン（リートフェルト）**
Sonsbeek Pavilion(Rietveld)
2010年に復元されたパビリオン。見た目のデザインはオリジナルと変わらないが、材料はほとんど刷新され、接合部などのディテールも変更されている。
p.166｜**Fig.1**

b｜**キーフーク集合住宅 Kiefhoek**
1995年に復元された集合住宅。一見、オリジナルがそのまま残されているように見えるが、すべて建て替えられて同じデザインで復元されている。
p.172｜**Fig.5**

a | **サナトリウム・ゾンネストラール Sanatorium Zonnestraal**
修復後の建物の正面を見る。
柱や梁、床以外は除去されて、新しい材料に刷新された。
性能を高めるために細部は変更しながら、
できるだけ竣工当時のデザインに忠実に修復が行われた。
p.174 | **Fig.1**

b | **フロート・ハンデルスヘボウ Groot Handelsgebouw**
駅前の道路から見る。外観は、
窓ガラスが交換された以外には、
ほとんどオリジナルの姿のまま残されている。
p.176 | **Fig.3**

日本では、歴史的建築物を改修し手を加える際、オリジナルの建物と同じデザインや素材、色彩を用いることが多いように思われる。既存の文化財に対してひかえめであろうとする配慮の結果であろう。しかしヨーロッパの文脈では、それはオリジナルの建物に似せた「偽物」をつくっていることになり、建築保存の手法としては問題視されるだろう。ヨーロッパでは、歴史的建築物の改修の際、新たに手を加える部分を既存のものとは異なるようにデザインや素材、色彩などを区別し、程度の差はあれ、コントラストを付けることが1つのマナーとなっている。

その認識は、1964年にICOMOSによって採択され「オーセンティシティ(真正性)」という建築保存の評価基準となる概念を提示したことで知られる、「ヴェニス憲章」にも表れている。この憲章の修復についての章では、付加工事には現代の刻印を付しておくべきことや、欠損部分の補修は全体と調和しつつオリジナルと区別しなくてはならないことが論じられている[1]。これは修復を想定したものであるが、改修にも当てはまるだろう。既存のものに似せたデザインを加えることは、オリジナルをコピーした偽物を意味することになり、オーセンティシティを損ねてしまう。こうしたことを踏まえながら、新旧のコントラストをつけた改修事例を見てみよう。

形態と材料によるコントラスト

デ・フンダティ美術館[**Fig.1**][**口絵p.147**]は、ズヴォレ(Zwolle)の旧市街地の中に建つ視覚芸術のための美術館である。元の建物はエドアルド・ルイ・デ・コーニンクの設計で1838年にネオ・クラシシズムのデザインで裁判所として竣工したが、その後幾度かの改修を経ている。1980年代にアルネ・マステンブルークの設計で政府機関の施設に改修され、1994年にはアウトサイダー・アートのための美術館として再びマステンブルークの設計で改修された。2005年にはグンナー・ダーンの設計により改修されてデ・フンダティ美術館として発足。そして2013年、建物の上部に増築が行われ内部も改修された。この改修設計は、1988年にオランダで設立されたモダニズム建築の保存に関する国際組織DOCOMOMOの初代会長であったフバート・ヤン・ヘンケットが主宰するビールマン＆ヘンケット建築事務所が担当した。国の文化財に指定されている。

増築部分は、大小のガラスタイルに覆われたドーム状のもので、オリジナルの建物との強いコントラストを生み出している。既存部の上に増築部を載せたのには明確な理由があったようだ。増築が必要であるが、建物の隣地に増築するとなると、この建物が持つ線対称性や自律したオリジナルの建物の特性が損なわれてしまう。そこで、その特徴を維持するために、屋根の上に載せたという。賛否両論があるようだが、斬新なデザインが下部の歴史的なデザインを際立たせた優れた事例だと言える。

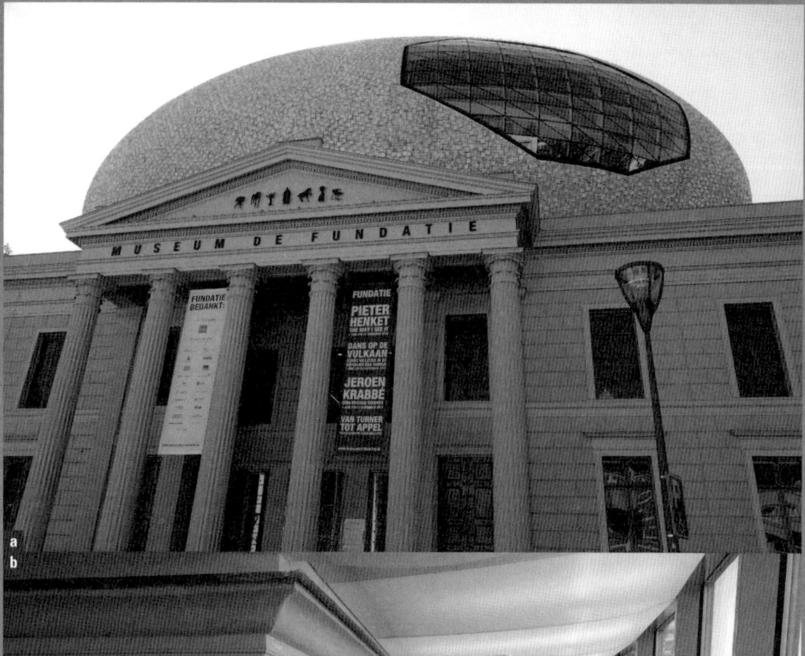

a｜玄関側から見上げる。増築部は一部がガラス張りにされ、外の景色が見えるようになっている。
b｜増築の接続部を見る。左側の古典主義的なデザインがオリジナル。右側の丸く湾曲した壁面は増築部分。
c｜断面図。最上階に建物が増築された一方、途中階では一部の床が除去されて吹き抜けがつくられている。

一方、形態的にも色彩的にも、あまり強いコントラストをつくることなく、材料で新旧の違いを認識できるようにしている事例もある。ドイツとの国境近くの街ヘールレンに建つ炭鉱の年金基金AZL N.V.の本部ビル[**Fig.2**]である。元は1941年に竣工したものだが、建築家ヴィール・アレッツが増築と改修を手掛け、1995年に竣工した。

玉葱型のドームを載せ煉瓦をむき出しにした建物の背後に中庭を設け、細長い打ち放しコンクリートの建物が囲い込むように建っている。オリジナルの建物は窓が小さく、壁面が強調されているが、増築された建物はそれに合わせるかのように、打ち放しコンクリートや金属パネルで壁面を強調している。増築部分とオリジナルの建物との間には両者を切断するかのようにコンクリートの薄い壁が挿入されているが、材料の色調が似ているためか、全体としては調和のとれたものとなっている。

色彩によるコントラスト

形態やデザインによってではなく、色彩で新旧のコントラストをつけるものもある。ロッテルダム近郊の街、スヒーダム(Schiedam)に建つスヒーダム市立美術館[**Fig.3**][**口絵p.147**]は、当初老人ホームとして1787年に建てられたもので、建築家ヤン・ジュディチの設計により新古典主義様式でデザインされている。1940年以降は美術館として使われていたが、近年附属チャペルへの入り口が移設されることになり、その際エントランスホールがMVRDVの設計により改修され、2014年に竣工した。国の文化財に指定されている。

新しい玄関ホールに入ると、真っ赤に塗られた棚が壁面を埋め尽くしていることに驚かされる。オリジナルの建物と手を加えた部分のコントラストをつけるため、壁面全体を埋める棚を設置したという。棚はミュージアムショップの商品棚や受付、ワードローブ、カフェのカウンターなどにも使えるほか、吸音の役割も果たすという。建物が文化財であるため、棚は取り外せるようになっている。

やはり建物の内部で強い色彩により新旧がコントラストをなす事例がヘルモンド(Helmond)にある。建築家コルネリス・ロッフェルセンの設計により1940年に竣工したH.レ

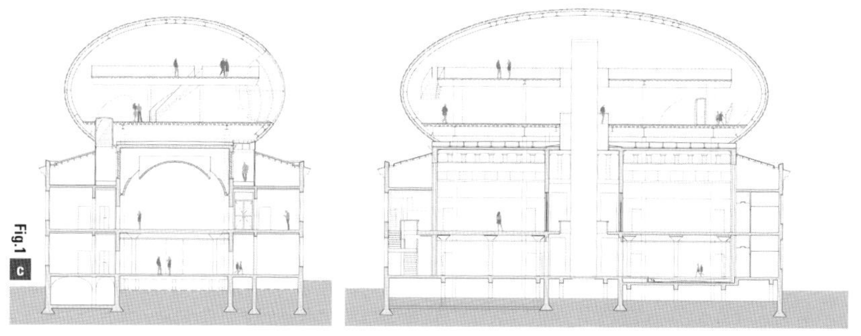

Fig.1 C

Fig.2

a｜道路から見る。左の打ち放しコンクリートの建物が増築部分。オリジナルの建物の様式的なデザインとモダンなデザインがコントラストをなしている。
b｜道路から玄関付近を見る。煉瓦造の建物の背後と左右から、打ち放しコンクリートの壁が巻きついている。しかし材料の質感や色合いが似ているためか、違和感はない。

Fig.3

a｜玄関ホール内観。形態的にはオリジナルの建物の骨格に則しているが、色彩的に強いコントラストをなしている。
b｜玄関ポーチを見る。新古典主義的なデザインが際立っている。

Fig.2 ■ **AZL N.V. AZL N.V.** ■ 1995年｜改修設計：Wiel Arets［1941年］■ Map番号［84］

Fig.3 ■ **スヒーダム市立美術館 Stedelijk Museum Schiedam** ■ 2014年｜改修設計：MVRDV［1787年｜設計：Jan Giudici］■ Map番号［51］

オナルド教会を改修し、現在は薬局や心理療法、理学療法、カウンセリングの諸室を収容するヘルスケアセンターとして使われている、ヘゾントハイトセントラム・レオナルダス［**Fig.4**］である。国の文化財に指定されている。

1990年代にヘルモンド市が所有し、数年間空き家になった後、ロブ・ブラウワースとハロルド・ヤンセンの設計により2007年にヘルスケアセンターとして再生された。その際、国の文化財なので外観には手を加えず、内部のみ大きく改修された。原色を用いたモダンな3階建ての耐火性プラスターボードで覆われた鉄骨造の建物を、オリジナルの壁から独立させて挿入したもので、これは撤去して元の状態に戻せるようになっている。

増築建物が教会堂の大空間を埋めてしまっているように見えるが、最奥のかつての内陣部分は、シンポジウムの開催も可能な空間が確保されており、オリジナルの空間の大きさが感じられる。鮮やかな原色や白色が、オリジナルの教会堂とコントラストを生み出している。

■

こうして見ると、コントラストのつけ方にはデザインによるもの、材料によるもの、色彩によるものなどがあり、またその度合いの強いものから弱いものまで、様々あることが分かる。色彩でコントラストをつける場合は、建物の内部だけ着色するなど、外観の歴史的価値への配慮が感じられるものも少なくない。日本では、新旧のコントラストを明確にした改修事例は少ないが、強いコントラストによる改修も十分に魅力的である。現代ならではの技術やデザインで歴史的建築物を改修することは、過去の「本物」に対して現在の「本物」を加えることを意味する。歴史的建築物に似せたデザインで手を加えるよりは、はるかに創造的な改修手法だと思われる。

1——「記念建造物および遺跡の保存と修復のための国際憲章（ヴェニス憲章）」、田原幸夫・笠原一人・中山利恵編『建築と都市の保存再生デザイン』鹿島出版会、2019年、pp.248-250

Fig.4 ■ ヘゾントハイトセントラム・レオナルダス Gezondheidscentrum Leonardus ■ 2007年｜改修設計：Rob Brouwers,Harold Janssen［1940年｜設計：Cornelis Roffelsen］■ Map番号［80］

Fig.4

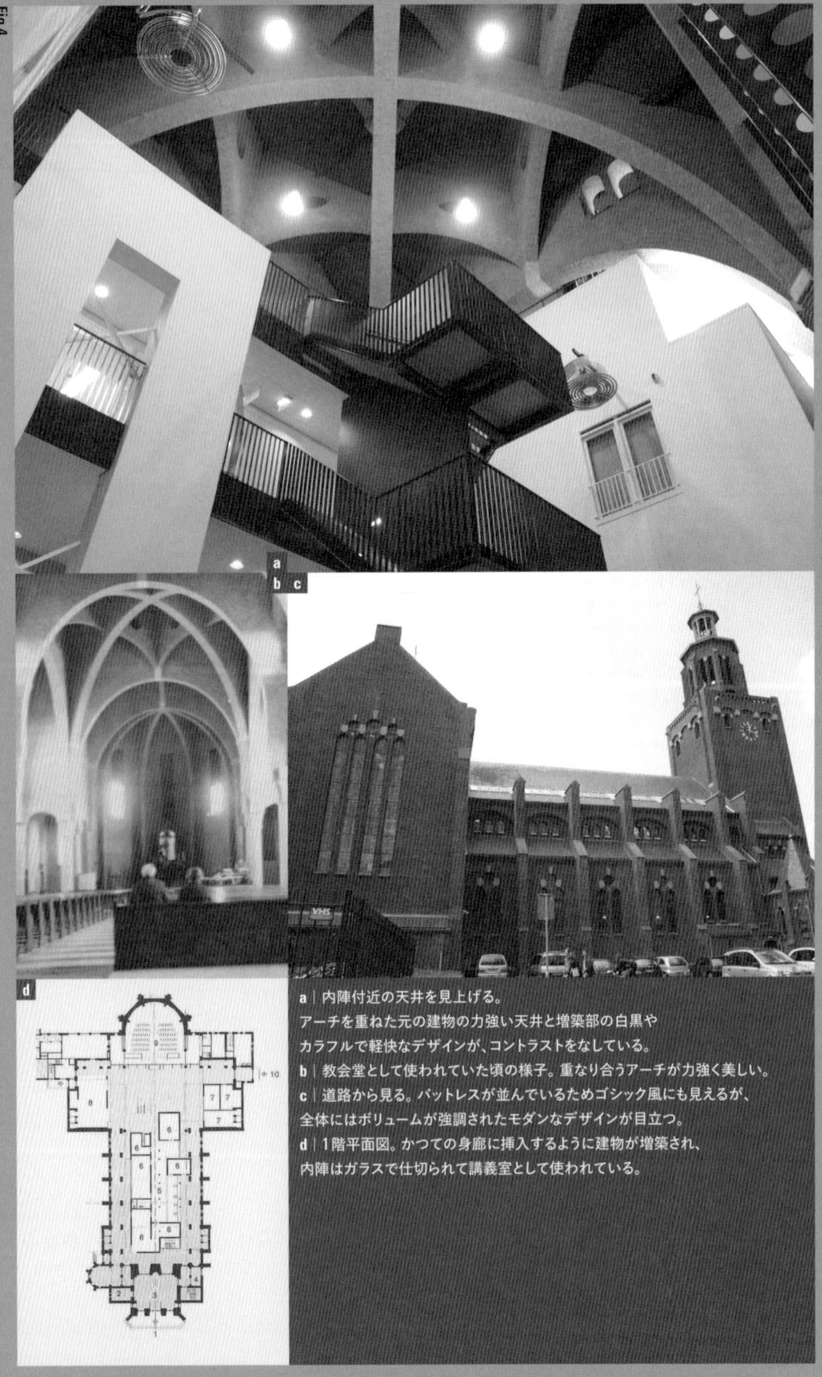

a｜内陣付近の天井を見上げる。
アーチを重ねた元の建物の力強い天井と増築部の白黒や
カラフルで軽快なデザインが、コントラストをなしている。
b｜教会堂として使われていた頃の様子。重なり合うアーチが力強く美しい。
c｜道路から見る。バットレスが並んでいるためゴシック風にも見えるが、
全体にはボリュームが強調されたモダンなデザインが目立つ。
d｜1階平面図。かつての身廊に挿入するように建物が増築され、
内陣はガラスで仕切られて講義室として使われている。

歴史的建築物の改修は、古い建物を解体し新築するのではなく、また古い建物を修復してオリジナルの姿に戻すのでもない。いわば古い建物と新しい建物を共存させようとする行為だと言える。新旧が時にはぶつかり合い、時には調和するさまが、改修の面白さであろう。

前節まで、「偽物」や「フェイク」、「模倣」を批判し、「コントラスト」や「自立」、「本物」といった言葉で新旧の区別をつけることを歴史的建築物の価値を守るよいものとして論じてきた。しかし、中には、あえて歴史的建築物の「偽物」をデザインし、「本物」と「偽物」という区別が不明瞭になるようにデザインしたり、意図的に新旧の境目を分かりにくくして改修作品が持つ両義性を強調したりするような事例もある。それは、「オリジナルとは何か」、また「創造とは何か」、とわれわれに歴史への向き合い方を問いかけるような、いわばアートのような効果を持つと言える。日本ではほとんど見ることができないタイプの作品である。いくつかの事例を見てみよう。

偽物を偽物としてデザインする

スヘルトヘンボス（'s-Hertogenbosch／デン・ボス（Den Bosch））の郊外にある小さな町スハインデル（Schijndel）の中心的な広場に、グラス・ファーム［Fig.1］［口絵 p.148］という商業施設がある。MVRDVの設計で新築され、2013年に竣工したものである。この広場は、1944年に第2次世界大戦による被害を受け、戦後に整備計画が生じるものの実現しないままとなっていた。この町で生まれたMVRDVのメンバー、ヴィニー・マース（Winy Mass）が見かねて、1980年以来この広場の整備を行政に提案し続け、2000年代になってようやく受け入れられ実現したという。

この建物は鉄骨造でガラス張りの、いわゆる現代建築である。外壁と内壁の全面にオランダの伝統的な農家の外観の写真が貼りつけられているため、それが新築であることはすぐに認識できる。また建物の高さは14mと、農家としては高すぎるし、全体に異常に大きい。この広場が町のスケールに対して大きすぎるため、設計者がスケールのバランスを取ろうと、通常の農家の1.6倍の大きさに拡大してデザインしたのである。つまり、誰が見ても偽物とわかるように、いわば「偽物を偽物としてデザイン」している。歴史的な建築を意図的に演じて、本物や偽物といった価値観のあり方をわれわれに問いかける、批評的な作品だと言えるだろう。

日本では大都市を中心に、近年、歴史的建築物の復元や模倣したデザインの建物が数多く建設されているが、それらは「本物のように」デザインされている点で単なる模倣にすぎない。あくまでも「本物のつもり」なのであり、いわば「偽物を本物として」デザインしている。そのようなやり方で歴史的建築物を真面目に保存したつもりになっているのが問題であろう。しかしグラス・ファームの場合、見る者に「これは歴史の保存と言えるのか、あるいは新築と言うべきか」と考えさせるのだ。そのような問いを生じさせるという意味において、これはクリエイティブな作品である。

Fig.1 ■ グラス・ファーム Glass Farm ■ 2013年｜設計：MVRDV ■ Map番号［74］

Fig.2 ■ クリスタル・ハウス Crystal Houses ■ 2016年｜設計：MVRDV ■ Map番号［25］

Fig.1

a｜屋内のカフェから壁面を見る。ガラス張りのため、内部からは外壁が裏返った像を見ることになる。
内部から見ても外壁しか見えないという、偽物の表現を徹底しているのが興味深い。

Fig.2

a｜道路から見る。外壁はオリジナルではなく街並みに合わせた新しいデザインで、いわば偽物。
しかし、下層部はガラスブロックを積み上げてつくられているため、
上層部の煉瓦壁も新たに造られたものであることが読み取れるデザインとなっている。
b｜建物正面の外壁を見る。下層部のガラスブロックの壁から、
グラデーションをつくりながら上層部の煉瓦の壁に変化している。
c｜入り口付近を見る。透明度が高く、寸法精度の高いガラスブロックが用いられている。
このガラスブロックは、この建物のために開発された。
d｜立面デザインのコンセプト図。左上から右下に向けて、デザインの考え方が順序だてて示されている。

同じような表現を持つ建築が、ブランドショップが並ぶアムステルダムのフーフトストラートにも建っている。クリスタル・ハウス［**Fig.2**］［**口絵 p.148**］と呼ばれるシャネル（CHANEL）の店舗として、グラス・ファームと同じMVRDVの設計で2016年に竣工した。元の建物は19世紀に建設された歴史的建築物であったが、シャネルの店舗にする際、店舗の床面積を確保するため建物を新築することが必要になった。しかし、新しい建物を全く新しい現代的なデザインにすれば、この通りの歴史的な街並みが損なわれる。そこでMVRDVは、歴史的な建物を解体し、鉄骨造の新しい建物を現在の法規制に合わせて新築する一方、ファサードをオリジナルと同じようなデザインにすることで、歴史的な街並みに合わせることにした。

ただし、そっくりのデザインで建物を復元すれば、それはフェイク、つまり偽物に過ぎなくなる。そこで、煉瓦と同じ大きさのガラスブロックをデルフト工科大学などと共に技術開発し、それをオリジナルに似たデザインの建物のファサードに積み上げている。この建物も、一見すると歴史的な建物のように見えるが、正面の下部はガラスになっているから、上部まで新築されたものだと分かる。つまり、ファサードを本物のように見せるのではなく、あえて新しくつくり直した偽物であることが読み取れるようにデザインしているのである。誰もこの建物を昔から建っている建物だと思わないし、だからと言って歴史が損ねられているわけでもない。あえて両義的なデザインとすることで本物と偽物という問題をすり抜けるという、巧妙な作品である。

両義性をつくる

上記の2つの事例のようにあえて偽物をつくるのとは違う方法で、両義性を演出する作品もある。スイス東部の山岳地帯に位置する小さな町フリムス（Flims）の幹線道路沿いに建つゲルベス・ハウス（黄色い家の意）［**Fig.3**］は、19世紀に建てられた外壁が黄色く塗られた伝統的な住宅を、近年世界的に注目を集めるスイスの建築家ヴァレリオ・オルジアティが展示施設に改修設計し、1999年に竣工したものである。

元の建物は、20年以上空き家のまま放置されていたのだが、改修を担当したヴァレリオ・オルジアティの父親でやはり建築家のルドルフ・オルジアティが生前に市と協議し、

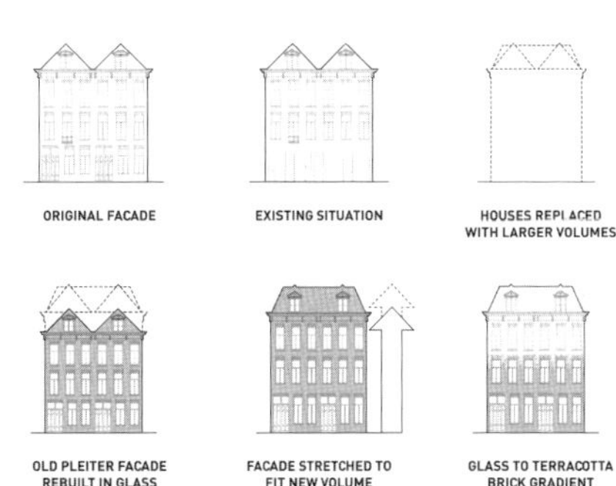

Fig.2 d

Fig.3 ■ ゲルベス・ハウス Gelbes Haus ■ 1999年｜改修設計：Valerio Olgiati［19世紀］■ Map番号［123］

Fig.4 ■ オンス・リーフェ・ヒール・オプ・ソルダー博物館 Museum Ons' Lieve Heer op Solder ■ 2015年｜改修設計：Felix Claus［1630年・19世紀］■ Map番号［26］

Fig.3

a｜道路から見る。「黄色い家」と名付けられているのに真っ白な建物。
白く塗られたことで、石造の重みを感じさせない、重力を打ち消すような効果が生まれている。
b｜3階展示室を見る。内部も真っ白に塗られている。屋根を支える柱とも束ともつかない斜めの材が面白い。

Fig.4

a｜運河沿いの道路から見る。建物は新築され、外壁の煉瓦のみオリジナルの材料を使っている。
窓の上部には新しい煉瓦タイルが貼られており、新旧の違いが認識できるようになっている。
b｜改修前の様子。左が、博物館となっている教会堂の建物。右が、後に外壁を再利用して改築される建物。
c｜展示施設の側面を見上げる。濃い色の煉瓦はオリジナルのもの。
薄い色の煉瓦タイルは、かつて窓があった部分に新たに張りつけられ、ガラス窓も新設されたもの。

改修の際には外壁を白に塗り屋根に石材を用いることを取り決めた。その後、ヴァレリオが父親の遺志を継いで外壁と石材に改めた屋根を白くし、また玄関の位置や室内のレイアウトを変更した上で、室内も白くする改修を行った。その結果、元の輪郭やざらついた重厚な建物の痕跡は残っているが、古い建物であるようにも新しい建物であるようにも見える。組積造の重さも感じるが、白く塗られているため軽さも感じる。白いのに「黄色い家」と名付けられているのも面白い。様々な形で両義性を生み出している。

アムステルダムの旧教会の近くに建つ、オンス・リーフェ・ヒール・オプ・ソルダー博物館［**Fig.4**］［**口絵p.148**］に増築された建物の改修デザインも興味深い。この博物館は、1630年に建てられたキャナルハウスの最上階に、プロテスタントが主流だったオランダにあって、カトリックの「秘密教会」として1663年に建設されたものである。現在は、アムステルダムで2番目に古い博物館として公開されている。

この博物館としての「秘密教会」の道を隔てて隣りの敷地に、新たに管理棟および展示施設が増築された。19世紀のキャナルハウスがフェリックス・クラウスの設計で建て替えられ2015年に竣工したものである。外観は一見古いキャナルハウスのままのように見えるが、構造体が刷新され、エンタブラチュアのデザインも変更されている。つまり新築の現代建築であるが、外壁はオリジナルの煉瓦を積み直して用いられているのである。日本で評判の悪い「外壁保存」の一種とも言えそうだが、この建物の表現は「外壁保存」とは質的に異なっている。

建物の外壁を見ると、新たな建物では不要になったかつての窓が、色の異なる煉瓦タイルで埋められ、かつてそこに窓が存在したことが認識できるようにデザインされている。一方、新たに必要になった窓が、元の建物の秩序と無関係に設けられてもいる。つまり外壁には新旧のデザインが重ね合わされている。

日本の「外壁保存」の場合、建物の一部である外壁だけが保存されたものであるにもかかわらず、まるで内部にもオリジナルが残されているかのように装う傾向がある。つまり本物であるかのように偽物をデザインしているわけだ。しかしこの博物館の場合、オリジナルと新しいデザインを区別しつつ両者を混在させることで、オリジナルは一部しか残っていないことを堂々と表明し、同時にどこが新しいデザインであるかを認識できるようにしている。それは本物を装ったものではなく、本物を部分的に用いたクリエイティブなデザインだと言える。

過去と現在を重合する

前述の事例とはまた異なる様相を見せているのが、ユトレヒト市庁舎［**Fig.5**］である。建物の歴史は古く、1343年にユトレヒトの行政施設がこの敷地に建てられて以来、幾度となく改修や改築が行われている。現在残っているのは、主に1830年に竣工したヨハネス・ファン・エンブデンの設計による新古典主義様式の建物と、1848年と1940年に増築された部分で

Fig.5 ■ ユトレヒト市庁舎 Stadhuis van Utrecht ■ 2000年｜改修設計：Enric Miralles［1830年・1848年・1940年｜設計：Johannes van Embden］■ Map番号［92］

Fig.5

a｜道路から見る。かつての出入口に挿入するように増築されたカフェの一部が見える。
b｜広場から見る。左の古典主義的な建物の右側に、鉄筋コンクリートとガラスによる建物が増築されている。
c｜道路から見る。オリジナルの建物の窓枠などを再利用しながら鉄筋コンクリートで新築された建物と、古いオリジナルの建物が同居している。
d｜広場から新築部分を見る。鉄やガラス、コンクリート、木など様々な材料による断片的な形態を組み合わせてつくられている。
e｜2階通路から見る。右手の壁の裏に市民ホールとして使われる部屋がある。内部も断片化された形態を組み合わせるようにしてデザインされている。新旧の境目ははっきりと読み取れない。

ある。その建物が2000年、スペインの建築家エンリック・ミラーレスの設計によって改修され増築された。

その結果、中世、ルネサンス時代、19世紀、20世紀の建物の断片がパッチワークのように混在する建物となった。オリジナルに似せながら新たにデザインされた部分もあるため、複雑な様相を呈している。いわゆる「デ・コンストラクション」の建築のようでもあるが、元々混在していた様々な時代の建物の複雑さをさらに増殖させるような改修になっており、これもクリエイティブな手法だと言える。訪問者は、断片化した歴史的な形態と、それに絡み合うように新たにデザインされた形態の狭間で、過去と現在の間をさまようことになる。

ドイツのデュイスブルクにあるアルトスタッドパーク[Fig.6]は、まさにアート作品として歴史的な建築物が残されている事例である。貿易会社カール・シュミット社が1960年代に建設した倉庫群を一部残しながら公園として活用しているもので、イスラエル出身のアーティスト、ダニ・カラヴァンのデザインにより1999年に竣工した。ガルテン・デア・エリンネルング(記憶の公園)と名付けられた環境彫刻的な作品である。

敷地周辺はかつて穀物倉庫や工場街としてにぎわっていたが、1980年代から工業の斜陽により荒廃していた。しかしドイツ統一後に始まったIBAエムシャーパークの一環で、住宅地や文化地区として再開発されることになり、工場などがヘルツォーク&ド・ムーロンやノーマン・フォスターらによって改修されて、美術館などに活用されている。

この敷地に建っていた倉庫などの建物は、壁や柱、屋根などの一部が断片的に残され、そこにカラヴァンがデザインした新たなオブジェを加えて公園としている。オリジナルの建物と新しくデザインされた建物が曖昧に混ざり合いながら、歴史を断片的に想起させるものとなっているのが面白い。また公園の至る所に新たに樹木が植えられているが、これはかつてこの場所が穀物倉庫であったことを暗示していると同時に、時間の経過を感じさせるオブジェともなっている。つまりこの作品は、建築という人工物でありながら自然でもあり、公園という機能を持ちながら廃墟でもあるという両義的な存在なのである。

■

日本では、伝統的な木造建築を改修する際に、新たに手を加えた部分をオリジナルの建物と近似した材料やデザインにする習慣がある。そのため、どの部分がオリジナルで、どこが新しいのか分からないことが多い。それも両義的な表現であると言えるが、模倣という行為に自覚的ではなく、単に無自覚にそうなってしまっているという点で、本節で紹介した事例とは大きく異なる。ここで紹介した事例は、いずれも本物と偽物という問題に自覚的であり、あえて両義的にデザインすることで、われわれにそのあり方を問いかけていると言える。例えるなら、額縁に入れて飾られた印刷物の「モナ・リザ」と、大量製産や複製技術に自覚的なアンディ・ウォーホルの作品との違いのようなものだ。ウォーホルは無自覚な模倣によってではなく、創造的な行為によって歴史に向き合っている点で評価できる。

Fig.6 ■ アルトスタッドパーク（ガルテン・デア・エリンネルング） Altstadtpark (Garten der Erinnerung) ■ 1999年｜改修設計：Dani Karavan［1960年代］■ Map番号［115］

Fig.6

a｜公園内を見る。断片化された廃墟のような建物が建ち並び、その隙間に緑地が配置されている。
廃墟と新築、あるいは自然と建物が混在する不思議な空間。
b｜同上。かつて倉庫として使われていた建物の柱と梁、屋根の一部が断片的に残されている。
c｜同上。かつての倉庫の柱と屋根を支える構造体が、オブジェのように並び、往時の記憶をかろうじて保っている。

日本では、建物の「復元」は伝統文化の1つだと言えるかもしれない。「復元」とは、かつて建っていたが現存していない建物を元の姿で再建(reconstruction)することを意味する。その伝統文化の最たるものが伊勢神宮であろう。20年に一度建物が解体され、隣地に全く同じ姿の建物が新築される。火災や災害で失われた建物もすぐさま元と同じ姿で再建される。だから、日本では「復元」が比較的自然なこととして受け入れられるのだろう。そのせいか、近年は近代建築も容易に「復元」が行われている。

しかしヨーロッパでは、歴史的建築物の「復元」は基本的にタブー視されている。文化財の保存に関する世界的な基準であるヴェニス憲章では、「復元」は「一切排除する」とされている。「復元」すると材料がオリジナルではなくなり、文化財としてのオーセンティシティ(真正性)に欠けるからである。ヴェニス憲章では推測による修復も禁じているが、「復元」の場合、推測が入る余地も大いにある。「復元」は、ヨーロッパの文脈では「偽物」を意味してしまうと言える。

ただ、扱いが難しいのはモダニズム建築である。モダニズム建築は、鉄やガラス、コンクリートを多用してつくられるもので、ヨーロッパの伝統的な石造や煉瓦造の建築に比べると劣化しやすい。保存しようとしても、日本の木造建築のように、材料を刷新しなければいけない場合も多い。モダニズム建築は、従来のヨーロッパの建築に比すれば、「復元」しやすい、あるいは「復元」せざるを得ない性質を持つと言える。ここでは、ヨーロッパにおけるモダニズム建築の「復元」に焦点を当て、その問題点を浮かび上がらせてみたい。

7 復元

戦後の名作の解体と復元

2010年、オランダの建築界に1つの「事件」が生じた。オランダの建築家G.Th. リートフェルトの作品で、オランダのオッテルロー(Otterlo)のクローラー・ミュラー美術館の敷地内に建つソンスベーク・パビリオン[Fig.1][口絵 p.149]が2009年に解体され、翌2010年にリートフェルトの弟子ベルタス・ミュルダーの設計により、同じ場所で材料を刷新しながら同じデザインで復元されたのである。オランダを代表する世界的な建築家リートフェルトの戦後の代表作であったこと、また竣工後50年が経過していなかったため文化財に指定されておらず、制度の不備を突いたような解体であったことから、衝撃的な出来事としてオランダの建築界で話題となった。

ソンスベーク・パビリオンの解体・復元推進者らの主張は次のようなものであった。建物は材料の傷みが激しく、もはや修復では維持することができない。1955年のオリジナルの建物は解体されてしまっており、1966年に復元されたものが2009年まで建っていたが、それはすでにオリジナルと敷地が異なりデザインも微妙に異なる。つまり保存すべきオリジナルはすでに存在しない。またリートフェルトは生涯「空間」をテーマとした建築家で、

Fig.1 ■ ソンスベーク・パビリオン（リートフェルト） Sonsbeek Pavilion (Rietveld) ■ 2010年｜復元設計：Bertus Mulder［1955年・1966年｜設計：Gerrit Thomas Rietveld］ ■ Map番号［95］

Fig.1

a｜復元されたパビリオン。デザインはオリジナルと変わらないが、材料はほとんど刷新され、
接合部などのディテールもオリジナルから変更されている。

b｜1955年に最初に竣工したパビリオンの様子。彫刻展のためのパビリオンだったため、あちこちに彫刻が展示されている。

c｜復元されたパビリオン。特注のコンクリートブロックの穴は片方が大きく、もう片方が小さい。
その違いを使い分けて、建物の表情を作っている。

d｜復元されたパビリオン。壁を構成するコンクリートブロックは、当時と同じ技術を用いて再制作された。

その意図にしたがって、材料が維持されなくとも、空間がオリジナルと同じであればよい。したがって解体、復元は妥当である。

これに対して建築史家や文化財関係者は、この建物は材料も重要であるし、1966年の再建はリートフェルトが1964年に死去するまでに指示したもので、第2のオリジナル作品である。オーセンティックな歴史的建築物を解体すべきではない、などと批判したが、解体、復元されてしまった。ここでは、モダニズム建築の価値はオリジナルの材料ではなく、空間性や設計者の意図にあると判断されたことで、復元が簡単に実現してしまったと言える。

モダニズム建築は材料が劣化しやすいことは否定できないが、この事例の場合、歴史的価値について十分な議論や検討がされないまま不必要に、そして拙速に解体、復元された感が否めない。モダニズム建築に特有の材料の劣化が、解体の理由として利用されてしまったとも言える。事前に保存のあり方が広く開かれた状態で十分検討されていれば、オリジナルの材料を十分に残しながら修復できた可能性がある。伝統的な石造や煉瓦造の保存の概念や方法が通用しないモダニズム建築の保存の難しさを露呈させた、注目すべき事例となった。

もう1つの戦後名作の復元

クローラー・ミュラー美術館には、もう1つソンスベーク・パビリオン[Fig.2]が存在する。オランダの戦後を代表する建築家アルド・ファン・アイクの設計による、1966年にアーネムで開催された第5回国際彫刻展の展示のための仮設的なパビリオンが2006年に復元されたもので、こちらもソンスベーク・パビリオンと呼ばれている。コンクリートブロック造の高さ約4mの6枚の壁が2.5mの間隔を置いて配置され、透明な屋根が架けられている。ところどころに半円形の空間が配されており、展覧会当時はジャコメッティやブランクーシの彫刻が置かれていた。

オリジナルの建物は、野外彫刻展開催後2〜3か月で解体されてしまったが、アイク夫人の監修により、できるだけ忠実に復元された。復元されたパビリオンは、オリジナルのものと透明な屋根の形状が異なっている。またブロックの目地がオリジナルのものよりも美しいのも特徴である。しかし再建されたことを知らなければ、オリジナルのものだと思ってしまうだろう。空間はオリジナルと同じであっても、物質としては、オリジナルそのものではない。しかしパビリオンという性格上、失われることを前提としていたものである。それを改めてこの世界によみがえらせることには、社会的あるいは文化教育的な価値があるとも言えるのだ。その評価が簡単ではないことを考えさせてくれる作品である。

リートフェルトの作品には、他にも復元されたものがある。アムステルダム近郊の町フーフドルプ（Hoofdorp）に建っていた共同墓地の集会所アウラ[Fig.3]が、スキポール空港の第5滑走路建設のため解体され、ソンスベーク・パビリオンと同じミュルダーの設計により、

Fig.2 ■ ソンスベーク・パビリオン（アルド・ファン・アイク）Sonsbeek Pavilion (Aldo van Eyck) ■ 2006年｜復元設計：BNA(Bond Nederlandse Architecten)［1966年｜設計：Aldo van Eyck］ ■ Map番号［96］

Fig.3 ■ アウラ Aula ■ 2003年｜復元設計：Bertus Mulder［1966年｜設計：Gerrit Thomas Rietveld］ ■ Map番号［40］

Fig.2

a｜復元されたパビリオン。屋根以外のデザインはオリジナルと変わらないが、材料はすべて刷新されている。
b｜復元されたパビリオンの内部を見る。
屋根は材料だけでなく、デザインもオリジナルのものとは異なる。
c｜ファン・アイクが描いた平面図。
壁のところどころに曲面が用いられたり、
開口部が設けられたりして、複雑な空間がつくられている。

Fig.3

a｜復元された建物の玄関を見る。
デザインはオリジナルと変わらないため、
一見すると復元とは分からない。接合部などの細部が
オリジナルとは異なるものに変更されている。
b｜復元された建物の内部を見る。オリジナルの建物と変わらず、
透明感や解放感が維持されている。
c｜接合部の断面図。左がオリジナルの詳細図で、
右が復元後の詳細図。
より長期間維持できるような接合部に改善されている。

ズヴァーンスフーク（Zwaanshoek）の一角で2003年に復元されたのである。

その際、結露を防ぐために新たに複層ガラスが使われ、それに伴ってディテールが変更されるなど、性能に関わる部分が改良されている。つまり材料が刷新され、環境が似ているとはいえ敷地は異なり、ディテールもオリジナルと異なっている。だとすれば、復元されたアウラは、リートフェルトの作品と言えるのだろうか。しかしここでは、リートフェルトは生前、技術の改善や進化こそを望んでいたとして、ディテールの変更が弟子によって正当化されてしまったのだ。しかもこの建物は、復元されたものであるにもかかわらず、市の文化財に指定されている。従来の伝統的な石造や煉瓦造であれば、あり得ないことだろう。これもまた、モダニズム建築の復元の評価の難しさをわれわれに問いかける事例だと言える。

くり返される復元

このように近年モダニズム建築の復元が次々に生じているが、実はオランダでは1980年代からモダニズム建築が幾度となく復元されている。その早い事例が、ロッテルダムに建つJ.J.P. アウト設計によるカフェ・デ・ユニ（現・チャーリーズ・ランチルーム）［**Fig.4**］とキーフーク集合住宅［**Fig.5**］［**口絵 p.149**］である。

Fig.2 C

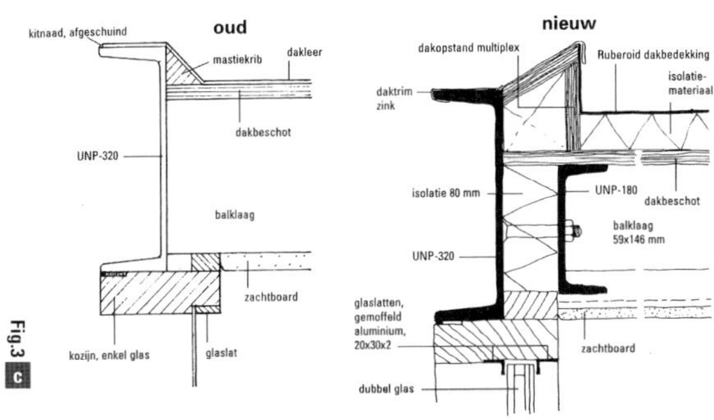

Fig.3 C

Fig.4 ■ カフェ・デ・ユニ（現・チャーリーズ・ランチルーム） Cafe de UNIE (Charly's Lunchroom) ■ 1986年｜復元設計：Carel Weeber［1925年｜設計：J.J.P. Oud］ ■ Map番号［61］

Fig.4

a｜道路から見る。アウトが1920年代に所属した前衛運動「デ・ステイル」に特有の、
原色を用いた抽象形態で壁面がデザインされている。
b｜ファサードが復元された建物を運河越しに見る。
その形態と色彩は、古い建物が残る街並みの中で、今もなお異彩を放っている。

1925年に竣工したカフェ・デ・ユニは、建築運動デ・ステイルの象徴的作品と位置づけられていたが、1940年のロッテルダム空襲により焼失してしまう。しかし1986年に敷地を変えて、キャレル・ヴェーバーの設計によりファサードだけが復元された。この建物は、ロッテルダム市美術文化局の施設として使われ、1階はレストランとカフェ、2014年からはバーやナイトクラブとして使われている。

この建物の場合、戦争で焼失しファサードのみが場所を変えて復元されたものである。したがって文化財としてはほとんど重要性はない。しかし、戦前のロッテルダムのモダン文化を象徴するものとして、また元々カフェとして商業利用の可能性があることから、復元されたものである。今や一般向けのロッテルダムの観光案内書にも登場している。商業的に成功した復元の早い事例だと言えるだろう。

より大きな問題であるのは、その後に復元されたキーフーク集合住宅であるかもしれない。1930年に竣工したもので、近代建築史上の名作としてオランダの国の文化財に指定されていた。しかし、長年にわたって建物全体が不同沈下し、修復では対応できなくなってしまう。そこで解体され、ヴィッツ・パテインの設計により1990年から1995年にかけて材料を刷新して同じ敷地に同じデザインで復元された。

復元の際には、2戸を合わせて1戸に改造するなど、298戸あった住居が216戸に減らされたほかにも、裏庭に部屋が増築されたり、木製サッシがプラスチック製に変更されたりするなど、改造や改善が行われた。これは住宅として使い続けるために仕方なかったと言えるが、やはり従来の文化財のあり方を逸脱している。ところがこの集合住宅は、現在も国の文化財に指定されたままである。解体以前に国の文化財に指定されていたことや、モダニズム建築特有の問題が配慮された結果の判断であろうが、復元された建築が文化財的価値を持つかどうか、そしてモダニズム建築は材料が刷新され、空間構成までもが変えられたとしてもなお文化財的価値を有しているのかどうか。様々なことを考えさせてくれる興味深い事例だと言える。

■

このようにオランダでは、モダニズム建築の復元が急速に増加している。モダニズム建築への関心が高まり、地域や街の歴史遺産として位置づけられるようになってきたことが背景にある。また、復元が観光客の増加をもたらすこと、そしてモダニズム建築は図面資料や写真が残っている場合が多く、比較的復元しやすいという状況も後押ししている。こうした複雑化した社会的な条件や利害関係が絡み合う中で、復元されたモダニズム建築の是非を判断するのは容易ではない。むしろ歴史を学ぶためだけではなく、文化財とは何であるかを問いかけるアート作品のようなものとして存在していると捉えるのがよいのかもしれない。

Fig.5 ■ キーフーク集合住宅 Kiefhoek ■ 1990年～1995年｜復元設計：Wytze Patijn［1930年｜設計：J.J.P. Oud］ ■ Map番号［62］

Fig.5

a｜復元された集合住宅。オリジナルの建物では、赤いドア2個が対になって並んでいたが、
復元後は2つの住戸が内部で一体化され、片方のドアがガラス窓に変更されているものがある。
b｜竣工当時の様子。周辺の街並みに比べて住区全体が白く輝いており、
低層で空き地も多く開放的な雰囲気であったことが分かる。
c｜建て替え工事中の様子。不同沈下のため、オリジナルの建物はすべて解体され、地盤や基礎から造り直された。
d｜オリジナルのインテリアが再現された室内。1住戸だけオリジナルのインテリアが復元され、
この集合住宅の歴史博物館として公開されている。
e｜改修後の平面図。下が1階、上が2階を示している。骨格は変わらないが、2つの住戸が内部で接続され、
裏側に増築されるなど、オリジナルとは違う平面に変更されている。

前節で取り上げた「復元」が、失われた建物を再建(Reconstruction)することを意味しているのに対して、「修復」は、傷んだり改修されたりした建物を以前のある時点の姿に戻すことを意味している。英語で言うところのRestorationであり、日本語では「復原」とも言う。

しかしある時点の姿に戻すといっても、いつの時点の姿に戻すのかは場合に応じて異なるし、また何をもって「修復」というのか、決して明確ではない。現代の設備や要求に応じて、新たに手を加えなければ「修復」が成立しない場合もある。だとすれば、それは改修とどう違うのか。「修復」もまた、「復元」と同様にかなりの幅や曖昧さを持つ難しい概念だと言える。ここではいくつかの事例を通じて、「修復」の多様性や曖昧さに焦点を当ててみたい。

8 修復

修復と復元のあいだ

オランダのヒルフェルスム(Hilversum)に建つ医療施設サナトリウム・ゾンネストラール[**Fig.1**][**口絵 p.150**]は、オランダを代表するモダニズム建築の傑作である。ヤン・ダウカーとベルナルト・バイフート、ヤン・ヘルコ・ヴィーベンハの設計により、1928年にサナトリウムとして竣工した。だが戦後に激しく増改築され、老朽化と合わせて解体の危機に瀕した。しかし1988年に国の文化財に指定され、これを契機にモダニズム建築の保存に関する国際組織DOCOMOMOが誕生することになった。1995年にはゾンネストラール・サナトリウムが世界遺産の暫定リストにも記載された。その後DOCOMOMO初代会長のフバート・ヤン・ヘンケットと同事務局長のヴェッセル・デ・ヨングの設計により当初の姿に戻す形で修復が行われ、2003年に一応の完成を見た。

この修復では鉄筋コンクリート造の柱梁およびスラブを残して、それ以外の腰壁やス

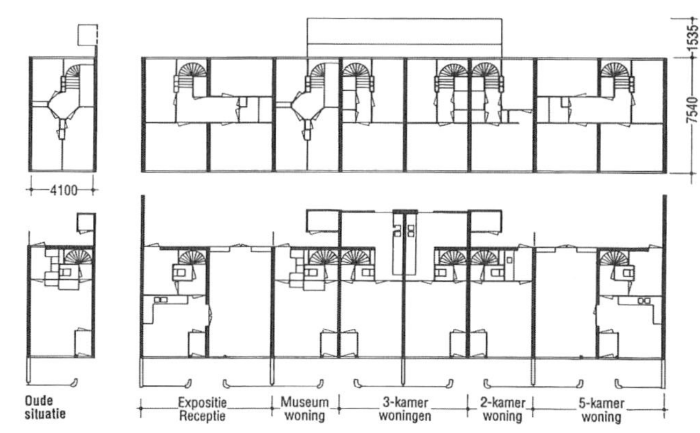

Fig.5 **e**

Fig.1

Fig.1 ▪ サナトリウム・ゾンネストラール Sanatorium Zonnestraal ▪ 2003年｜改修設計：Hubert-Jan Henket, Wessel de Jonge
［1928年｜設計：Jan Duiker, Bernard Bijvoet, Jan Gerko Wiebenga］ ▪ Map番号［86］

a｜修復後の建物を見る。ガラスの透明感やスチールサッシの細さも忠実に再現され、オリジナルに極めて近い状態を見ることができる。

b｜修復工事中の様子。柱や梁、床以外はすべて除去され、新しい材料に置き換えられた。ヨーロッパでの従来の「修復」という概念を逸脱するような工事になった。

c｜修復後の建物の2階を見る。現在は舞台を持つ部屋に改修され、イベントやミーティングに使われている。

d｜修復後の建物の側面を見る。螺旋階段も美しく蘇っている。

チールサッシ、ガラス窓などがほぼすべて除去され、オリジナルに忠実につくられた材料を用いて修復されている。実に全体の約80%以上の材料が刷新されたという。だとすれば、材料のオーセンティシティはほとんど保たれておらず、もはや復元に近く、修復と言えるのかどうかすら疑わしい。しかし、モダニズム建築の場合、材料よりも柱や梁、壁、床といった要素の組み合わせや関係性からなる「空間」にこそ特徴があるとも言える。だとすれば、ここではオリジナルの「空間」の姿に戻すことを重視したことになる。躯体はほぼオリジナルのままであるし、刷新された部分も丁寧な修復が行われているため、モダニズム建築の修復のモデルとして評価されるものであるが、同時にそれは修復とは何かを問う作品としても存在していると言える。

オランダを代表する建築家リートフェルトの設計によって1966年に竣工した美術専門学校ヘリット・リートフェルト・アカデミー[**Fig.2**]もまた、丁寧な修復が行われた。リートフェルトの遺作にして、最大規模の作品である。透明性の高いガラスの箱のような建物であるが、通常のラーメン構造とは異なり、中央の廊下沿いに太い柱が配置され、そこから肋骨のように伸びた細い梁と柱で建物を支える特殊な構造でつくられている。美術専門学校という特性から、建物の外観や教室はグレーのモノトーンでデザインされた。アムステルダム市の文化財に指定されている。

しかし長年の間に建物は傷み、特に全面ガラス張りであることから空調に大きな問題を抱えていた。2004年にベンテム・クローヴェルによって新棟が増築された際、同校の教員でもある建築家エリック・スロタウバーが中心となって、元の建物も修復された。空調の問題を解決するためサッシの細部が改善されているが、可能な限りオリジナルのディテールや技術が尊重され、オリジナルと同様の技術を用いて製作したガラスが使われ、透明性の高い空間が蘇った。インテリアも、リートフェルトによって使い分けられた3つの濃さのグレーの色を用いて塗り直された。サナトリウム・ゾンネストラールのように躯体までつくり直したわけではないが、目に見える部分の材料は全面的に刷新されており、もはや修復の域を超えている。

修復と改修のあいだ

ロッテルダム中央駅のそばに建つ巨大な商業施設フロート・ハンデルスヘボウ[**Fig.3**][**口絵p.150**]もまた、修復と言うべきか改修と言うべきか、難しい事例である。空爆されたロッテルダムの戦後復興をリードした建築家ハウフ・アアルト・マースカントとヴィレム・ファン・テイエンによって設計され、1953年に竣工した。オフィスやレストラン、ホールなどを収容する建物で、中央に2つの採光用の中庭を含んだ220×84mもの巨大な長方形の平面を持ち、建物の高さは35mある。国の文化財に指定されている。

アンドレ・ファン・スティフトの設計によって改修されて2005年に竣工した。外観は綺麗にクリーニングされ、窓ガラスは耐熱性のものに取り替えられた。内部では廊下の塗装

Fig.2

a｜修復後の建物の玄関付近を見る。ガラスやサッシは新しいものに取り換えられている。
b｜修復後の建物内部を見る。オリジナルの柱や梁をしっかりと見せ、
リートフェルトのデザインの意図がよく伝わるように修復されている。
c｜修復後の建物内部を見る。肋骨のようになったオリジナルの柱と梁のシステムがよく分かる。

Fig.3

a｜竣工当時の様子。
現在のものよりガラスの透明度が高く、
内部の様子まで見えている。
b｜中庭を見下ろす。中庭では道路や屋上庭園、
広場、建物などが交錯する、複雑な風景が展開する。

Fig.2 ■ ヘリット・リートフェルト・アカデミー Gerrit Rietveld Academie ■ 2004年｜改修設計：Benthem Crouwel, Erik Slothouber, etc.［1966年｜設計：Gerrit Thomas Rietveld］ ■ Map番号［27］
Fig.3 ■ フロート・ハンデルスヘボウ Groot Handelsgebouw ■ 2005年｜改修設計：Andre van Stigt［1953年｜設計：Huig Aart Maaskant, Willem van Tijen］ ■ Map番号［63］

を元の姿に戻す修復が行われたが、一部のドアを開放したりエレベーターを明るくしたりする設備的な改善が行われた。廊下を拡張し、屋上を開放するなど改修も行われて機能性が向上し、以前よりもオリジナルの姿がくっきりと浮かび上がったと言える。しかしながら一見して、修復したのか改修したのかの判別はつかない。修復と改修の両者が求められたのであり、ここでも概念の境界は曖昧である。

アルド・ファン・アイクの作品も、近年修復されて活用されている。アイクの代表作とも言える児童養護施設「子供の家」[Fig.4]である。1960年に竣工した世界的に知られる名作だが、1980年代に養護施設としての機能を終え、建築デザイン学校として著名なベルラーヘ・インスティテュートの校舎などとして使われた後、空き家となっていた。その後、サナトリウム・ゾンネストラールの修復やファン・ネレ工場の改修設計を担当したヴェッセル・デ・ヨングの設計で修復と改修が行われて、2017年からディベロッパー会社BPDの社屋として使われている。国の文化財に指定されている。

傷んでいたコンクリートの柱梁や外壁のアーキトレーブ部分が修復され、ファサードを構成するガラスは断熱ガラスに置き換えられた。室内では竣工後に取りつけられた設備などが除去され、ドームの天井にはセメントが吹きつけられ、ワーキングプレイスには床暖房が入れられた。ファン・アイクの空間の構成や連続性、デザインは大きく損なわれることなく、オリジナルに近い姿に戻されながら、新しいオフィススペースとしての充実した環境が整えられた。それは新しい機能に合わせた形での修復と言ってよいだろう。建物の用途が変わり、また時代の変化により、要求される機能や設備も高性能なものとなっているため、修復の概念も拡張せざるを得なくなるのだ。もはや改修と区別がつかない修復になっているが、それは活用を前提とするモダニズム建築に特有の現象と言えるだろう。

文脈が変われば評価も変わる

アムステルダムの旧市街地の一角に建つデ・バゼル[Fig.5]は、旧オランダ貿易協会本部やオランダ銀行などの建物として、建築家カレル・デ・バゼルの設計で1926年に竣工したものである。ファイゼルストラート通り(Vijzelstraat)に沿って建つ100mほどの長さの巨大な建物だが、外壁には装飾的な彫刻が埋め込まれ、内部には多数のステンドグラスが取りつけられた、オランダ表現主義的な見事なデザインである。国の文化財に指定されている。

建物は1990年代にアムステルダム市によって3,000万ユーロで購入され、クラウス・エン・カーンの改修設計と修復建築家マールテン・フリッツの修復により、2007年にアムステルダム市の資料館として生まれ変わった。この時、戦後に床が張られてしまっていた営業室上部の吹き抜けが元の状態に戻された。その他の部分も大きく変更されたり失われたりしていたが、オリジナルの姿に戻しながら改修が行われ、ガラスを用いた新たなデザインも加えられて生まれ変わっている。オリジナルの姿に戻す修復が、現在の姿に対しては改修になっ

Fig.4 ■ 子供の家（現・BPD）Burgerweeshuis (BPD) ■ 2017年｜改修設計：Wessel de Jonge［1960年｜設計：Aldo van Eyck］■ Map番号［28］

a｜修復後の建物の玄関ホールを見る。天井のトップライトだけでは不足する光量を補うランプが設置されるなど、さりげなく手が加えられている。

b｜修復後の建物の様子。傷んだ部分を補い、壁面もクリーニングして、全体にくっきりとした印象を取り戻している。

c｜竣工当時の様子。建物全体が、小さなグリッドを組み合わせ、増殖、あるいは増築するかのようにデザインされている。

d｜室内には子供のための遊び場が残されたまま、オフィスとして使われている。

ていると言える。そのような意味においても、修復と改修は明確に区別できない。

修復が繊細であり過ぎたために問題になった事例もある。アムステルダムの中心部に建つ王宮、コーニンクライク・パレイス・アムステルダム[**Fig.6**]は、ヤコブ・ファン・カンペンの設計によりアムステルダム市庁舎として建設され、1665年に竣工したものである。2005年から2009年まで室内の修復が行われた後、2011年まで外壁の修復が行われた。

しかし修復を終えたはずの建物の外観は、修復以前とほとんど変わらず、汚れたままの姿を見せた。それは、建物を損ねないように繊細な方法でクリーニングが行われたためであるが、税金を投じて修復したにもかかわらず修復したように見えないため、市民の間で話題になったという。文化財的には妥当な修復であったとしても、それが表現として社会的な支持を得られるとは限らない。修復はニュートラルな技術ではなく、社会的な文脈に置かれた表現でもあるのだ。

■

ここでは主にモダニズム建築の事例に焦点を当てた。前述したように、コンクリートや鉄、ガラスは劣化が激しく、修復を必要とする度合いが大きいのが特徴だ。また竣工当時の自立した作品としての価値が高いため、オリジナルの姿に戻すことが求められるのだが、オリジナルの材料を維持することが難しく、表面上は大部分が刷新されていること、したがってオリジナルの材料よりも空間性の維持が重視されることなどが共通している。転用や活用により、機能的な更新も必要になる。修復と言えば、単に傷んだ歴史的建築物を忠実にオリジナルの姿に戻すことを意味するように思われがちであるが、実のところそれは、時には復元に近く、時には改修に近い。元来修復とはそうであったはずなのだが、モダニズム建築の修復は、そんなことに改めて気づかせてくれる。

Fig.5 ■ デ・バゼル De Bazel ■ 2007年｜改修設計：Claus en Kaan, Maarten Fritz［1926年｜設計：Karel de Bazel］■ Map番号［29］

Fig.6 ■ コーニンクライク・パレイス・アムステルダム Koninklijk Paleis Amsterdam ■ 2011年｜改修設計：Phi Architectuur, etc.［1665年｜設計：Jacob van Campen］■ Map番号［30］

Fig.5

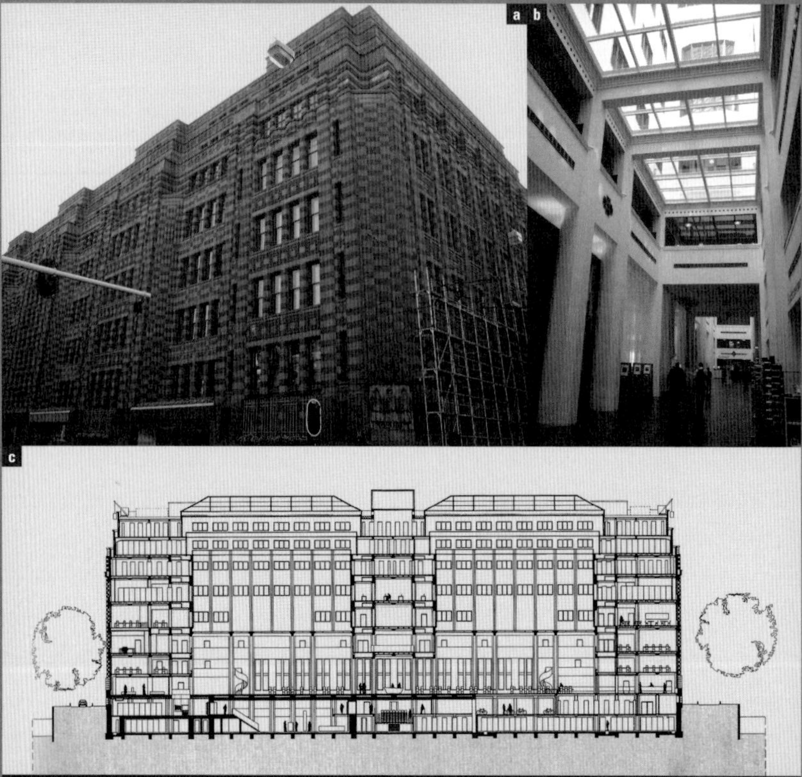

a｜外観を見る。外壁には部分的にタイルが貼られ、全体に市松模様で覆われたようなデザインになっている。
b｜1階から吹き抜けを見上げる。かつて営業室として使われていた空間。竣工当時のくっきりとした姿を取り戻した。
c｜断面図。中央に2つの大きな吹き抜け空間があり、トップライトから1階まで光が入るようになっている。

Fig.6

a｜修復後の建物の様子。外壁がクリーニングされたものの、適度に汚れたままの状態が保たれている。
b｜市民ホールを見る。「ブルヘルザール」と呼ばれる、ペンダントライトが吊るされた巨大な居室のような空間。儀式を執り行う際などに用いる。

9 修復的改修

→p.185

a ｜ファン・ネレ工場 Van Nelle
正門から建物を見る。ガラス張りの透明な大空間が特徴。
外観は、竣工当時の姿と変わらないまま残されている。
p.186｜Fig.1

b ｜マグナ・プラザ Magna Plaza
道路から正面を見る。外観は、窓ガラスが取り換えられた以外、
ほとんどオリジナルの姿のまま残されている。
p.188｜Fig.3

10

ヘルツォーク

→p.191

a｜**カイシャ・フォルム・マドリッド**

Caixa Forum Madrid

建物裏側の広場から見る。かつての発電所の建物の上部に新しい建物が増築されたように見えるが、実際には、新築された建物の低層部に変電所の壁が貼り付けられている。

p.192｜**Fig.2**

b｜**エルプフィルハーモニー・ハンブルク**

Elbphilharmonie Hamburg

エルベ川から見る。低層部のかつての倉庫の上部に新しい建物が増築されたように見えるが、実際には、新築された建物の低層部に倉庫の壁が貼り付けられている。

p.192｜**Fig.1**

11 リファイニング

→p.197

a | デルフト工科大学土木地球工学部校舎
Faculteite Civiele Techniek & Geowetenschappen, Technische Universiteit Delft
大学キャンパス内の道路から見る。
右奥と同じようなデザインの建物の骨格だけを残して
「リファイニング」したもの。

b | エンセンブレ・ヴェストラーフェン
Ensemble Westraven
道路から見る。建物は高層棟と低層棟からなる。
オリジナルの姿が想像できないほど、
「リファイニング」によって大きく改修されている。
p.200 | **Fig.2**

12

テンポラリー・ユース

→p.203

a

b

a | トロウ・アムステルダム（現・ザ・スチューデント・ホテル・アムステルダム・シティ）Trouw Amsterdam (The Student Hotel Amsterdam City)
レストランに改修されたかつての新聞社の配送スペース。
設備はいずれも仮設的なもの。
p.204 | **Fig.2**

b | HAKA ヘボウ HAKA Gebouw
イベントスペースやカフェなどに改修された
かつての倉庫スペース。家具や設備はすべて仮設的なもの。
p.208 | **Fig.4**

前節の「修復」で紹介した事例は、結果的に修復と改修の境界が曖昧になるものがあるとしても、基本的にはオリジナルの姿や特定の時点の姿に戻すことを目的としたものであった。それに対して、建物の用途変更を前提とし、何らかの新しいデザインを加えることを目的とするが、可能な限りオリジナルの姿や価値を保とうとするもの、あるいは建物が破壊などにより物理的な変化を余儀なくされたもので、元の姿に戻しつつもオリジナルとはあえて少し異なるデザインを加えるような事例も存在する。つまり修復的な手法を取りつつも改修を行うような事例である。本節ではこうしたものを「修復的改修」と称しておく。

世界遺産登録の諮問機関であるICOMOSが、「ミニマム・インターベンション」という概念によって、改修の際に手を加えるのを最小限にとどめることを推奨している。本節で扱う事例はそれに近いように見えるかもしれないが、「ミニマム」と呼ぶに値するかどうか判断が難しい事例が多いため、ここでは「修復的改修」としておきたい。

モダニズム建築の透明感を守る

ロッテルダムに建つファン・ネレ工場［**Fig.1**］［**口絵p.181**］は、ヨハネス・ブリンクマンとレーンダート・ファン・デル・フルフトによって設計された、オランダが世界に誇るモダニズム建築の傑作である。タバコやコーヒーの製造会社ファン・ネレの工場として1931年に竣工したもので、1980年代に工場としての機能を失った後、ヴェッセル・デ・ヨングの改修設計により、様々な企業やデザイン事務所などが入居するオフィスビルに転用され、2004年に竣工した。国の文化財に指定されているほか、2014年には世界遺産に登録されている。

この建物は、内部にマッシュルーム・カラムが整然と並ぶ均質で巨大な空間と、その列柱がガラス越しに見える透明感が大きな特徴である。オフィスビルに転用するためには、内部をパーティションで区切る必要があった。しかし空間の奥行き感や透明性を維持するため、改修の際、窓越しにパーティションが見えにくいよう、窓の内側に幅3mの廊下を配した上で、その奥にパーティションで区切られたオフィススペースを配置している。

近代以前の煉瓦造や石造の建物は、外から内部は見えないため、内部で大きな改修が行われたとしてもあまり大きな問題はない。しかし全面ガラス張りのモダニズム建築は中が透けて見えるため、改修のデザインが外観にも影響を及ぼすことになり、場合によってはオリジナルの特徴が大きく損ねられてしまう。そんな中にあってファン・ネレ工場は、改修によって新しいデザインを加えているものの、工夫を凝らすことで、オリジナルの価値をしっかりと守っている。こうした努力の甲斐もあって、世界遺産に登録されたのである。

現代の法規制を遵守するため、オリジナルの姿をそのまま保持するのが難しかった事例もある。オランダ南部のヘールレン（Heerlen）に、ダッチ・モダニズムの傑作フラスパレイス（シュンク）［**Fig.2**］が建っている。ヘールレンを拠点として活動し、様式的なものからモダニズム

Fig.1 ■ ファン・ネレ工場 Van Nelle ■ 2004年｜改修設計：Wessel De Jonge［1931年｜設計：Johannes Brinkman, Leendert van der Vlugt］■ Map番号［64］

Fig.2 ■ グラスパレイス（シュンク）Glaspaleis (SCHUNCK) ■ 2003年｜改修設計：Jo Coenen, Wiel Arets［1935年｜設計：Frits Peutz］■ Map番号［85］

Fig.1

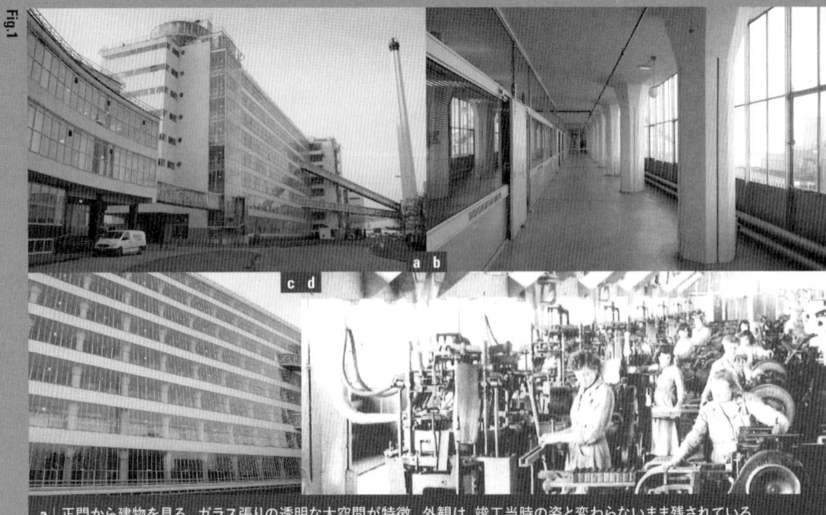

a｜正門から建物を見る。ガラス張りの透明な大空間が特徴。外観は、竣工当時の姿と変わらないまま残されている。
b｜廊下を見る。左側のガラスの仕切り壁は、改修の際に設置されたもの。
この壁の内側が、さらに壁によって細分化され、オフィスとして使われている。
c｜外壁を見る。改修の際、内部に複数の壁が立てられ空間が細分化されたが、外部からはそう見えないのが特徴。
列柱の向こうに透明な大空間が続いているように見える、巧みな改修がなされた。
d｜工場として稼働していた頃の様子。巨大で均質なワンルームの空間の中に、作業台がずらりと並んでいた。

Fig.2

a｜広場から見る。窓ガラスの反射率が高く、
オリジナルに比べると透明感が減っているが、
全体としてはオリジナルの姿がよく保たれている。
b｜1階を見る。マッシュルーム・カラムが林立する特徴的な空間。

まで様々な作品を手掛けた建築家フリッツ・ペウツの設計により、百貨店として1935年に竣工したものである。解体の危機に瀕していたが、1990年代に市が購入し、その後ヨー・クーネンとヴィール・アレッツによって修復および改修設計がなされ、美術館や図書館を含んだ複合文化施設「シュンク」として、2003年に生まれ変わった。国の文化財に指定されている。

この建物で最も特徴があるのは、三方の壁面が全面ガラスに覆われ、屋外から建物内部に立ち並ぶマッシュルーム・カラムを見通せる透明感である。しかし修復の際にガラスを刷新せざるを得ず、現行の法規制に合わせるため複層ガラスに取り換えられた。透明度の高いガラスが使われたものの、ガラスはやや緑がかっており反射率も高いため、オリジナルのものほど透明感はない。外から見ると、鏡に覆われたガラスの箱が建っているかのようである。このことは、都市部の法規制の中で高度な機能を担わされるモダニズム建築が、社会的な条件によりオリジナルの姿を保つのが難しい場合があることを物語っている。

転用によって、従来にはなかった設備が新たに設置される場合も少なくない。アムステルダム中央駅からほど近い場所に建つアムステルダム中央郵便局の建物は、1992年という早い時期にハンス・ライセナースの設計によりマグナ・プラザ[**Fig.3**][**口絵 p.181**]という商業施設に改修された。コルネリス・ペータースの設計で1899年に竣工したもので、ネオゴシック様式による美しい建物である。国の文化財に指定されている。

改修に際して、クリーニングや修復、除去されていた装飾の復元などが行われた。一方で中央の吹き抜け部分にエレベーターやエスカレーターが取りつけられたが、用途変更に必要な最低限の追加にとどまっている。それらは建物の用途が変更され改修されたことを示しており、デザイン的にもオリジナルの空間の中でアクセントとして効いており、違和感はない。

ハンス・デルガストの方法

建物が損傷を受けた部分に対して、一見修復の手法を取りながらも、完全に元のデザインに戻すのではなく、残されたオリジナルの部分と視覚的に区別できるようにしながら修復する方法もある。戦後、ドイツのミュンヘンに建つアルテ・ピナコテーク[**Fig.4**]の修復に際して、建築家のハンス・デルガストが採用した手法である。

この建物はレオ・フォン・クレンツェの設計により1836年に竣工したものだが、第2次世界大戦の空爆により大きな被害を受け、外壁と室内の多くが損壊した。戦後に改修設計を手掛けたデルガストは、損傷部分を復元した際、オリジナルのように石張りとせず、下地の煉瓦をむき出しにしたまま、1957年に改修工事が竣工した。

通常の修復では、損傷を受けた箇所はオリジナルと同じ材料を用いて、全体をオリジナルの姿に戻す。しかしここでは、オリジナルと復元した損傷部分が遠目からは一体化しているように見えるが、近づくと材料の違いを読み取ることができるようになっている。オリジナルと戦争による損傷、そして修復のすべての出来事を表現しようと、デルガストが生み出し

Fig.3 ▪ マグナ・プラザ **Magna Plaza** ▪ 1992年｜改修設計：Hans Ruijssenaars［1899年｜設計：Cornelis Peters］▪ Map番号［31］

Fig.4 ▪ アルテ・ピナコテーク **Alte Pinakothek** ▪ 1957年｜改修設計：Hans Döllgast［1836年｜設計：Franz Karl Leopold von Klenze］▪ Map番号［120］

Fig.3

a｜内部の吹き抜け空間を見る。商業施設に改修する際に、吹き抜けにエスカレーターが設置された。

b｜道路から正面を見る。外観は、窓ガラスが取り換えられた以外、ほとんどオリジナルの姿のまま残されている。

c｜最上階から吹き抜け空間を見下ろす。建物の機能は変更されたが、
最も特徴的な吹き抜け空間はオリジナルの姿がよく残されている。

Fig.4

a｜南側から見る。中央付近の白っぽく見える壁が修復した部分。
煉瓦をむき出しにして装飾を省略し、オリジナルの壁と区別できるようにしている。

b｜内部の壁を見る。カラフルな壁画が剥がれた部分は、
壁画を復元せず、モルタルで埋めるだけにとどめている。

c｜北側の壁を見る。
左手が修復により煉瓦をむき出しにして装飾を省略した壁面。

d｜空襲によって破壊された直後の様子。
建物の中央付近が瓦礫の山と化している。

た方法である。この方法は、その後もデルガストの改修作品において幾度となく使われたほか、弟子のジョセフ・ヴィーデマンによるミュンヘンのグリプトテークの修復など、戦後ドイツの1つの建築表現の方法として継承された。

デルガストの継承

このデルガストの方法を徹底することで、新しい表現を獲得している近年の改修事例がある。ベルリンの博物館島に建つノイエス・ムゼウム[Fig.5]である。フリードリヒ・アウグスト・ストゥーラーの設計により1859年に竣工した博物館だが、第2次世界大戦末期の砲火により大きく損傷を受けたまま放置されていた。だが1999年に博物館島が世界遺産に登録された後、イギリス人建築家デイヴィッド・チッパーフィールドの設計により修復および改修が行われ、2009年に再び博物館として開館した。

この改修にデルガストの方法が用いられている。外壁や内部の壁画や天井画の欠落部分を新しいプラスターで丁寧に埋めて修復することで、断片化したオリジナルの壁画や天井画、外壁が浮かび上がって見える。そしてそれがデルガストの作品以上に繊細に、また全面的に徹底して行われることで、従来の修復とは違う新しい表現を獲得している。オリジナルと損傷の記憶、そして新たなデザインをすべて共存させているのである。

ベルリンのミッテ地区に位置する自然史博物館(フンボルト博物館)[Fig.6]の東館の建物も、デルガストと似た手法を採用している。博物館は1889年に建てられたもので、1917年に東館が増築されたが、第2次世界大戦の空襲により破壊され、廃墟の状態で放置されたまま21世紀を迎えた。しかしスイスの建築事務所ディナー&ディナーが修復および改修設計を担当し2010年に竣工した。

戦争で破壊された部分は、新たに鉄筋コンクリート造の壁や床に置き換えられている。その外壁はオリジナルと全く同じデザインであるが、プレキャストのセメントでつくられたグレーの壁となり、オリジナルと区別できるデザインとなっている。室内の展示室の温湿度を守るために、窓は閉じられている点もオリジナルとは異なっている。

■

本節における最初の3つの事例は、建物の用途が変更されて改修せざるを得ない中で、控え目に新しいデザインを加えたものである。一方、後半の3つの事例は、破壊によりオリジナルの物理的な形状が劇的に変化したものの、オリジナルとは材質を変えながら失われた部分を補い、修復を兼ねながら改修したものである。いずれも一級品の文化財ばかりであるため、オリジナルの価値をしっかりと守っているのだが、変化の痕跡も隠さずに見せている。元の姿に戻す修復よりも、歴史の重なりが感じられるのがよい。

Fig.5 ■ ノイエス・ムゼウム Neues Museum ■ 2009年｜改修設計：David Chipperfield［1859年｜設計：Friedrich August Stüler］■ Map番号［106］

Fig.6 ■ 自然史博物館（フンボルト博物館） Museum für Naturkunde (Humboldt Museum) ■ 2010年｜改修設計：Diener & Diener［1889年・1917年］■ Map番号［107］

Fig.5

a｜展示室の壁を見る。壁画が剥がれた部分は、復元せずにモルタルなどで埋めるだけにとどめている。

b｜中央の階段室を見る。階段とその腰壁は、改修時に新たにデザインされたもの。

c｜西側から見る。中央から右の壁面は、傷んだ部分だけが修復されているためまだら模様に見える。
左の壁面は新しく造られたもので、煉瓦をむき出しにして装飾が省略されている。

d｜2階平面図。中央階段から右側は、傷んではいるものの骨格はオリジナルのまま残されているが、
左側は、傷みが激しく改修の際に新たにつくった部分もある。

Fig.6

a｜東館の壁を見る。中央部の白っぽい壁が新たにつくられたもの。
窓は埋められ、サッシの形状もセメントで再現されている。

b｜東館を見る。右手の白っぽい壁が、空襲で破壊され、修復された部分。
プレキャストのコンクリートで造られており、オリジナルの壁と区別されている。

C｜改修前の様子。戦後60年以上、空襲で破壊されたままの姿で放置されていた。

1990年代以降、世界の建築界の大きな潮流をリードした建築家に、スイスのヘルツォーク&ド・ムーロン（以下H&M）がいる。素材や建築の表面性からアプローチして新たな表現を切り開き、その後も未知の建築を生み出し続けている。H&Mの作品には、歴史的建築物の改修も多い。しかし古い建物のオーセンティシティを尊重する改修とは異なり、本書でこれまで取り上げてきた事例の改修とも異なる。既存の建物に大胆に手を加え、これまで見たことがないような新旧の共存を実現している。歴史的建築物の改修方法としては批判の多い「腰巻保存」もクリエイティブ使いこなす。ここではH&Mの独自の改修方法に着目したい。

10 ヘルツォーク

「腰巻保存」を超えて

ドイツ、ハンブルクのハーフェン・シティ（HafenCity）と呼ばれる港湾地区では、近年ヨーロッパ最大規模の再開発が進んでいる。その地区の入り口付近にあって再開発の象徴となっているのが、H&Mの改修設計で2017年に竣工したエルプフィルハーモニー・ハンブルク［**Fig.1**］［**口絵 p.182**］である。この建物はヴェルナー・カルモルゲンの設計により1963年に建てられたもので、カイスパイヒャーAと呼ばれたココアやコーヒー用の倉庫として使われていた。108mと85mの長さの壁面と37mの高さを持つ巨大な倉庫で、外壁が煉瓦で覆われた姿に特徴がある。

改修に際して、既存の建物の外壁だけが残され、その内側と上部に2,150人と550人定員の大小のホール、ホテル、集合住宅などを収容する建物が増築された。増築部分は反射性の強いガラスで覆われ、屋根は曲面を重ねながら空に向かって伸び、73mの高さに達している。それは遠望すると空に溶け込む帆船のようなイメージである。

ここではオリジナルの建物が、日本で言う「腰巻保存」の手法で保存されている。つまり、外壁だけが新しい建物の足元に巻きつけられるようにして残されている。しかし「腰巻保存」のように取ってつけたような違和感はなく、ここではむしろこの方法で残されていることが魅力である。オリジナルの建物が倉庫であり、自律性の高い作品としての歴史的建築物でないからこそ可能な改修方法だと言える。加えて新しい建物とオリジナルの建物の強いコントラスト、また作品としての新旧の強い一体感が、「腰巻保存」が持つ不誠実さを払拭する、極めて高いデザインの完成度をもたらしている。ただしこれは容易に真似られるものではない。H&Mほどの高い能力を持つ建築家にのみ可能な改修デザインだと言えそうだ。

スペイン、マドリッドの中心部に位置するカイシャ・フォルム・マドリッド［**Fig.2**］［**口絵 p.182**］も同様の事例である。1899年竣工の煉瓦造の発電所の建物がH&Mの設計により文化施設に改修され、2008年に竣工したものである。ホールや展示室、メディアセンター、書店、カフェなどを収容している。

Fig.1 ▪ エルブフィルハーモニー・ハンブルク Elbphilharmonie Hamburg ▪ 2017年｜改修設計：Herzog & de Meuron［1963年｜設計：Werner Kallmorgen］▪ Map番号［108］

Fig.2 ▪ カイシャ・フォルム・マドリッド Caixa Forum Madrid ▪ 2008年｜改修設計：Herzog & de Meuron［1899年］▪ Map番号［130］

Fig.1

a｜道路から見上げる。煉瓦壁の上にある大きくえぐれた空間は、煉瓦壁上部に巡らされているベランダと室内を繋ぐ玄関の庇のような役割を果たしている。
b｜コンサートホールの玄関ホールを見る。地上からエスカレーターで上がってきたところに広がる洞窟のような空間。ここまでは無料で入場できる。
c｜コンサートホールの玄関ホールから外を見る。休日には大勢の市民が景色を見にここまでやってくる。
d｜断面図。建物の輪郭が少しくびれている9階付近から下が、かつての倉庫の壁で覆われた部分。

Fig.2

a｜玄関付近を見る。新しい建物に既存建物の外壁が張りつけられて残されている。既存の窓とは無関係に新しい窓が設けられている。建物が宙に浮いているように見えるのが面白い。
b｜玄関ホールの階段を見る。建物内部は、煉瓦造の外観とは全く異なる、モダンなインテリアとなっている。
c｜発電所として使われていた頃の様子。煉瓦造で窓が少ないため、重々しく見える。
d｜断面図。建物前の広場の右側に大通りがある。変電所の壁を張りつけた1階部分は、地面に接地していないため、外から見ると建物が浮いているように見える。

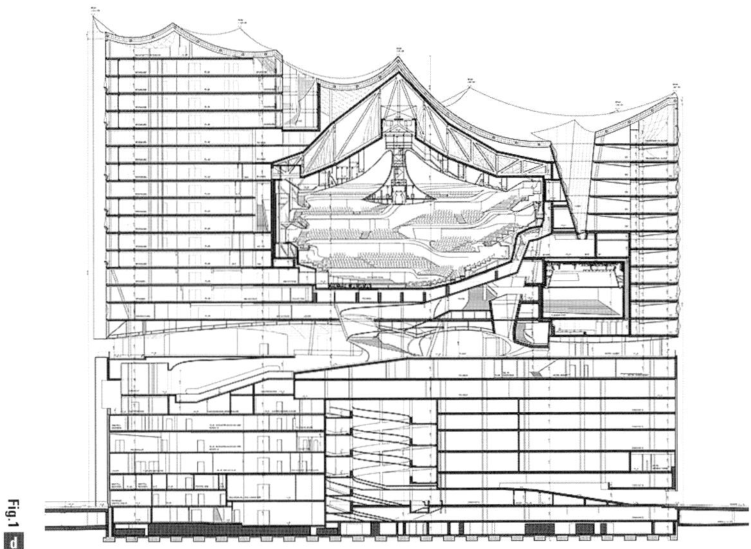

Fig.1 d

オリジナルの建物は、外壁だけが残されて新築された建物に張りつけられているが、基壇に当たる部分は除去されているため、宙に浮いているように見える。そして建物の上部には錆びた鉄板で覆われた建物が、「屋上屋を重ねる」ようにして増築されている。既存の壁面の窓は埋められ、それと無関係に新しい窓が開けられている。内部に入ると、外観とは対照的な素材や色彩によるインテリアが展開する。こうした手法により、新旧を対比的に重ね合わせながら、同時に建築の常識や我々の知覚を揺るがすものとなっているのである。これも元の建物が産業遺産だからこそ可能な改修ではあるが、「オリジナルの壁はこのように使うしかなかったのだ」と思わせる必然性や強度が感じられ、「腰巻保存はけしからん」といった批判を生じさせることはない。

新旧の重ね合わせ

H&Mが事務所を構えるスイスのバーゼルに建つ民俗博物館ムゼウム・デア・カルトゥレン［Fig.3］は、元はメルヒオー・ベリーの設計により1849年に竣工した建物だった。その後フィッシャー&ゼーネの設計で1917年に増築が行われたが、手狭になったため、H&Mに増築および改修の設計が依頼され、2010年に竣工した。

改修により、ここでも既存の建物の基壇の一部が除去され、ルスティカ仕上げの壁面に大きな窓が複数穿たれ、一方で上部の壁面の窓はほとんど埋められている。また最上階には、周辺の建物の屋根を圧縮し折り畳んだかのような屋根を持つ展示室とホールが増築

Fig.3 ■ ムゼウム・デア・カルトゥレン **Museum der Kulturen** ■ 2010年｜改修設計：Herzog & de Meuron［1849年｜設計：Melchior Berri］■ Map番号［122］

Fig.3

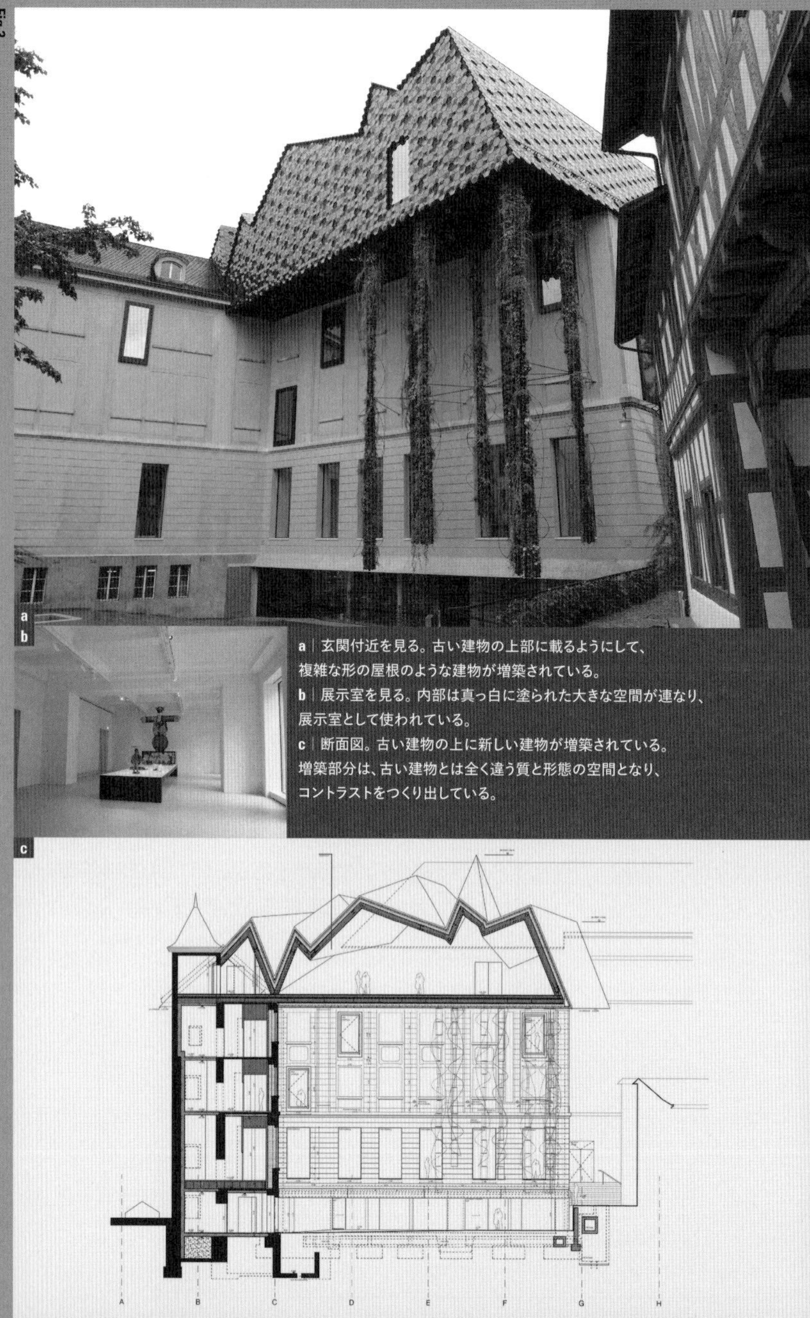

a｜玄関付近を見る。古い建物の上部に載るようにして、複雑な形の屋根のような建物が増築されている。
b｜展示室を見る。内部は真っ白に塗られた大きな空間が連なり、展示室として使われている。
c｜断面図。古い建物の上に新しい建物が増築されている。増築部分は、古い建物とは全く違う質と形態の空間となり、コントラストをつくり出している。

されている。内部では一部の床や壁が除去され、天井と壁が真っ白に塗られ、展示物を引き立てている。やはり新旧のコントラストをつけながら未知の姿の増築が行われ、同時に既存の建物の古典的な秩序と重ね合わされているのが興味深い。

ドイツのデュイスブルクの港湾地区では、ノーマン・フォスターのマスタープランにより、近年再開発が行われている。その一角にムゼウム・クッパースミューレ[**Fig.4**]がある。これはヨーゼフ・ヴァイスとケブルーダー・キーファーによって設計され1916年に竣工した煉瓦造の穀物倉庫だったが、H&Mの設計により改修され、1999年に美術館として竣工した。

建物の玄関脇には、既存の建物に似た赤茶色をした鉄筋コンクリート造の階段室が増築され、展示室では床が除去されて6mの天井高が確保され、天井や壁は真っ白に塗られている。また運河側の壁面は、大部分の窓が埋められて痕跡だけが残されているが、その既存の窓とは無関係にスリットのような窓が新設されている。増築部分は既存の建物に調和させながら、内外でコントラストがつけられている。ここでも新旧の異なるデザインの重ね合わせが魅力的である。なお、隣接する1930年代のサイロも、H&Mによって改修され、上部に直方体の箱のような建物が増築される予定である。

イギリスのロンドンに建つ美術館テート・モダン[**Fig.5**]は、今や世界的に知られる改修事例であり、H&Mを一躍有名にした作品である。元の建物は、ジャイルズ・ギルバート・スコットの設計で1947年と1963年に分けて建設された火力発電所であり、1981年に閉鎖された後、設計競技を勝ち取ったH&Mの設計により改修され、2000年にテート美術館の別館として竣工した。

ここでは、既存の建物のかつてタービンホールとして使われていた大空間は、半分がそのまま残され、もう半分の細長い空間に美術館としての展示室が収められた。これによって、新しい機能を充実させながら、既存の大空間も残すことができたのだ。また屋上には、新たにガラスの箱が増築されている。既存部分と素材を変えて既存の建物とコントラストをつけながら、しかし調和したデザインとなっていると言えよう。

■

こうして見てみると、H&Mの歴史的建築物の改修は、他に類を見ないほど大胆な方法を採用している点で共通している。しかし新旧の共存の仕方に違和感がないばかりか、それが必然のものであるかのように感じられるのは、ひとえにデザイン力によるのであろう。H&Mにとって、歴史的建築物は、もはや保存を目的としているのではなく、新しい建築をつくり出すための、そしてわれわれの知覚や常識を揺るがす作品をつくり出すための手段となっているように見える。歴史的建築物の改修にも創造力が必要であることを痛感させられる。ただし、それは容易に真似できるような普遍的な手法ではない。H＆Mにしかできない、もはや「ヘルツォーク」としか言いようのない固有の手法であることは、忘れるべきではないだろう。

Fig.4

a｜玄関付近を見る。中央部の縦長の筒のような建物は、上階の展示室へ至るための増築された階段室。
b｜運河側から見る。展示室のための縦長の窓が、オリジナルの窓とは無関係に開けられている。

Fig.5

a｜玄関から奥を見る。
かつて発電機が並んでいた大空間の一部が残されていることで、
産業遺産ならではのダイナミックさを体験できる。
b｜テムズ川から建物正面を見る。
最上階にガラスの箱のような建物が増築され、
レストランやカフェとして使われている。

Fig.4 ■ ムゼウム・クッパースミューレ Museum Küppersmühle ■ 1999年｜改修設計：Herzog & de Meuron［1916年｜設計：Joseph Weiss, Gebrüder Kiefer］ ■ Map番号［116］

Fig.5 ■ テート・モダン Tate Modern ■ 2000年｜改修設計：Herzog & de Meuron［1947年・1963年｜設計：Giles Gilbert Scott］ ■ Map番号［128］

近年、日本の建築界のみならず一般社会でも注目を浴びている建築の改修方法に「リファイニング(リファイン)」がある。建築家の青木茂氏によって命名されたもので、柱や梁、床スラブなど既存の建物の骨格は残しながら、機能やデザイン、耐震性などをアップさせつつ建設コストを抑え、建築の長寿命化を図るものである。

本書がテーマとしているのは、歴史的、文化財的価値の高い建物の改修であり、その場合少なくとも外観を残すことが重視される。それに対してリファイニングでは、既存の建物のうち、基本的に骨格のみが残される。オリジナルの外観が失われてしまうことが多いリファイニングは、歴史的、文化財的価値の高い建物の改修には適切でないとも言える。実際、青木氏によるリファイニングの事例には、歴史的、文化財的価値の高い建物を対象にしたものは、ほとんどない。

ただオランダでは、リファイニングに該当する手法は、以前から普及しており、この手法による再生やリノベーションの事例が全国各地に存在する。歴史的、文化財的価値の高い建物もその対象になりつつある。リファイニングを建築の改修方法の1つと捉え直して、オランダにおける事例を紹介したい。

11 リファイニング

名作建築のリファイニング

著名な建築家による「作品」が骨格だけを残してリファインニングされた事例として、デルフト工科大学土木地球工学部校舎[**Fig.1**][**口絵 p.183**]が挙げられる。オランダの戦後建築をリードしたファン・デン・ブルーク・エン・バケマの設計で1970年代に建てられた校舎の一部を改修したもので、イエーン・デッカースの改修設計により2007年に竣工した。

デルフト工科大学では近年学部組織の再編を行い、その一環でキャンパスや校舎も再編することになった。以前この建物には、6mもの階高の巨大な土木学部の製図室が3層にわたって収められていたが、パソコンの普及により製図室が不要となり、面積の増大や設備面での更新も必要になった。そのためリファイニングが実施された。

元の建物は打ち放しの鉄筋コンクリート造で、隣接する同じファン・デン・ブルーク・エン・バケマの設計による校舎と似たデザインであったが、外観は剥ぎ取られてガラス張りの建物に生まれ変わった。元の窓清掃用の浅いベランダも室内化し、新たに付加された階段は外部に露出させ、建物中央部には中2階を設けて床面積の増加を図っている。また元の6mの階高は維持しながら吹き抜けを設け、明るく開放的で変化ある環境を形成している。元の建物の外観が残っていないのは残念であるが、隣接して残された校舎とのコントラストは面白く、また現代建築としては十分に優れた作品となっている。この場合、巨大な校舎の一部だけがリファインされ、大部分の歴史的価値が残されたことがよかったのかもしれない。

Fig.1

Fig.1 ▪ **デルフト工科大学土木地球工学部校舎 Faculteit Civiele Techniek & Geowetenschappen, Technische Universiteit Delft** ▪
2007年｜改修設計：Jeanne Dekkers［1970年代｜設計：Van den Broek en Bakema］▪ Map 番号［49］

a｜改修後の様子。左の建物が、柱や梁などを残して材料やデザインが刷新され「リファイニング」された。
b｜改修前の様子。バケマ特有の荒々しいコンクリートをむき出しにしたデザイン。

オランダでもリファイニングの多くは、戦後建築の機能改善のために行われている。ユトレヒトの町はずれの運河のそばに建つエンセンブレ・ヴェストラーフェン［**Fig.2**］［**口絵 p.183**］は、1973年に建設されたオフィスビルだったが、セペゼット建築事務所の設計でオランダ政府公共事業局の庁舎としてリファイニングされ、2007年に竣工した。

元の建物は高層のため窓が開閉できず、単調で暗い印象の内部空間には当初から批判が生じていた。シックビル症候群を発症する人も出たという。そのためリファイニングにより全面的に改修された。その際、建物全体のサスティナビリティや、低エネルギー消費と最適な温度による労働環境のバランスが追求された。

23階建て85mの高さを持つ高層棟は執務室のほか、大小の会議室を収容し、低層部は拡張されて公共的な空間に改められた。外壁は全面ガラス張りとされ、一部の階が減築され吹き抜けが設けられたことで、建物内は明るく開放的かつ変化ある空間となった。外壁は二重化されて開閉可能な窓が設置され、外側にはテフロンコーティングガラス繊維布が張られて室内に入る日光や風を抑え、壁の隙間は断熱効果をもたらし換気ダクトとしても機能する。オリジナルの建物に歴史的価値や作品としての価値が見出されなかったからこそ実現した改修であろう。

集合住宅のリファイニング

リファイニングは集合住宅にも適用されている。アムステルダムの市街地に位置するデ・レーウ・ファン・フラーンデレン［**Fig.3**］は、高速道路A10と住宅地の間の細長い特異な敷地に建つ、180mもの長さの集合住宅である。元はヤン・ピート・クロースの設計で1960年に竣工したモダニズムの集合住宅であったが、建築家グループ、ヘレン5の設計によって改修され、2005年に96戸を収容する集合住宅として生まれ変わった。このうち24戸は既存建物の上部に増築されたもので、また18戸が高齢者向けのケアつき住宅である。

ここでは、建物全体が高速道路とは反対側の地区への防音壁として機能し、またシャープなデザインは高速道路から見た新しい都市風景を形成している。オリジナルの建物では、居室が直接高速道路に面していたが、改修後は高速道路側に廊下を通し、外壁を二重化して遮音している。またエレベーターも設置され、多様なタイプの住戸が設計された。

シャープでモダンな美しさより、多様性を打ち出した集合住宅もある。ロッテルダム近郊の町ズワインドレヒト（Zwijndrecht）に位置する集合住宅デ・バーケンス［**Fig.4**］は、1960年代に建設された444戸が入る4棟の集合住宅であったが、ココン建築都市計画事務所の設計でリファイニングされ2008年に竣工した、高齢者用の集合住宅である。

元の建物は、1960年代に建設され、同じタイプの住戸を収める長方形型の10階程度の単調な集合住宅であった。改修によって2階もしくは3階分高層化されて134戸増え、70mの高さの高層棟が2棟設けられ、屋上には三角屋根も架けられた。住戸タイプもテラス

Fig.2 ▪ エンセンブレ・ヴェストラーフェン Ensemble Westraven ▪ 2007年｜改修設計：Cepezed Architects［1973年］▪ Map番号［93］

Fig.3 ▪ デ・レーウ・ファン・フラーンデレン De Leeuw van Vlaanderen ▪ 2005年｜改修設計：Heren 5［1960年｜設計：Jan Piet Kloos］▪ Map番号［32］

Fig.2

a｜道路から高層棟を見る。中央に大きなガラス窓が設けられている。オリジナルの姿が想像できないほど変化している。

b｜高層棟の外壁の様子。大きなガラス窓の内部は減築され、吹き抜け空間になっている。

c｜運河越しに見た改修前の様子。コンクリートによる水平線を重ねた戦後モダニズム建築特有の姿を見せている。

Fig.3

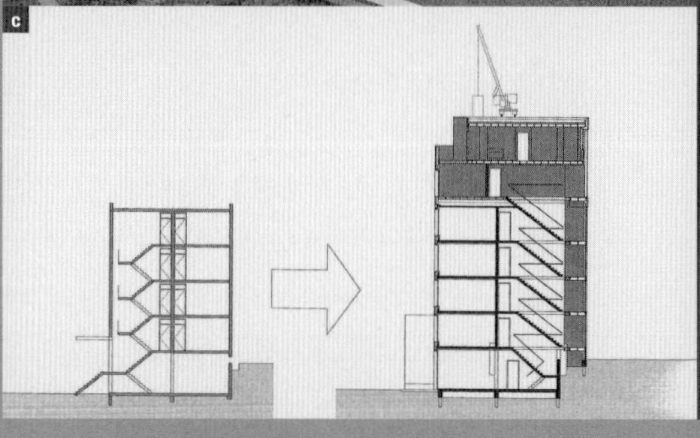

a｜高速道路越しに見る改修後の様子。オリジナルのものとは異なり、モダンなガラスの箱のような風貌に変わっている。

b｜改修前の様子。高速道路に平行して水平に長く伸びる戦後モダニズム建築の典型事例。

c｜断面図。左が改修前、右が改修後。階段の位置が変えられ、エレベーターが設置され、また屋上に増築されている。

ハウス、メゾネット、ペントハウスなど多様化し、大きなベランダや外装に様々な材料や色彩が用いられ、スポーツジムやプール、ケアセンターも新設されている。

増築のリファイニング

歴史的な建築物に戦後増築された部分のみがリファイニングされた事例もある。アムステルダムの中心部に建つザ・バンク[Fig.5]は、銀行の建物がオフィスやレストランやショップの複合施設として改修されたものである。元はアムステルダム銀行本店として1926年から1932年にかけて建てられ、その後ABNアムロ銀行本店として使われた。建物の最も古い部分はヘンドリック・ペトロス・ベルラーヘの監修のもとベルト・ヨハン・オーエンダッハの設計により建てられたもので、ランベルタス・ザイルによる彫刻や装飾が施されたアムステルダム派風のデザインである。アムステルダム市の文化財となっている。

その後1972年になって、ズヴィエース・エン・フォンテインの設計によりモダニズムの方法で、白いギザギザ屋根を持つ建物が屋上に増築された。この屋根は評判が悪く、「キャンプのテント」や「沸かしすぎた牛乳」などとあだ名がつけられた。2001年に銀行は退去し、その後複合施設に改修されることになった。建築事務所ラインボウトのキース・ラインボウトとフレデリク・フェルメースの設計により大きく改修され、2010年に竣工したのが現在のものである。改修設計者によれば、この建物はオリジナルの姿に修復するのではなく、新しい解釈を加えて改修することを意図したという。

70年代に取りつけられた屋根は、もはや歴史的な建物と位置づけられ、骨格はそのまま残されたが、材料を刷新して色を抑えながらデザインが変更された。またオフィス内に自然光を取り込むため、70年代の改修の際に閉じられてしまったトップライトが新たなデザインで復活されて、一方で建物の中央部分の床は大きく除去されてアトリウムが設けられた。それによって、自然光で明るくなっただけでなく、オフィスから来客の様子が見えるなど、開放的な空間に生まれ変わった。つまり今回の改修では、屋内ではオリジナルの建物の歴史的価値が尊重されたものの、1972年の増築部分の歴史的価値はあまり考慮されなかったことを意味している。

■

これらの事例に共通しているのは、元の建物の骨格は残っているものの、外観や内装は刷新されて新しい建築作品となっていること、また戦後竣工した築50年経たない、機能性や性能の問題を抱える建物を対象としていることであろう。オランダでは、2012年以前には築50年に満たない建物が文化財に指定できなかったため、歴史的価値が配慮されない場合もあったと考えられる。ただ、築50年に満たない建物でも歴史性はあると言えるし、上述した事例のように元の建物のデザイン価値が高い場合もある。歴史的建築物をリファインするには、建物の価値を見極めた上で、慎重な対応が必要だろう。

Fig.4 ■ デ・バーケンス De Bakens ■ 2008年｜改修設計：Kokon Architectuur & Stedenbouw［1960年代］■ Map番号［66］

Fig.5 ■ ザ・バンク THE BANK ■ 2010年｜改修設計：Rijnboutt (Kees Rijnboutt, Frederik Vermeesch)［1926年～1932年・1972年｜設計：Bert Johan Ouendag, Zwiers en Fontein］■ Map番号［33］

Fig.4

a｜道路から見る改修後の様子。
以前はコンクリートによる水平線を
重ねたそっけない風貌であったが、
形も色も複雑なものになっている。
b｜改修後の建物の壁面を見る。
新たにベランダが設けられて、
建物の表面に凹凸が生まれた。
c｜改修前の様子。
日本でいうところの公団住宅や
古い高層マンションのような風貌。

Fig.5

a｜運河越しに見る。1972年に最上階に増築された建物が、2010年に構造体を残して「リファイニング」された。
b｜改修前の増築部分を見る。
白いギザギザ屋根のデザインは、「キャンプのテント」や「沸かしすぎた牛乳」と揶揄されたという。
c｜屋上から増築部分を見る。オリジナルの増築部分と輪郭は同じだが、
外装やデザインが刷新されて「リファイニング」されている。

日本では、使われなくなった建物を空き家のまま放置することを嫌う傾向がある。建物の歴史的価値が不動産的価値としてほとんど評価されないこと、建物が廃墟化して事件や事故の温床となることを避けたいこと、また建物を除去し更地にした方が土地は売れやすいことなどが原因であろう。

一方オランダでは、空き家は次の恒久的な活用法が見つかるまで放置するか、「テンポラリー・ユース」として暫定的に活用し、建物を解体せずに維持し続けることが多い。テンポラリー・ユースとは、使用されなくなった建物を次の恒久的な用途に転用し改修するまでの間、建物を一時的に別の用途に使用し、建物の価値を維持することを意味する。

それが多い理由の1つとして、オランダでは、地震がないため建物をそのまま活用する方が新築するよりも安くつくことが挙げられる。また、数年前まで建物のスクウォット（不法占拠）が合法で、一定期間空き家であれば、警察に登録した上で所有者以外の人が建物を使えるというルールも存在した。加えて空き家になっても法律上解体できない文化財が数多く存在する。いずれにしても、テンポラリー・ユースが生じやすい環境がある。

日本でも、建て替える財政的な余力がなく、かといって新たな用途も見つからない建物は少なくない。近年は、公共建築を指定管理者制度やPFIにより、民間に一定期間貸与し活用する事例も増えている。テンポラリー・ユースは日本でも現実的な問題として捉えることができるはずだ。オランダにおける近年のテンポラリー・ユースの事例を見てみたい。

12 テンポラリー・ユース

展覧会やレストランとして一時利用

アムステルダム中央駅の北側に横たわるアイ運河の対岸に、オーファーホークス（アムステルダム・トーレン）[**Fig.1**]と呼ばれる高層のオフィスビルが建っている。アルテュール・スタールの設計により世界的な石油会社、ロイヤル・ダッチ・シェルのオフィスとして1971年に竣工した約80mの高さの建物で、シェル・タワーと呼ばれて長年親しまれてきた。しかし2003年にアムステルダム市が建物を購入し、2009年にはロイヤル・ダッチ・シェルが別の場所へ移転し、空き家となっていた。

そのような中2012年には、この空き家を活用するために、約3か月間の期間限定でタイデライク・ムゼウムと呼ばれる展覧会がアーティストらによって開催された。サスティナブルやリユースをテーマとしたもので、シェル・タワー内の廃材を用いて会場が設えられ、様々なアートが展示された。その後も仮設のカフェやイベントホールとして使われた後、フェリックス・クラウスらの改修設計により、ホテルやダンスホール、レストラン、展望台、オフィスなどの複合施設として2016年に生まれ変わった。その眺望の良さから、今ではアムステルダムの新しい観光名所となっている。展覧会は、この恒久的な活用計画に先だって、市民の関心を建物にひきつけ、次の活用を促し、建物の価値を維持する役割を果たした。たまたま空いてい

Fig.1

a｜低層棟内部の様子。空き家となっていた当時、ホワイエ部分がカフェとして使われ、
奥の大ホールはアートの展示会場として使われていた。
b｜アムステルダム中央駅から運河越しに見る。空き家となっていた時期の様子。
高層棟は「広告塔」として活用され、低層棟がカフェや仮設の展示会場などに活用されていた。
c｜2014年にホテルなどの複合施設に改修された後の様子。
最上階の塔の部分が増築されて、レストランとして使われるようになった。

Fig.2

a｜空き家になっていた当時、
クラブに改修されたかつての新聞社の配送スペース。
コンクリートが露出し荒廃した雰囲気が合っている。
b｜空き家当時の建物を道路から見る。
看板などが取り付けられている以外は、
オリジナルの新聞社の建物のまま使われていた。

Fig.1 ▪ **オーファーホークス（アムステルダム・トーレン）Tower Overhoeks (A'DAM Toren)** ▪ 2016年｜改修設計：Felix Claus en Dick Van Wageningen Architecten［1971年｜設計：Arthur Staal］ ▪ Map番号［34］

Fig.2 ▪ **トロウ・アムステルダム（現・ザ・スチューデント・ホテル・アムステルダム・シティ）Trouw Amsterdam (The Student Hotel Amsterdam City)** ▪ 2016年｜改修設計：A&E Architecten［1969年｜設計：Broek en Bakema］ ▪ Map番号［35］

るから利用したのではなく、戦略的なものであることが特徴だと言える。

テンポラリーの概念には幅があり、期間が数年単位の場合も少なくない。アムステルダムのトロウ・アムステルダム（現・ザ・スチューデント・ホテル・アムステルダム・シティ）［**Fig.2**］［**口絵p.184**］は、ブルーク・エン・バケマの設計によって建てられ1969年に竣工した新聞社トロウの本社ビルである。新聞社が2007年に別の場所に移転した後、空き家となり、2009年からその一部がレストランや500人を収容できるクラブ、アートスペースなどに活用された。

かつての印刷室では、輪転機などの機械は撤去されているものの、荒廃した雰囲気がクラブやアートスペースとして似合っている。レストラン部分は仮設的なデザインとなっており、この改修がテンポラリーなものであることを表現している。2009年に22か月限定の施設として開設されたが、結局2015年まで維持された。テンポラリー・ユースが有効に機能し市民にも親しまれたことを意味しているが、2016年にA&E 建築事務所の改修設計によりザ・スチューデント・ホテルに生まれ変わり、現在は恒常的に使用されている。

学生寮としても一時利用

やはりアムステルダムに建つACTA ヘボウ［**Fig.3**］は、ヘリット・ヴィルヨウとエルンスト・グロースマンの設計により、アムステルダム大学歯学部の施設として1968年に竣工した建物であったが、2010年に施設が別の場所に移転したことから、空き家となっていた。このエリアは再開発予定地となっており、不動産会社デ・アリアンティが建物を解体し集合住宅を新築することを前提に2010年に購入したが、財政上の理由で計画は中断した。その後古い建物を活用する開発会社アーバン・リゾートによって管理され、2020年以降に再開発されるまでの間、テンポラリー・ユースとして、ブルードプラーツACTAと名付けられたアーティストや若い起業家のオフィス・スペースおよび学生寮として活用されている。

ブルードプラーツACTAとして使われているスペースには、75部屋が設けられ、約200人のアーティストや起業家が入居できるようになっている。他に、カフェや展示場、イベントホールも備わっている。建設会社プレフト・フォスが内部の改修設計を行い、現場での作業に学生を参加させることで費用を削減し、2012年に完成した。2階から8階までが学生寮として使われ、周辺の様々な大学や高等専門学校の学生が居住している。屋内では、仮設のパーティションにより居室が細分化され、壁は学生によって様々な色に塗られている。トイレやシャワー、ランドリー、キッチンはすべて共有である。居住空間としてはやや狭いようにも思えるが、十分に活用され賑わっている。

ロッテルダムの港湾地区に建つHAKA ヘボウ［**Fig.4**］［**口絵p.184**］は、H.F. メルテンス・エン J. コーマンによって設計され、1932年に竣工した9階建ての建物である。オランダで初めてコンクリート・ポンプを用いてコンクリートを打設した建物だという。商工会議所や卸売り協会の本部として使用され、流通倉庫としても機能したが、近年は空き家となっていた。

Fig.3 ■ ACTAヘボウ ACTA gebouw ■ 2010年代｜改修設計：Plegt Vos［1968年｜設計：Gerrit Wiljouw, Ernst Groosman］■ Map番号［36］

Fig.3

a｜改修された学生寮の廊下を見る。新たに仮設的な壁が設置され、細かく区切られて居室として使われている。

b｜道路から見る。かつての大学の校舎が学生寮に改修された。外観はオリジナルの姿と変わっていない。

c｜学生の居室内部の様子。窓を背に廊下側を見る。仮設のボードで区切られた小さな部屋。2階にベッドが置かれている。

その後屋内がドゥーペル・ストレイカー建築事務所の設計により改修され、2011年以降はクリーン・テクノロジーを促進する施設としてテンポラリー・ユースされている。上階は空き家のままだが、1階に150人を収容できるイベントホールや展示場、オフィス、キッチンなどを備えている。古着を重ねてつくった可動式のパーティションや不要になった温室を用いたキッチンなどにより、簡便だが快適な空間がデザインされている。

■

これらはほんの一部の事例に過ぎないが、テンポラリー・ユースの対象は幅広く、柔軟に運用されていることが分かる。オランダでは、エコロジーやリユース、サスティナビリティの分野の活動が盛んであり、関連する事業や施設も多い。そのため、リサイクル品を活用した改修が目立つのも特徴であろう。

テンポラリー・ユースは、長期の見通しが立たない場合に用いられる。言い換えれば、テンポラリー・ユース終了後の活用がいかなるものでも対応できるよう、テンポラリー・ユース時の改修は建物に物理的な損傷を与えない仮設的なものでなければならない。それは歴史的価値の高い建物であれば、なおさらのことである。

テンポラリー・ユースは、文化財の価値を維持するためだけではなく、建物を維持するための利益の獲得を目指していることも重要である。オランダといえども、建築の活用は経済によって支えられている。壊すよりも活用する方が利益を生むからこそ、テンポラリー・ユースが数多く実施されているのである。テンポラリー・ユースは文化と経済を橋渡しする役割をも果たしていると言えそうだ。

Fig.4 ■ HAKAヘボウ HAKA Gebouw ■ 2011年｜改修設計：Doepel Strijker Architects［1932年｜設計：H.F. Mertens en J. Koeman］■ Map番号［65］

a｜かつての倉庫が、イベントスペースやカフェなどに改修されている。家具や設備は仮設的なもので、リバーシブル（元の状態に戻せる）になっている。

b｜道路から見る。箱のような鉄筋コンクリートの建物が複数組み合わされたような姿が特徴的。オリジナルの姿をよくとどめている。

DUTCH RENOVATION

多彩なリノベーションを生み出す背景

第1章と第2章で紹介した数多くの事例から、オランダを中心とするヨーロッパの歴史的建築物の実に豊かな改修（リノベーション）の様子を見て取ることができただろう。掲載したオランダの改修事例は、そのほとんどが国や州、市町村の文化財に指定され、法律により建物が保護されており解体することはできない。したがって、改修には厳しい審査が必要であるのだが、結果的に自由度が高い大胆な改修が目立つように思われる。

日本に置き換えて言うなら、国宝や重要文化財など法律により厳しく保護されている建物が、驚くほど大胆に改修されていることを意味している。しかし歴史的価値を無視して、単に自由に改修しているわけではない。むしろ歴史的価値を日本よりはるかに厳しく守り、その特徴を生かしながら新たな手を加え、優れた創造的な改修が実現できている。語義矛盾を恐れずに言えば、厳しくありながら自由度も高いのだ。

しかしこれは、どの国や地域でも実現できるわけではない。デザインのテクニックが高ければ、オランダのような事例が日本で生まれるというわけでもない。またオランダでは、日本と違って地震が存在しないに等しいのだが（最近一部の地域で天然ガス採掘に由来する地震に悩まされている）、そのため改修デザインが自由にできる、というわけでもない。このような事例の数々を可能にする、幾重にも整えられた環境や歴史ある背景の存在が大きいと言えるだろう。優れた環境や背景がなければ、優れた事例は生まれてこない。言い換えれば、「ダッチ・リノベーション」を理解するには、その環境や背景を理解することが必要である。

そこで本章では、オランダの社会や建築の保存活用に関する法制度、政策、それらを支える職能、学術団体、教育、資料整備、一斉一般公開事業など、いくつかのトピックスに焦点を当てて、「ダッチ・リノベーション」を可能にしているオランダの豊かな環境について論じることにしたい。筆者にはそのすべてを詳細に記す能力はないが、本書の関心に関わる範囲で、また日本の状況と比較しながら論じることで、より理解は深まると考える。

1｜社会環境

オランダと言えば、「チューリップ」や「風車」といったイメージが語られがちである。しかしそれは、日本を「富士山」や「芸者」といった紋切り型のイメージで語るのと同様で、現実のオランダの社会を的確に捉えているとは言い難い。またヨーロッパでは、ドイツやフランス、イギリスといった国々が経済や文化をリードしており、オランダはそれらの影に隠れた小さな国に過ぎない、という印象が強いだろう。実際オランダは、国土面積は日本の10分の1程度しかなく（九州や近畿地方と同じぐらいの面積）、ヨーロッパの中でも小さな国に位置づけられる。しかし実際にしばらくオランダに滞在してみると、個人が自立しながらも組織的に物事をコントロールし、しかも常に最先端の仕組みを導入し、巧みにかつ柔軟に社会をつくることができる、優れた国であることが実感される。国が小さいからこそ、特徴ある政策や社会をつくり国際的な地位を保っているとも言われるが、そんな戦略性もオランダの特徴であるのだろう。

寛容と合理主義の国

このようなオランダの社会を紹介する際によく用いられるのが、「寛容と合理主義の国」という呼称である[*1]。オランダは1970年代から移民や難民をほとんど無条件で受け入れ、アムステルダムには現在170か国を上回る外国籍を持つ人々が生活しているという。アメリカのニューヨークにも劣らない、ヨーロッパ随一の「人種のるつぼ」である。そんな社会を成立させるためには、異文化や多様性を許容し共存する寛容さが必要になるのだろう。

異文化や多様性を許容し共存するには、合理性も必要になる。1960年代に北海で天然ガスが産出されるようになるまでは資源に乏しく、17世紀初頭に世界最初の株式会社と言われる東インド会社を設立したことに代表されるように、オランダは貿易や商業を主体に成長してきたという背景がある。商業に合理性はつきものである。また、国土の大部分が干拓によってつくられ、海抜よりも低い国土が広がっている。そのため、運河や川、海の水の管理が必要で、合議によってコミュニケーションを図り合理的に社会を形成してきた。したがって民主的な対話やチームワークを得意とする国民性がある。異文化の共存や多様性も、高度なコミュニケーションがなければ成立しないはずだ。

このような「寛容と合理主義」は、現代の社会の様々な場面で実感できる。例えば、オランダではいわゆるワークシェアリングが盛んで、その先進国として、日本でもテレビ番組などで紹介されることがある。ワークシェアリングとは、1つの仕事を複数の労働者で共有することを意味する。それは、一人の労働者が複数の仕事に就くことも可能にする。そしてワークシェアリングの労働者はいわゆるパートタイム制で就業するのだが、日本のパートタイムのように、フルタイムの労働者に比べて時給が安くなるわけではないのも特徴である。オランダでは、フルタイムの労働者とパートタイムの労働者との間で、時給や社会保険制度加入、雇用期間、昇進などの労働条件に差を付けることが禁じられているのだという[*2]。

これにより、男性がフルタイムで働き女性が専業主婦となるという、従来型の夫婦とは全く異なる働き方が可能になる。例えば夫婦でそれぞれ週に3日間ずつ就業すれば、それぞれに週4日間の休日が生まれる。しかもフルタイムとパートタイムの時給に差がないため、二人合わせると、一人が週に6日間就業するのと同じ計算になる。そうすると理論的には、一家族につき従来のように一人がフルタイムで5日間働く場合の1.2倍の賃金を得ることができる。つまり夫婦それぞれの休日が増える上に、給料も増えるのである。複数の仕事に就くことができるという自由も得られるし、男女平等にも貢献する。様々な就業形態を共存させることが可能な、非常によくできたシステムだと言える。

筆者がオランダに滞在していた折、平日の夕方に街を歩いていて、ある建物の前に男性が大勢集まっているのに出会ったことがある。何事かと思ったが、それは幼稚園の前で、父親が自分の子どもが園舎から出てくるのを待っているところだったのだ。そこには女性も多数いたのだが、日本よりもはるかに男性が多いことに驚かされた。ワークシェアリングにより生じた休日に、子どもの送迎を担当していたようである。男女平等を実感させる身近な事例だと言える。

しかしオランダでも、大昔からそうだったわけではないようだ。オランダは1970年代を通じて不況に見舞われた。それを受けて、1980年代初頭にワークシェアリングが制度化されて普及し、失業率は1983年の12%から2000年には2%台まで減少したという［*3］。世界的に見ると失業率が低い日本を上回るほどの失業率の低さである。オランダは、こうした合理的な方法を一気に導入し、社会を変えていくことができる柔軟な国であることを示している。

オランダに行って驚かされることの1つに、オランダ人のほとんどが母語であるオランダ語以外に英語も話せることがある。筆者は英語が話せないオランダ人にはいまだに数えるほどしか会ったことがないが、その多くは戦前生まれの高齢者か移民であった。また例えばデルフト工科大学の大学院では、すべて英語で授業が行われており、授業以外でもオランダ語を解さない者が一人でもいると、全員がその一人のために英語を話すという慣習がある。オランダ語の書籍が出版される際に、同時に英語版が出版されたり、英語が併記されたりすることも多い。

このオランダ人の英語の使用能力の高さは、数字でも証明されている。英語を母語としない人のための国際的な英語検定試験であるTOFELの成績が、2010年は世界の163か国中、オランダが1位（日本は135位）であった［*4］。その後も1位から3位辺りを維持し続けている。オランダでは日常的に英語で会話する環境が整っているが、これはオランダ語がマイナーな言語であることをオランダ人が自覚しており、かつ貿易や流通、商業によって繁栄した経験から、国民の多くが英語を習得しているためだと言われる。つまり、母語にこだわらず、スムーズに、また広くコミュニケーションを行うための合理性を重視しているのである。まさに「寛容と合理主義」である。

他にも、オランダは、農産物の一大輸出国であり農産物の輸出額が、アメリカに次ぐ世界第2位であることも興味深い［*5］。国土の大きさで言えば、アメリカの240分の1程度に過ぎないにもかかわらず、驚異的な数字である。これは、農業のIT化などの合理化と工夫による成果だとされており、近年世界的に注目されている。そんなオランダを見ていると、大きさで国を評価することがいかに馬鹿げたことであるか、すぐさま実感することになる。

変容する「寛容と合理主義」

ところが近年、この「寛容と合理主義」が曲がり角に差し掛かりつつあるようだ。よく知られているように、オランダでは、場所がコーヒーショップに限定され量も限定されているが、大麻を吸うことが合法化されている(いわゆる麻薬は禁止されている)。売春も場所が限定され管理された上で合法化されており、その就業者のための組合も存在するという。これらは、秩序に反するものとして取り締まりを強化すれば、いわゆる「地下化」を招き、むしろ犯罪が増加することになるため、限定的に規制のハードルを下げることで、逆に社会の秩序を維持するものだとされる。理念よりも現実を重視した合理主義を意味している。

しかし大麻については、2013年からコーヒーショップが会員制となり、外国人への販売は禁じられるようになった。近年、大麻の吸引が禁じられている外国からの観光客がオランダに押し寄せ、コーヒーショップで大麻を吸引しては帰国するという、自国で取り締まることができない無法地帯のようになってしまっていたことが原因とされる。売春についても、近年は禁止を求める署名運動などが行われている。

またオランダでは、驚くべきことに、日本語では「不法占拠」と訳されるスクウォット(squat)が長らく合法であった。1年以上空き家となっている建物は、警察に登録をすればスクウォットが可能だったのだ。これは、1960年代に所有者が投機目的で空き家のまま放置されていた建物に、反体制的な思想を持つ若者が住み始めたことに端を発しているという。そんな「合法占拠者」としてのスクウォッターは、1980年代にはアムステルダムだけで約2万人もいたという。これは近年日本でも問題になっている「空き家」の活用だと捉えれば合理的な制度ではあるが、土地や建物の所有権が尊重される日本では考えられない制度である。しかしこの制度も、2010年に廃止されてしまった。

前述の英語の普及についても、オランダの大学全体では学部で35%、大学院では85%の授業が英語で実施されているが、近年ではそれがオランダ語の軽視につながっているとして、見直す声があるという[*6]。また移民の受け入れについても、規制が強くなっているようだ。オランダが自由度を高め過ぎたことへの反動であるとも言えるが、このように従来ほどの「寛容と合理主義」を保つことができなくなりつつある。

それでもなお、日本はもちろん他のヨーロッパに比べても、オランダではいまだ「寛容と合理主義」が随所に生きているように思われる。それは、本書がテーマとする歴史的建築物の保存活用や改修という場面にも反映されているはずだ。だからこそ、他のヨーロッパ諸国と比べても大胆と思える事例が数多く見られ、またオランダならではのユニークな活動が行われていると言えるだろう。以下、そんな状況を見てみたい。

2 | 文化財制度

本書の第1章と第2章で取り上げたオランダの改修事例の大部分は、法律で保護され建物の解体が禁じられた、いわゆる文化財である。文化財制度は、建築の保存や改修にとって、その建物の残し方や環境整備のあり方を決定づける重要なものである。文化財制度が十全に整備されてうまく機能していれば、建築の保存や改修は適切に進むが、さもなければその実現は危ぶまれる。したがって改修のあり方を検討するには、文化財の制度や考え方について理解しておく必要があるだろう。ここでは、オランダにおける建築の保存活用を支える法制度の状況について、日本と比較しながらまとめておきたい。

建物のための文化財制度

オランダでは、建物に関わる文化財は3種類存在する。国の文化財である「ライクスモニュメント（Rijksmonument）」、州の文化財である「プロフィンシアール・モニュメント（Provinciaal monument）」、日本の市町村に該当する基礎自治体（Gemeente）の文化財である「ヘメーンテライク・モニュメント（Gemeentelijk monument）」である。日本で言えば、それぞれ国、都道府県、市町村の文化財に該当するだろう。日本では、国の文化財だけでも、国宝、重要文化財、登録有形文化財といった複数の種類やランクが存在するが、オランダでは国や州、基礎自治体といった管轄の組織につき一種類の文化財しかない点が異なる。

オランダの文化財の件数は圧倒的である。国の文化財の数は、2020年現在、約6万3000件以上にのぼる。ほかに850件を超える州の文化財、5万6000件以上の基礎自治体の文化財が存在し、470件の保存地区、加えて10件の世界遺産エリアが存在する。日本の場合、国の文化財は、2019年現在で重要文化財と国宝を合わせても2,730件に過ぎない。ただ、1996年に登場した登録有形文化財（建造物）は、12,685件存在する（2020年現在）。オランダと日本では制度の仕組みが異なるので単純比較はできないが、登録有形文化財は建物を解体できてしまうため、ここでは除外し、法律によって保護され解体が違法となる国の建築文化財だけを対象にして比較すると、オランダでは日本の20倍以上の件数が存在していることになる。オランダは人口と面積がともに日本のおよそ10分の1という国の規模を考慮すると、オランダには、密度にして日本の200倍程度の法律で保護された、したがって解体できない国の建築文化財が存在することになる。

この文化財の件数の違いに大きな影響を及ぼしていることの1つが、文化財指定の際の所有者による「同意」の必要性の有無であろう。ヨーロッパでは一般に、文化財の指定に際して所有者の同意を必要とせず、したがって、所有者の知らぬ間に所有する建物が文化財になっていることがあるようだ。オランダでは、制度上、所有者が文化財指定に対して異議申し立てをすることができるようになっている。しかし異議申し立てをしても認められることは少ないようで、国や地方自治体の側に文化財指定の主導権があるという。つまり事実上、所有者の同意なしに、半ば強制的に文化財の指定を進めることができる。

ヨーロッパには、歴史的な街並みが数多く残されている。それは建物が石造や煉瓦造であるためだとも言われるが、実際には日本よりはるかに厳しい、半ば強制的な文化財制度があるからこそ、歴史的建築物が数多く残されていることは強調しておきたい。ヨーロッパでも、文化財制度の枠に入らない戦後の建築などは、放っておけば、文化財的な価値の有無にかかわらず、所有者の自由によって解体されてしまうことがあるようだ。日本と同様、歴史的な建築は解体されていく運命にある。したがって、厳しい法制度を整備しているのだが、別の見方をすれば、個人の所有権よりも、文化財を守るという公共の財の価値の保護の方が優先されていると言えるだろう。

一方日本では、文化財保護法には明記されていないものの、運用上、文化財の指定や登録に際して所有者の同意を得ている。それはヨーロッパなどに比べて、個人の所有権が過度に保護されているためであるようだ。所有者の所有権を尊重し、個人の所有権が「侵害」されることがない法制度になっているのだ。日本の文化財関係者によると、後々問題が生じないようにするために所有者に同意を求めるという。しかしそれによって、歴史的建築物を守りにくい環境が整備されてしまっていると言える。一方、オランダの文化財関係者によれば、法律は所有者のためのものではなく、建物のためにあるという[*7]。歴史的建築物の保存は、将来にわたって永く守ることが重要であり、たまたまある時代に特定の人が所有しているからといって、所有者の意見を聞く必要はないと考えられている。いかに歴史的建築物の保護が重要視されているかが分かる。

またオランダでは、戦後に建てられた「ヤング・モニュメント」と呼ばれる歴史的価値の浅い建築物についても、近年次々と文化財に指定されるようになっている。2007年には1940年から1958年までの戦後の近代建築100件が新たに文化財に指定された[*8]。続く1959年から1965年までの建築も約90件が新たに指定される予定だという。つまり建設から50年以上経つ建築物を次々と文化財に指定しているのである。日本の戦後建築の重要文化財に指定された建物は、髙島屋東京店の戦後の村野藤吾設計の増築部分を含めても、2019年現在で5件しか存在せず、しかも国の規模がオランダの約10倍あるので、ここでも密度にして200倍もの大きな差がある。

0年ルール

さらにオランダでは、近年画期的なシステムが導入された。一般に歴史的建築物を文化財に指定や登録するには、建設から50年以上経っていることを条件とする、いわゆる「50年ルール」に従っている。それは日本や欧米も同様で、イギリスのみ「30年ルール」で運用されてきた。ところがこのルールでは、戦後の優れた建築が文化財指定の対象外になり、そのせいで建物が解体されるという事態が増えてきた。そこでオランダでは、2012年に「0年ルール」の運用を始めたのである[*9]。つまり今年竣工した建物でさえ、文化財的価値があると見なされれば、半ば強制的に文化財に指定し、解体できないようにすることができるのだ。世界的に見ても画期的な制度である。それは文化財指定にあたって、建物に歴史的価値が存在しなくてもよいことを意味しており、歴史的価値とは何かを問う興味深い制度であるとも言える。

オランダの国の文化財については、その文化財の所有者に対する所得税の減税措置が与えられる。また所有者は、文化財のメンテナンスや修復に際して助成金を申請することもできる。ただし、助成金額は建物の規模や種類によっても異なるほか、対象となるのは教会や風車、工場などの歴史的建造物だけで、住宅や州や市の文化財については部分的なものに限られている[*10]。用途変更や改修する場合は、調査費用や防風および防水のための費用についての助成金を得ることもできる。最低限の助成であるが、防風のための助成が存在するのは、常時強風が吹きつけ風車が各地に建っているオランダならではのものであろう。

日本ではどうか。日本では文化財に対して所得税の減税措置はないが、固定資産税や相続税の減税措置が与えられる。国や地方自治体の指定文化財であれば、建物の種別にかかわらず主に修理工事に対して補助金が得られるから、この点では日本の方が充実していると言えるかもしれない。しかし前述のように、指定文化財の数はオランダに比較すると非常に少なく、厳選された一部の文化財に対してのみ重点的に手厚い補助金を出すという限定的な措置がとられていると言えるだろう。

売買される文化財

オランダでは建築文化財が、比較的自由に売買されているのも特徴であろう。文化財に指定されている建物が100ユーロや50ユーロ、ごくまれには1ユーロで販売されることもあるようだ。異常なほど安いように見えるが、所有したとしても維持するための負担が別途必要なため、なかなか買い手はつかないようだが、文化財に指定されているため解体される心配はない。また国の文化財に関するHPでは、「文化財の購入」というページが設けられて、売買する時のメリットやデメリットが明記され、文化財は法律や制度的に規制されること、修復や改修に際して届け出る必要があることなどが書かれている[*11]。文化財を購入する場合、譲渡税の減税や所得税控除、また低利率によるローンなど優遇を得ることができるようになっており、制度的に見ても、売買が促進される状況がつくられている。

それに対して日本では、文化財を積極的に売買の対象とすることを慎む傾向がある。2009年に神戸市の旧乾邸(渡辺節設計/1936年竣工)が市の指定文化財に指定されて売却され、結局買い手が付かずに市が自ら買い取ったという出来事があった。この売却計画が公表された際、「日本初の売却を前提とした文化財指定」などとマスコミに大きく報じられたが、その際にも、「文化財は行政が守るべきで、民間への売却などもっての外だ」という批判が見られた。神戸市ではその後も売却も視野にいれた歴史的建築物の文化財指定を実施しているが、全国的に見れば珍しい。日本では、文化財は神聖なもの、あるいは公共的なものとして凍結保存するものであって、売買したり活用したりするものではないのであろう。その点、オランダには自由な状況があるが、それは厳しい保護制度の存在と表裏をなしていることを忘れてはならない。半ば強制的に保護された歴史的建築物が大量にあり、歴史的価値を守りながら改修する方法が共有されているからこそ、自由に売買することが可能になり、それによって歴史的建築物の市場が生まれるのであろう。

オランダでは、文化財指定についてのシステムが国民に開かれていることも、特筆すべきことである。例えば、文化財指定されていない優れた歴史的建築物があれば、それが公共のものであろうと民間のものであろうと、市民がインターネットなどを通じて文化財保護局に指定するよう意見を送るだけで、その可否について検討が始まるという[*12]。審議の結果、指定されない場合はあるが、文化財指定に対して市民の意見が反映されるだけでも十分に開かれた仕組みになっていると言える。

一方日本では、そのような開かれた仕組みはない。2012年に大阪中央郵便局(吉田鉄郎設計/1939年竣工)を巡って「大阪中央郵便局重要文化財指定義務付け訴訟」が行われ、直接の利害関係にない研究者が文化財指定を求めたが、原告である研究者は、この民間(日本郵政)の建物に対して直接の利害関係がないため、「原告適格」がないと判断され訴えが却下された。つまり日本では、第三者や市民が文化財の指定について意見する権利さえないと言える。そう考えれば、オランダはやはり開かれている。

以上のように、オランダの文化財制度では、国や地方自治体の主導により強制的に保護され、「0年ルール」まで導入されて数多くの歴史的建築物が保護されているなど、厳しい制度が整備されている。一方で文化財の売買が促進され、その保存活用には柔軟性があり、文化財指定についても国民に開かれている。いわば、厳しくありながらも自由度が高いのだ。そこには状況に柔軟に対応するオランダ特有の「寛容と合理主義」の精神が生きていると言えるだろう。

3 | 文化財の活用へ向けた制度と取り組み

前節ではオランダの文化財制度の状況を確認したが、文化財の保護制度の充実だけでは、建築物の活用や改修は進まない。建築物の活用や改修を促進するためには、文化財の専門分野を超えて、社会全体の柔軟な仕組みや制度の整備が必要になるだろう。オランダでは、早くからそうした取り組みも行っている。その1つとして、1999年に制定された「ベルヴェデーレ・メモランダム(The Belvedere Memorandum)」と呼ばれる国の政策を挙げることができる[*13][fig1]。

「ベルヴェデーレ」とは「よい眺め」や「展望台」を意味するイタリア語であるが、ベルヴェデーレ・メモランダムは、オランダにおける文化的歴史的環境を総合的に維持しながら、新たな開発や空間デザインを進めるために制定された政策である。この政策は、建築や土木遺産を始めとした文化的歴史的価値を新しい国土空間づくりに積極的に取り込んでいくことを目指し、「開発を通じた保存」を掲げている。つまり建物で言えば「活用」に重点を置いた政策であり、歴史的な遺産に新たな価値を付加し、文化財を資源として活用することを目指しているのである。これは世界遺産を登録するユネスコ（UNESCO）の諮問機関であるイコモス（ICOMOS）が2011年に採択した「マドリッド・ドキュメント」の中で用いた「リビング・ヘリテージ」の概念にも似ているが［＊14］、オランダではその10年以上前に同様の概念を用いて政策や制度が整備されていたことになる。

ベルヴェデーレ・メモランダムによれば、地図上に明示された歴史的文化的環境の地域内で開発を行う場合、歴史的文化的な建物や環境を優先的に配慮しなければいけない。また環境省や水産省、教育文化科学省など政府の複数の機関を横断し、協働することを義務づけていることも注目できる。つまり全国的な規模で、そして総合的な体制で、歴史的建築物の保存活用を前提とした都市計画を行うという方針が掲げられているのである。このベルヴェデーレ・メモランダムの内容が反映されて、日本の都市計画法に該当するオランダの空間計画法（Wet Ruimtelijke Ordening）も更新されている。2012年には「都市計画には、文化的歴史的価値を取り込まなければならない」という条項が追加され、全国的に都市計画と文化財建造物との強い連携が法制度化された［＊15］。

日本でも面的な歴史的建築物の保存活用の制度は存在する。2005年には景観法、2008年には歴史まちづくり法（地域における歴史的風致の維持及び向上に関する法律）が施行され、歴史的環境の保全を前提としたまちづくりの法的枠組みが整備されている。しかし、景観法は規制や制限によって歴史的な建物を保護することが目的となっているし、近代建築がまばらに建つ都市部には適さない。歴史まちづくり法は、景観法に比べると規制的側面が低いが、近代以前の建物の外観の保護を重視しているなど、良し悪しがある。また2005年に文化財保護法による「重要文化的景観」が登場し、形となって見えにくい生活や生業も含めた地域のシステム全体の保護を対象としている。そして2019年度からは、文化財保護法が大きく改正されて、地域全体で歴史的建築物の「活用」を目指すようになった。こうして日本でも近年は、建物の点的な保存から面的な規模での活用へと移行しつつあるのだが、オランダのように全面的に歴史的建築物の保存活用を前提とした都市計画が制度化され

Fig.1

ヴェルベーレメモランダム（英語版）
オランダの文化的歴史的環境維持のための政策が書かれている。

ているわけではなく、都市計画と文化財制度の連携はほとんどない。日本では、歴史的建築物の保存活用の十分な環境が整っているとは言い難い状況だ。

文化としての保存活用

このようにオランダでは、歴史的建築物の保存活用に向けた総合的な政策や制度整備が進んでいるのだが、後に詳述するヘリテージ・コンサルタントとして活躍するポール・ミュルス(Paul Meurs／デルフト工科大学客員教授)氏によれば、政策や制度面に限らず、歴史的建築物の活用に向けた理念や方法は広く社会全体に浸透しているという。ミュルス氏は、オランダにおける文化財の保存活用の活動には、大きく5つの特徴が挙げられると論じている[*16]。

1つ目は「参加」である。オランダでは、都市計画やまちづくりに対するステークホルダーや住民の参加が積極的で、多くの国民が街の景観や特徴を守ろうとする意向が強く、国の文化財の保存活用が支持されやすいという傾向があるという。2つ目は「文化財の活用」である。オランダでは建築物の保存活用が非常に盛んで、政府も地方自治体も歴史的建築物を活用しようとする意向が強いことである。3つ目は「新旧の建築の一体化」だという。新築の建築物を歴史的な景観の中に隠すことはせず、古い文脈からインスピレーションを受けながら新たな表現を与える傾向が強く、レム・コールハースやMVRDVといったオランダ出身の世界的な現代建築家を含めた多くの建築家が、その理念や方法を共有しているという。4つ目は「新旧の都市の一体化」である。文化財は都市計画やまちづくりの中心的な存在と捉えられており、再開発の際には文化財が新しいデザインや再開発の基準として参照されるという。5つ目は「歴史的都市景観」の重視である。オランダ人にとって文化財と都市は別物ではなく、文化財に指定されているか否かにかかわらず、歴史的建築物をベースに未来の都市を描く傾向があるという。

こうした特徴からは、オランダでは歴史的建築物の保存活用が、単なる政策や制度整備にとどまることなく、もはや慣習や文化のようなものとして根づいていることが理解できる。そして、それを形にする、デザインの作法もまた共有されているのである。歴史的建築物の保存や活用を実現させる方法を広く共有し、社会全体にすばやく浸透させていくことができるオランダ人の能力の高さには、敬服させられるばかりである。

4 | 保存活用のマネジメント組織

前述のように、オランダでは1990年代から歴史的建築物の保存活用に向けた政策が制定されていたのだが、すぐさま実施に向けて動き出せたわけではない。1990年代前半は、オランダもいまだ保守的であったといい、文化財となった歴史的建築物はあくまでも元の機能のまま保存することが目標で、転用や活用には積極的でなかったという[*17]。しかしその結果、各地で空き家が増加し、荒廃が進んでしまう。

そこで1995年、産業遺産を中心とした文化財の転用や活用を専門とする非営利組織BOEi（Herbestemming en restauratie van cultureel erfgoed）が設立された。この組織は、日本の文化庁に該当する記念物保存庁（RDMZ：Rijksdienst voor de Monumentenzorg／現・文化遺産庁RCE：Rijksdienst voor het Cultureel Erfgoed）の助言により設立されたもので、当初は産業遺産を対象としていたが、その後農業遺産や宗教遺産なども含め、空き家となった歴史的建築物を転用し活用するための支援組織となっている。

転用や活用の際には、歴史的建築物のオーセンティシティを守りつつ、同時に持続可能性や革新性を考慮することで、オランダの文化財や歴史的建築物を市民に開放し、次世代に伝えることを目標としている。2019年現在、約80件のプロジェクトを実現させ、約20件の進行中のプロジェクトを持ち、さらに約80件の実現可能性に向けた調査を実施している。実現したプロジェクトの中には、本書で紹介した給水塔ヴァータートーレン・ファン・シント・ヤンスクロースター（p.092参照）が含まれている。

活動に際しては、銀行から財政支援を受け、また配当は支払われないものの地方自治体や不動産企業などが株主となって運営されている。いわば官民が一体となって、歴史的建築物の活用を主導していると言ってよいだろう。

2008年のリーマンショック以降に新たに生まれた同様の活動を展開する組織もある。オランダではリーマンショックを機に、建物の新築や開発よりも転用や改修による建物の活用が、より進んだと言われる。地震が発生しないため、建物の構造補強をする必要がなく、活用や改修する方が新築よりも安上がりになるという経済的な効果も大きな要因であったようだ。そのような中、2010年にナショナール・プロフラマ・ハーベステミング（Nationaal Programma Herbestemming／NPH）という建築の転用や活用を促進、検討するための組織が設立された［**＊18**］。ハーベステミングは英語のRedevelopmentを意味する言葉であり、教会やオフィスビル、住宅などの空き家の増加の解決のために、文化遺産庁の外郭団体としてつくられた組織である。前述のBoEiと異なるのは、歴史的建築物のみならず、より幅広い建物を対象とする点であろう。

NPHによれば、オランダでは、現在約4万戸の集合住宅が使用されておらず、空き家となる農場が1日1件、教会が1週間に2件、修道院が1か月に1件程度の割合で増えており、大きな社会問題になっているという。他にも工場や学校、市庁舎、軍事施設などが次々と空き家になっており、そこには文化財に指定された歴史的建築物も数多く含まれている。こうした建物を活用すれば、地域や場所に根差しながら新たな価値が創出できるはずである。

そこでNPHは、住宅協会や開発業者、建築家、歴史家、所有者、利用者などの様々な関係者と協働しながら、デザインや法律、文化的価値、資金など多くの問題を扱い、問題を取り除き、活用への道をつくるマネジメント事業を展開している。また「活用の実施の促進」、

「活用についての情報の促進と普及」、「主題を政治的かつ公共的議題にのせること」などをテーマとしたシンポジウムやミーティングをたびたび開催している。

この組織はH-teamと名付けられ、経済や財政学の専門家、建築家、建築史家、住宅計画の専門家、都市計画家、ランドスケープや農業、不動産の専門家らが理事を務めている。2015年には理事の若返りが図られて、新たな7人の理事によって構成されている。若い世代が柔軟に活動し、国家的な政策を支えているのもオランダの特徴であろう。

NPHと同様に、コンバージョンのサポートをする専門組織としてのid&dnの活動も興味深い[*19]。これは、2004年に経営コンサルタントなどを専門とするサンダー・へリンク(Sander Gelinck)によって設立され、建物ごとに行政や開発業者、投資家などとともに、利益を試算しながら、リノベーションの理念づくりから完成までをサポートしている。都市計画法の専門家、不動産の専門家、弁護士などがメンバーとなっている。歴史的文化的価値の高い建物よりも、主に空き家になったオフィスビルの集合住宅などへの用途変更や改修を扱っている点がNPHとは異なっている。

日本でも、近年、人口減少や過疎化、都市への人口集中などを背景として、空き家対策が社会的な課題になっている。しかし日本では、「空き家」という言葉が示しているとおり、その主な対象は住宅であり、オランダのようなオフィスビルや教会堂、工場、市庁舎などまで含まれた総合的なものとは異なる。また日本の場合、歴史的な価値を残す視点は乏しい。

オランダのBOEiやNPH、id&dnに近い組織としては、例えば京都市の外郭団体の1つである京都市景観・まちづくりセンターが挙げられるだろう[*20]。京都市の歴史や景観を踏まえたまちづくりを行うために設立されたもので、建築家などの専門家が市民のまちづくりや町家改修のアドバイスや相談に応じたり、様々なセミナーを開催したりして、普及に努めている。ただ、同センターは国ではなく地方自治体の外郭団体であり、対象とするのは町家など日本の伝統的な建築物が主で、また経営や運営までをアドバイスするわけではない。

こうして見るとオランダでは、歴史的建築物の活用が国の主導により行われ、近代建築や現代建築にまで拡大されていること、ビジネスとして成立するよう経営や運営まで広くアドバイスしていること、またこうした組織が複数存在することが特徴として挙げられる。日本では、歴史的建築物の活用はいまだ文化的な分野に属するもので、行政の保護やボランティアに頼っている状態である。つまり、ビジネスとして成立しているとは言い難い。今後、オランダのような組織づくりを進め、ビジネスとしての活用の成功事例を少しずつつくっていくことから始めるしかないのだろう。

5｜ヘリテージ・コンサルタント

前節で見たように、オランダでは、保存活用を実現させるためのマネジメント組織が省庁の外郭団体として存在し、歴史的建築物の保存活用がスムーズにいくよう、国を挙げて環境を整えている。しかしこうした組織以外に、ヘリテージ・コンサルタントと呼ばれる、歴史的建築物の保存活用に欠かせない職能が存在することも特筆に値する。これは日本には存在しない職能である。実際の建物の修復や改修を実現させるにあたって総合的に建物の歴史的価値を捉え、都市的な視点から活用や改修のあり方をアドバイスすることを業務とする、文化財の専門家である。

ヘリテージ・コンサルタントは、単体の建物だけではなく周辺環境や都市、ランドスケープまでを対象にアドバイスを行うなど、広い視野を有していることが特徴である。都市計画に先立って歴史的建築物の保存や活用のあり方を判断し、都市計画と建築保存や文化財保存を連携させる職能である。ただ、ヘリテージ・コンサルタントに国家資格や法的な根拠、強制的な権限があるわけではない。文化財の保存活用に関するコンサルタントとしてアドバイスを行うに過ぎないのであるが、行政やオーナーに依頼され、彼らと協議しながらコンセプトをつくり、具体的なアドバイスを行うため、基本的にはそのアドバイスが守られることになるようだ。

2006年から2016年までデルフト工科大学建築学部で教授を務め、現在同大学で客員教授を務めるポール・ミュルス(Paul Meurs)氏は、オランダのヘリテージ・コンサルタントを代表する人物である。ミュルス氏は、デルフト工科大学で建築を学んだ後、ユトレヒト大学でオランダにおける近代の都市計画史の研究により博士号を取得した。建築史や都市史

Fig.2

a｜ヘリテージ・コンサルタント事務所
ステーンハウスミュルスのマリンケ・ステーンハウス氏（左）と
ポール・ミュルス氏（右）。
b｜ステーンハウスミュルスが作成した
ヘムブルフテレインの地区ごとに文化財や用途を色分けした図。
c｜ヘムブルフテレインの1941年時点の全景。

の調査研究、また文化財の保存活用を専門とし、建築家としての資格も持つ人物である。

そのミュルス氏は、夫人で建築史家のマリンケ・ステーンハウス(Marinke Steenhuis)氏と協働し、コンサルタント事務所ステーンハウスミュルス(SteenhuisMeurs)を運営している。この事務所は、建築史や都市史、ランドスケープ史、建築保存、建築デザインの専門家など数人で構成されている[＊21][fig2-a]。行政や建築家、都市計画家、クライアントに対して、歴史的建造物を都市的な視野から、いかに保存、活用、改修するべきかアドバイスすることを仕事としている。保全と開発のバランスを取る中立な立場から遺産の再利用や改修の基準を作成し、オーナーやディベロッパー、行政などの仲介役を果たしているのである。仕事の多くは政府や行政からの依頼だが、中には民間の建築事務所やディベロッパーからの依頼もあるという[＊22]。

仕事の進め方としては、まず対象となる歴史的建築物や歴史的都市について、アーカイブ調査や現地調査、インタビュー調査などを行い、その成立や建設の歴史を理解し、どのような社会背景の中で利用され、どう変化してきたかなど、いわゆるバイオグラフィーを作成する。そこから対象について、材料、形態、形のないものの3つの視点から「コア・バリュー」と呼ばれる歴史的建築物や都市の価値を特定し、それらを住民やステークホルダーと共有する。さらに、その建物をどのように活用するかを検討、計画、提案し、それが実現したものについては、アドバイスに従って建物の歴史的価値が維持されているかどうかの監視まで行うという。

文化財行政と都市計画をつなぐ

近年ミュルス氏がコンサルティングに携わったものとして、アムステルダム郊外に位置するヘムブルフテレイン(Hembrugterrein)と呼ばれる44ヘクタールもの広さを持つかつての軍事施設がある[＊23][fig2-c]。敷地内には65の歴史的建築物が建っており、政府は当初、開発業者に売却し再開発したいと考えていた。しかしミュルス氏に調査と計画の依頼が入り、事務所で10年近くかけて歴史的建築物のリスト作成、保存改修のためのガイドライン作成、保存活用計画の作成を進めた。その際、対象地域を性格の違いによって9つの区画に分けたという[fig2-b]。その後、地区ごとにガイドラインを作成し、建蔽率、高さ、緑、公共スペースのあり方を決定し、再開発に際しての禁止事項を明確にした。その規制の中で開発し、デザインを行うことで、新旧の調和ある歴史的な地区に変わっていくはずである。

オランダでは、文化財の保存に関するアドバイザーが全国で300人から400人程度存在しているようだが、彼らは主に単体の文化財の評価やアドバイスを専門としている。それに対してミュルス氏のようなヘリテージ・コンサルタントは、全国に5社か6社しか存在しないという[＊24]。彼らは、都市的な視点と方法で建物を評価し活用や改修の提案まで行う点が、従来の他の文化財のアドバイザーとは異なる。文化財的な建物を守りながら都市計画を行うための前提づくり、あるいは文化財行政と都市計画の連動や連携を実現させる総合的な役割を果たしている点が最大の特徴であろう。

日本では、1995年の阪神・淡路大震災をきっかけに兵庫県で創設され、2001年に育成講座が始まったヘリテージ・マネージャー(HM)がやや近い存在になるだろう。2019年現在、45都道府県で講座が実施され、歴史的な建築の保存活用の一翼を担う職能となりつつある。ただ、HMは国家資格ではない上、短期間の受講で認定されることもあり、オランダのヘリテージ・コンサルタントと比べると専門性はかなり低い。しかも都市的な視点や総合的な視点で歴史的建築物を評価しアドバイスできるわけではない。そのほか2012年設立の東京を拠点とする住宅遺産トラストや[*25]、2015年に設立されて筆者も理事を務める住宅遺産トラスト関西など[*26]、歴史的建築物の継承や活用をサポートする組織もある。これは近代の住宅遺産を中心に次の所有者を探したり、活用についてコーディネートしたりする組織で、建築家や建築史家、弁護士、不動産関係者などが主要メンバーとなっている。しかし対象が住宅に限られている上、スタッフは別に本業を持っているためボランティア的な活動にとどまっているなど、オランダのヘリテージ・コンサルタントと比べれば、大きな差がある。

このように、ミュルス氏のような歴史的な建築や都市の歴史や保存に関する広く深い知識に裏付けられた、都市計画と歴史的建築物の保存活用をつなぐ職能は日本にはいまだ存在しない。日本の都市計画には、歴史的な建築物を保存活用する視点が欠落しているという構造的な問題がある。加えて、歴史的建築物や街並みの一つ一つの価値を都市的かつ歴史的な視点で捉え、それを都市の中でどのように保存活用するかを個別に検討できる人材もいないのだ。日本では、文化財保護法が改正され活用に向けて大きく舵を切ったとされるが、その実現のためには、オランダのヘリテージ・コンサルタントのような職能が必要になってくることだろう。

Fig.3

a｜サナトリウム・ゾンネストラール
b｜ドコモモ・ネーデルランド発行の「復元」をテーマとした冊子。

6 | DOCOMOMO

オランダは、アムステルダム派やモダニズム建築など近代建築のメッカでもあるが、その保存活用の運動や組織をいち早く立ち上げた点でも世界的な注目を浴びる国である。ここでは、その代表的な組織の活動を見ておきたい。

近代建築の保存活用に際して大きな課題の1つが、モダニズム建築である。モダニズム建築とは、1920年代から30年代にかけてヨーロッパで生み出されたもので、工業化の社会にふさわしい機能性や合理性を重視し、鉄やガラスやコンクリートを用い、装飾を排除した抽象性の高い形態を用いる建築を指す。それは現在の我々の社会や都市を支える不可欠な存在であるが、戦後70年以上を経て、次第に歴史的なものとなりつつある。

オランダに限らずヨーロッパでは、建築保存の制度や活動が日本よりもはるかに進んでいると言えるが、そのような中にあっても、モダニズム建築はその美的価値や歴史的価値、文化的価値が理解されにくい。しかもそれは煉瓦造や石造の建物より劣化しやすいため、再開発の中で解体されたり放置されたりしてしまうことが多く、保存活用がより難しくなっている。1970年代から80年代にかけてのいわゆるポスト・モダンの時代には、モダニズム建築は乗り越えるべき対象や批判の対象とされてきたことも後押しして、ヨーロッパにおいても数多くの優れたモダニズム建築の解体や放置が進んでいった。

そのような状況を背景に、1988年にオランダでドコモモ(DOCOMOMO)という組織が設立された。ドコモモとは、正式名称をDocumentation and Conservation of buildings, sites and neighborhoods of the Modern Movementとするもので、つまり「モダン・ムーブメントにかかわる建物と環境形成の記録調査および保存」のための国際的な学術団体である。ここでは、モダニズム建築の保存に関する国際組織と位置付けておく。

設立のきっかけとなったのは、オランダが誇るモダニズム建築サナトリウム・ゾンネストラール(p.174参照)である[**fig3-a**]。1928年に結核療養施設として建設された建物で、戦後を通じて傷みが進行し増改築が繰り返され、1980年代には建物の存続が危ぶまれる事態となっていた。その事態を案じた当時アイントホーヘン工科大学で教鞭をとっていたフーベルト・ヤン・ヘンケット(Hubert-Jan Henket)の提唱により、モダニズム建築の歴史的・文化的価値を認識し、その成果を記録し、建物の保存を推進するための国際学術組織として、ドコモモが設立された。建築史研究者や建築家、建築構造家、都市計画家、行政関係者などが会員となっている。その活動は次第に世界中に広がり、2020年現在、日本を含め72か国に支部が存在している。1990年にアイントホーヘンで第1回の総会(国際会議)が開催され、長らくドコモモ・インターナショナル[***27**]の本部はオランダに置かれていたが、2002年から各国で事務局を持ち回り制としている。2021年からしばらくの間、再びオランダのデルフト工科大学が事務局を担当することになっている。

実践のための理論構築

ドコモモの発祥地オランダでは、現在ドコモモ・ネーデルランド(DOCOMOMO Nederland)[*28]という支部が存続しており、その活動も興味深い。シンポジウムの開催や見学会の開催、保存活動を主な活動内容として挙げているが、学術的な議論により力を入れている。例えば2010年には「Eco.mo.mo : how sustainable is modern heritage?」というテーマでシンポジウムを開催し、資源の有効活用や地球環境への負荷軽減、長寿命化とモダニズム建築の修復や改修の関係を探った。2011年には「Reco.mo.mo : Reconstruction of modern heritage」というテーマで、モダニズム建築の復元の是非を問うシンポジウムを開催した[fig3-b]。2012年には「Temp.mo.mo: Temporary use of modern heritage, threat or blessing?」というテーマで、空き家となっている歴史的建築物を仮設的に使用するテンポラリー・ユースの効果や問題点が議論された。その後も現在的な様々なテーマが設定され、繰り返し開催されている。

一方日本では、ドコモモの支部組織であるドコモモ・ジャパン(DOCOMOMO Japan)[*29]が2000年になって設立された。初代代表を鈴木博之氏(東京大学名誉教授)、続いて松隈洋氏(京都工芸繊維大学教授)が務めた後、2018年から渡邉研司氏(東海大学教授)が務めている。1920年代から70年代までに建設された日本の優れたモダニズム建築を選定したり(2020年現在238件)、展覧会や見学会、シンポジウム、保存要望書や機関誌の発行を行ったりしている。オランダ支部に比べると、日本支部は学術的な議論よりも、優れたモダニズム建築の選定や個別の建物についての保存活動に熱心である。ドコモモ・ジャパンの選定作品は制度上の文化財ではないが、日本でほとんど唯一、所有者の同意なく学術的な価値の判断だけで選定できる歴史的建築物であるため、選定や保存活動が社会的に大きな意味を持つためであろう。

オランダの場合、ドコモモは保存活動よりも、実践のための理論構築を担う組織として活動していると言える。前述したように、モダニズム建築がすでに数多く文化財として保護されている上、文化財指定に「0年ルール」が施行されあらゆる時代の文化財を半ば強制的に保護することができるような仕組みが整備されてしまっている。そのような中で、もはやモダニズム建築に特化して保存活動を行う必要がなくなっているようなのだ。そのためオランダではドコモモはその役割を終えた、という意見すらあるという[*30]。しかしそれは、成果が保証されない保存活動を延々と繰り返さざるを得ない我々日本人にとっては、実にうらやましいことである。

7 | Iconic Houses Foundation

前述のドコモモは、主に20世紀のモダニズム建築を対象として、研究者や建築家、建築保存に携わる者がメンバーとなって形成された世界的な規模の組織であるが、オランダにはもう1つ、ミュージアムとして一般公開されている20世紀の名作住宅の保存維持に関わる世界的なネットワークの拠点となる組織が存在する。オランダ人の建築史家ナターシャ・ドラッベ(Natascha Drabbe)が中心となり、2012年にアムステルダムで設立されたアイコニック・ハウシーズ・ファウンデーション(Iconic Houses Foundation)[*31]という国際的なNPO組織である。

ドラッベ氏はユトレヒト大学で建築史を学んだ後、2002年から06年まで、プレムセラ・デザイン財団の国際プロジェクトに取り組んでいた。彼女はオランダ人建築家マルト・ファン・スハインデル(Mart van Schijndel)の夫人であり、1992年に竣工したファン・スハインデル・ハウスに夫婦で居住していた[*32]。しかしファン・スハインデルは1999年に56歳で急逝し、同年この住宅はユトレヒト市の文化財に指定された。当時オランダで最も若い文化財だったという。ほどなくしてドラッベ氏は、ファン・スハインデルやこの住宅の価値を広く社会に共有してもらうため、居住しながら自宅を一般公開し始めた。その際、すでに一般公開されていたアメリカのフランク・ロイド・ライト設計の落水荘(1936年竣工)やチェコのミース・ファン・デル・ローエ設計のチューゲンハット邸(1930年竣工)など、世界的なモダニズム住宅のディレクターに助言を求めたことからネットワークが形成され、それがこの財団の設立につながったという。ドラッベ氏は現在もファン・スハインデル・ハウスに居住している。

この組織に参加できるのは、20世紀の名作住宅建築とその所有者であるが、いくつかの条件が課せられている。登録される住宅は、モダニズムの普及に対して顕著な貢献をしていること、20世紀の建築の発展に影響を与えた建築家が設計したものであること、オリジナルの状態を保っているかオリジナルの姿に修復がなされていること、一般公開されているか予約すれば見学できること、といった基準をクリアしている必要がある。博物館としての名作住宅の所有者や運営者の国際ネットワークという性格が強いと言える。

2019年現在、ヨーロッパやアメリカを中心に、全世界で150件以上が登録されている。前述の2作品以外に、A.アアルト設計の自邸(1936年竣工)、A.ガウディ設計のカサ・ミラ(1910年竣工)、ル・コルビュジエ設計のカップ・マルタンの小屋(1952年竣工)、J.プルーヴェ設計の自邸(1954年竣工)、G.Th.リートフェルト設計のシュレーダー邸(1924年竣工)などがある。いずれも近代建築史上、重要な住宅ばかりである。日本からは、2020年現在、江戸東京たてもの園に移築保存されている前川國男自邸(1942年竣工)と解体の危機にある黒川紀章設計の中銀カプセルタワー(1972年竣工)の2件が登録されている。

この組織がミッションとして掲げるのは、「所有者やディレクターのネットワーク維持」、「関心の拡大化」、「建物を維持し、その解体を防ぐための知識の促進」、「建物の記録作成や維持」、「会議の開催」、「ミッション遂行を支援する資金づくり」などである。ミッション遂行の一環で、2020年までに6回にわたる国際会議をオランダやイギリス、アメリカで開催し、その歴史的文化的価値や保存、修復についての情報や課題を共有してきた。

こうしたいわゆる名作住宅は、博物館として公開されていたとしても、個人や比較的小さな組織の所有であることが多く、大規模な歴史的建築物とは異なる課題を持っている。そうした情報や課題を共有する国際的なプラットフォームが、ドコモモと同様にオランダで設立されたことが興味深い。20世紀の名作住宅が多数存在しているだけでなく、常に柔軟な組織をつくり国際的に協力し合いながら課題を解決しようとする、オランダらしい国民性が背景にあるのだろう。

8 | SWEETS HOTEL

前述したように、オランダは社会や時代の変化に柔軟かつスピーディーに対応する国柄を有しているが、そのことは建築の保存活用の場面にもよく表れているように思われる。それを象徴する最近の動きとして、空き家となった28棟の運河の跳ね橋のブリッジハウス(管理小屋)を用途変更して改修し、分散型ホテルとして開業したスウィーツ・ホテル(SWEETS HOTEL)[*33]を挙げることができるだろう。

オランダには国中に運河が張り巡らされているため、運河と道路や鉄道が交差するところには必ず跳ね橋か回転橋が存在する。かつてはその橋のほとんどに管理小屋が付属し、管理人が常駐していた。しかし近年は1か所ですべての橋の開閉を遠隔操作できるよ

Fig.4

a | 展覧会「SWEETS」の図録
b | 101号室 ヘルベン・ヴァーヘナールブルフ Gerben Wagenaarbrug
(竣工:1965年、設計:Enrico Hartsuyker/改修:2017年、改修設計:Space & Matter)
c | 102号室 ミーヴェンプレインブルフ Meeuwenpleinbrug
(竣工:1969年、設計:Dirk Sterenberg/改修:2017年、改修設計:Space & Matter)

うになり、その結果、管理人が常駐する必要がなくなり、管理小屋の多くは空き家となっていた。そして2009年には、アムステルダム市がブリッジハウスの廃止を決定した。

そのような中、後にスウィーツ・ホテルの改修を手掛ける建築設計事務所スペース&マター(Space & Matter)の所員マーテイン・プール(Marthijn Pool)と不動産事務所クーパー・フェルドマン(Cooper Feldman)の所員イゴール・サンシシ(Igor Sancisi)が、街を歩いていた際にブリッジハウスを見て、ホテルの「スイート・ルーム」として活用できないかと考えたことから、この企画が始まったという。そこにアート・ディレクターのスザンヌ・オクセナール(Suzanne Oxenaar)氏が参画し、ブリッジハウスを所有し管理してきたアムステルダム市に対して、これらを分散型のホテルの客室にコンバージョンし運営することを提案した。この企画は受け入れられ、オクセナー氏らが率いる組織セブン・ニュー・シングス(Seven New Things)が企画、運営を担当し、ディベロッパーのグレイフィールド(Grayfield)とスペース&マターが協働して改修することになった。

オクセナー氏は、アート・ディレクターとして活躍する人物で、空き家となっていたアムステルダムのロイド・ホテル(p.138参照)の全体の改修設計を建築家グループMVRDVに、個々の宿泊室の改修デザインを様々なデザイナーやアーティストらに依頼し、2004年にホテルとして再生させたことで知られる。2010年には、東京で長坂常や中山英之、永山祐子ら日本の建築家とオランダの建築家やアーティストらに改修設計を依頼し、短期間のインスタレーション形式で既存の建物をホテルとするプロジェクト、ラブ・ホテル(LLOVE HOTEL)を企画、実現して話題となった。既存の建物を活用し、アーティストを巻き込みながら、新しいコンセプトとテーマのホテルを企画し提供し続けている。スウィーツ・ホテルは、そのオクセナー氏の新しいプロジェクトとして実現したものである。

しかしスウィーツ・ホテル実現の道のりは簡単ではなかったようで、何年もの準備を要している。2012年、当初は27棟を対象としてスウィーツ・ホテル実現に向けた検討が始まり、個々のブリッジハウスの歴史調査を行い、またアムステルダムの建築に関する情報発信施設ARCAMにおいて、ブリッジハウスを活用したホテルについての展覧会「SWEETS」[**fig4-a**]を開催し、模型や写真を用いて調査やワークショップの成果や活用計画を展示した。2013年には4回のワークショップを通じて、いかに傷んだブリッジハウスの建物を修復し改修するか、いかなるストーリーや視点から建物を捉え新たなものとして提示するかを議論するなど、可能性の検証や準備を進めてきた[**＊34**]。そして2018年、ようやく最初の11室の開業にこぎつけている。その後も徐々に新たな改修工事を進めており、2021年までの予定ですべて完成すれば、28の宿泊室を持つ分散型ホテルになる。

スイート・ルームとしてのブリッジハウス

ブリッジハウスの建物は、最も古いもので1673年竣工の煉瓦造、新しいものでは2009年

Fig.4

d | 103号室 バイクスロータードラーイブルフ Buiksloterdraaibrug
(竣工:1984年、設計:Ingenieursbureau Amsterdam(IBA)/改修:2017年、改修設計:Space & Matter)
e | 104号室アイドールンラーンブルフ Ijdoornlaanbrug
(竣工:1975年、設計:Dirk Sterenberg/改修:2017年、改修設計:Space & Matter)
f | 202号室コルチュヴァンツブルフ Kortjewantsbrug
(竣工:1967年、設計:Dic Slebos/改修:2017年、改修設計:Space & Matter)
g | 201号室 オースタードクスドラーイブルフ Oosterdoksdraaibrug
(竣工:2005年、設計:Kerste-Meijer/改修:2021年(予定)
h | 203号室 スハーレビアスライス　Scharrebiersluis
(竣工:1906年、設計:アムステルダム市(W.A.de Graff/改修:2017年、改修設計:Space & Matter)
i | 204号室ホルタスブルフ Hortusbrug(竣工:1956年、設計:Dirk Sterenberg/改修:2017年、改修設計:Space & Matter)
j | 301号室 ヴェスタードクスブルフ Westerdoksbrug
(竣工:1960年、設計:Dirk Sterenberg/改修:2017年、改修設計:Space & Matter)
k | 205号室 ヴァルター・ススキンブルフ Walter Süskindbrug(竣工:1972年、設計:Dirk Sterenberg/改修:2021年予定)

竣工のものがある。17世紀から21世紀まで、足掛け5世紀にわたる様々な時代の建物が存在することになる。したがってデザイン上のバリエーションが豊かで、オランダらしい伝統的な煉瓦をむき出しにしたものから、アムステルダム派風、モダニズム、ポスト・モダンまで様々で、中には有名な建築家が手掛けたものもある。橋の立地や建物形状も、街の真っただ中や郊外の自然の中、道路脇、運河上、小屋型、塔状など様々である。17世紀に独立を果たした国、オランダの建築デザインの歴史が凝縮している[fig4b-k]。

宿泊費は1泊140ユーロ(1万7千円程度)からなので、2人で泊まればさほど高く感じることなく宿泊できるのも魅力的である。元々橋の管理人が滞在する空間として設計されているため、天井高は問題ないが、宿泊は想定されていなかったため部屋が小さく、ダブルやツインのベッドを設置しただけでも部屋が満杯になってしまうという問題はある。またトイレやシャワーは設置されているが、キッチンは一部を除いて付いておらず、食事は外で取るのが基本となっている。街中に立地するものには幹線道路沿いの場合も多く、ウェブサイトには騒音の度合いが表示されている。3階建て以上の管理小屋については狭い階段を何度も上下しなければいけないし、川の中央に建っていて、船を使ってしかアプローチできないものまである。カーテンやブラインドは設置されているものの、寝室が道路からガラス窓1枚だけで仕切られている場合もある。したがって、宿泊客が寛容でなければ楽しめないかもしれない。しかしそれでもなお、アムステルダムの真っただ中で管理小屋に宿泊するという、特別の体験ができるホテルとして人気を誇っているようだ。ブリッジハウスはスイート・ルーム、その周りに広がる街はホテルのロビーに見立てられており、アムステルダムという街全体、街そのものを楽しむための特別なホテルだと考えれば、そうした不便さも厭わなくて済むように思われる。

スウィーツ・ホテルは、2019年には国際的なウェブマガジン「デジーン(Dezeen)」によるデジーン・アワード(Dezeen Award)のホテルインテリア部門賞を、2020年にはインテリアについての世界的な賞であるフレイム・アワーズ(FRAME AWARDS)のホテル部門賞を受賞するなど、世界的な注目を浴びている。運河に架かる跳ね橋のブリッジハウス群をホテルに転用するという驚くべきアイデアを市に提案し、それが受け入れられ、そしてそれを事業として実際に展開するというのは、民間側にも行政側にもアイデアや柔軟性、組織力が必要であろう。それを見事に実現させることができるのは、オランダ人ならではのものだろう。ダッチ・リノベーションは、そんなオランダ人の高い能力に支えられているのである。

9 | デルフト工科大学

歴史的建築物の保存再生や改修を社会的に広く浸透させていくには、次世代の育成、すなわち教育は欠かせない。オランダでは、大学にも建築の保存や改修の研究や教育を

Fig.5

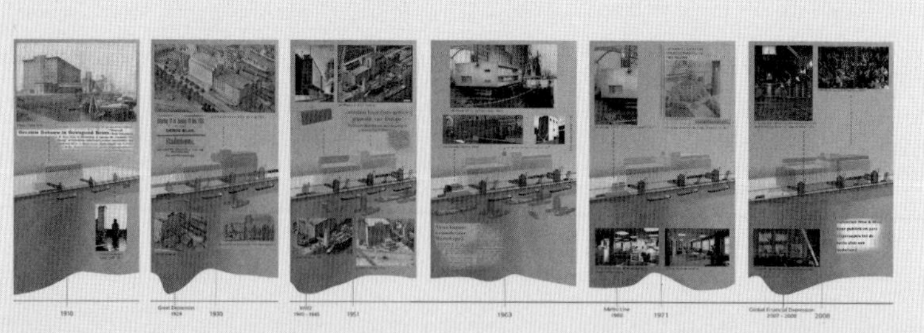

a

b

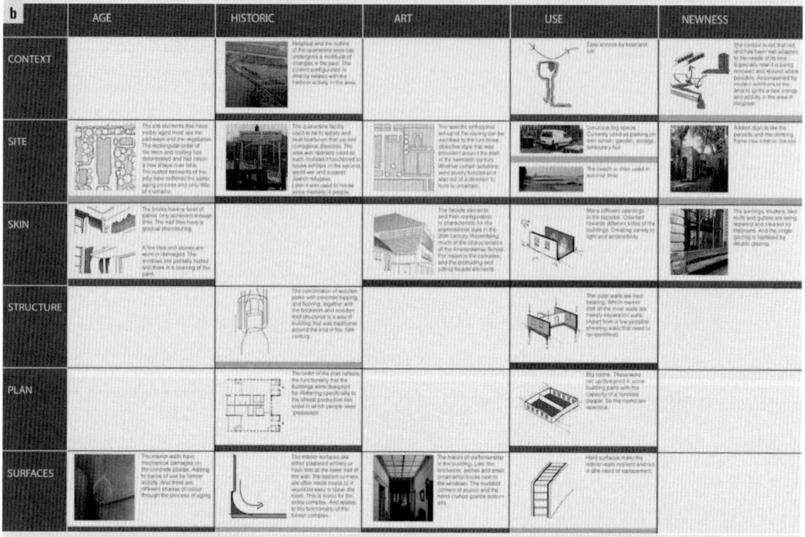

	AGE	HISTORIC	ART	USE	NEWNESS
CONTEXT		[illegible]		[illegible]	[illegible]
SITE	[illegible]	[illegible]	[illegible]	[illegible]	[illegible]
SKIN	[illegible]		[illegible]	[illegible]	[illegible]
STRUCTURE		[illegible]		[illegible]	
PLAN		[illegible]		[illegible]	
SURFACES	[illegible]	[illegible]	[illegible]	[illegible]	

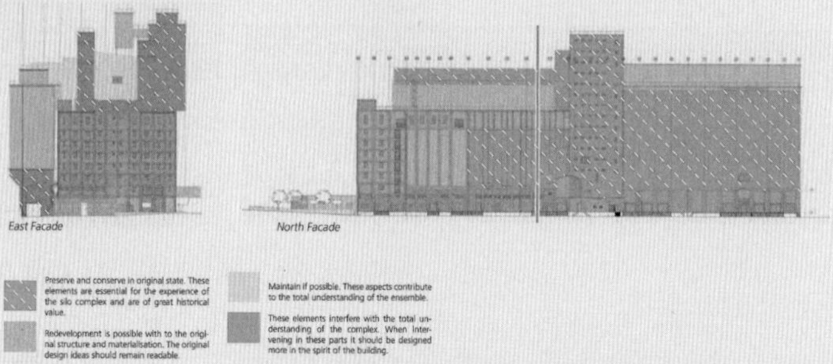

c

d

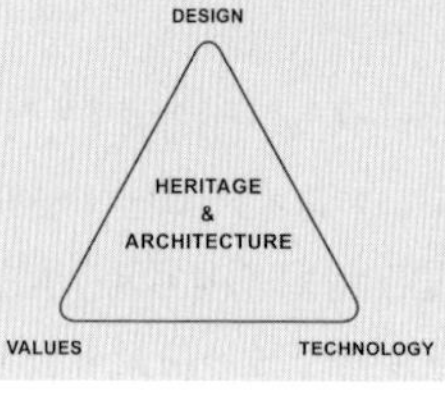

a｜ロッテルダムのマーシロ・コンプレックスを対象とした「時間軸マッピング」。［**＊36**］の文献より引用。
b｜ロッテルダムの旧検疫所施設を対象とした「遺産価値マトリックス」。
c｜ロッテルダムのマーシロを対象とした文化的価値色分け図。
d｜デルフト工科大学ヘリテージ＆アーキテクチャーコースの概念図。

テーマとするコースや学科が設立されて、意欲的な教育や研究が続けられている。最も注目されるのは、デルフト工科大学建築学部のヘリテージ&アーキテクチャー(Heritage & Architecture)コース(以下、H&Aとする)[*35]である。このコースは2014年に建築工学科(建築学科とは別の学科)の中に設置されたもので、歴史的建築物の保存再生や改修をテーマとしたコースである。

ヘリテージ&アーキテクチャー・コース

H&Aコースの教育プログラムは非常によく練られ、充実している。「デザイン」と「技術」と「文化的価値」の3つの概念の調和と連携に基づいて教育を進めており[fig5-d]、文化財とこの3つの概念を関係づけながら、文化財とデザイン、文化財と技術、文化財と文化的価値と3つの領域に焦点を当てた授業が行われている。そして、それらを総合するものとして、実際の歴史的建築物の改修設計に取り組んでいる。

この教育プログラムは、世界遺産に登録されたファン・ネレ工場(Van Nelle)(p.186参照)の改修設計で知られる建築家のヴェッセル・デ・ヨング(Wessel de Jonge)が2015年にこのコースの教授となって以降、改革が行われ、2019年から新たに「時間軸マッピング(Chrono-mapping)」、「遺産価値マトリックス(HV-Matrix)」、「改修概要(Transformation Framework)」という概念とツールを導入し、より体系的に歴史的建築物の改修設計の課題に取り組むようになっている[*36]。それは次のような方法で行われている。

最初に、学生らは「時間軸マッピング」を作成する。これは改修の対象となる建物や場所についての歴史や経過を、文字による報告書ではなく、写真や図を主としたグラフィック形式で表現する一覧である[fig5-a]。これにより、対象となる建物や場所の歴史を一目で理解することができる。次に、「遺産価値マトリックス」の作成に取り組む。これは、対象となる建物や場所の価値の分析および評価の一覧である[fig5-b]。縦軸に「文脈」、「敷地」、「外観(外皮)」、「構造」、「平面」、「室内表面」、「設備」、「事物」、「場所の精神」という建物や敷地の構成要素が並び、横軸には「経年変化」、「歴史」、「表現的価値」、「出来事的価値」、「機能」、「新規性」、「類似性(唯一性)」、「審美性」という評価の視点が並ぶ。ここに図や写真をメインにしながら説明を加え、さらにその重要度を色で示し、対象の価値や評価が一目瞭然となるのである。また建物の調査を基に、残すべき部分や手を加えてもよい部分を示す[fig5-c]。そしてこれらのデータから、図面や写真、文章で表現した「改修概要」を作成し、改修の方向性を示すのである。視覚的な情報を用いて分かりやすく、精緻に構築していることに驚かされる。従来の文化財は、歴史的価値を定めて文章で分厚い報告書を作成すればよかった。しかし活用や改修を前提にする場合、次の計画やデザインを考えるために関係者と情報共有することが必要である。この一覧は、今後改修の実践に欠かせない新しいツールになるだろう。

これらの手順で進められる課題は、半年に1つ程度のペースで学生に与えられる。オランダ国内を中心とした、実際に改修計画や問題を抱えた歴史的建築物や都市を対象とする実習形式の設計課題である。学生はまず現地見学を行い、行政や歴史家や修復家によって紹介される建物や周辺環境が抱える現実的な問題を理解する。これを基に先の3つの概念とツールを用いた分析や計画、改修デザインに取り組むのである。その改修デザインは、熱環境のコントロールから設備設計、都市問題の解決まで、幅広い条件から検討が加えられた現実的なものとなっている。課題の内容は毎年異なり、教員は国や自治体などから随時寄せられる保存・改修計画の情報を基に課題を組み立てる。国内の至る所に数多くの実例を抱えているからこそ成立する教育プログラムだと言える。

RMIT学科

このH&Aコースに先立って、2006年に同コースの前身としてRMIT学科が設立された。この学科は、日本でも知られる建築家で学科長を務めるヨー・クーネン(Jo Coenen)のアイデアによって設立されたものである[fig6-e]。筆者は客員研究員として2010年から11年にかけての1年間、この学科に在籍した。RMITとは、"Research center for Modification, Intervention and Transformation"の頭文字を取ったものである。「変形」や「介入」といっ

Fig.6

e | デルフト工科大学建築学部RMIT学科(現・ヘリテージ&アーキテクチャーコース)における授業の様子。中央がヨー・クーネン教授(2011年当時)。
f | デルフト工科大学建築学部の教員室。
g | 同学部の模型制作室。
h | 同学部の製図室。

た言葉が並ぶが、"Modification"はインテリアや材料のスケールでの変形、"Intervention"は建築のスケールで、"Transformation"は都市のスケールで建物に何らかの手を加えることを意味する。スケールの違いを意識しながら改修の方法を学ぶもので、これらの概念や方法はクーネンの提案による[*37]。しかしクーネンがデルフト工科大学を退職し、2014年に現在のH&Aコースが設立され、RMIT学科のスケールの違いに応じた3つの視点が、前述の3つの「デザイン」と「技術」と「文化的価値」の概念に置き換えられている。非常にスピーディーに、状況に応じて改革し、進化しながら、システマチックに教育が進められていることがオランダらしい。

ところで、筆者がこのRMIT学科に在籍していた際に印象に残ったことの1つが、デルフト工科大学の教育の環境や教員らの働き方である。同大学建築学部は、長らくヤープ・バケマ(Jaap Bakema)の設計により1964年に竣工した校舎を使用していたが、この建物は2008年に火災で焼失してしまった。これを機に1920年代の古い校舎を改修して建築学部の校舎として使用していることは第1章で論じたが、その改修の際、教育環境も大きな改革が行われた。従来、教員の研究室は日本と同様に個室が与えられていた。しかし現在では、教員の研究室は学科やコースごとに大きな部屋をシェアする形で、しかも自由席となっている[fig6-f]。学生についても、パソコンによる設計教育が進んでいることから、自由席で作業が行われている[fig6-g,h]。こうしたことが、教員や学生の自由で柔軟な活動を可能にしていると思われる。

また、教員らはそれぞれに明確な役割を持ち自立して活動しながら、互いに連携力が高いことも印象的だった。学生の実習課題を作成する際には、ある教員が国や自治体から課題の対象となりそうな建物の情報を得て、別の教員数人がその情報を基に課題にまとめていく。そしてその課題が多岐の分野にまたがるものであれば、すぐさまその分野の専門家が集まってミーティングを行い、連携しながら1つの課題にまとめ上げていくのである。個人の自立性と連携力とスピード感は、まるでサッカーの試合を見ているようだった。こうした柔軟に機動するハードやソフトで支えられた環境があるからこそ、充実した研究や教育が可能になるのだろう。

歴史的建築物の修復や保存をテーマとする大学の学科は欧米を中心に数多く存在する。しかし、活用や改修を中心的なテーマとする高等教育機関は、世界的に見ても珍しい。しかも徹底してデザインの問題に取り組んでいることも注目される。活用や改修では、建築保存のための理論や社会的な問題の理解に加えて、新築の設計とは異なるデザインの方法やセンスが必要とされる。デザインが重視される所以である。20世紀末から21世紀初頭まで建築デザインの分野で世界をリードしてきたオランダの、新たな展開を示すものとして注目に値する。

日本では、歴史的建築物の活用やリノベーションをテーマとした類似する高等教育機関として、筆者が勤務する京都工芸繊維大学の大学院に2015年に開設された建築都市保存再生学コースがある[*38]。このコースでは、建物の歴史的文化的価値を十分吟味しその価値を残しながら、しかし積極的に改修するという、歴史的価値と新たな価値との共存を実現することを目的として教育を行っている。2020年度からは、社会人講座「ヘリテージ・アーキテクト養成講座」も展開している。「ヘリテージ・アーキテクト」とは、「歴史的建築物を使い続けるための改修を主導する設計者」をイメージして新たにつくった概念である。デルフト工科大学と同様、デザインを重視した教育を展開しているが、同大学に比べれば、まだ組織の大きさも教育の充実度も十分とは言えない。しかし今後、日本でもこうした高等教育機関が各地で設立され、歴史的建築物の保存活用に向けた人材の育成が進むことを期待したい。

10 | リノベーション賞

どのような分野においても理想的な姿やモデルを社会に示す上で賞は欠かせないが、オランダにはリノベーションをテーマとした賞も存在する。ナショナル・リノベーション・プラットフォーム(National Renovation Platform)財団によるフルデン・フェニックス(Gulden Feniks)賞である[*39]。1986年頃創設されたリノベーリョンのためのナショナル・リノファティ賞(Nationale Renovatie Prijs)が、2011年に改組され、再生の象徴としてのフェニックスの名を冠した賞に名称変更されたものである。その対象となるのは、いわゆる歴史的文化的な建物の改修のみならず、産業遺産の改修から保存・修復、日本でいう「リファイニング建築」まで、幅広い種類が設定されている。

この賞は2年に一度審査が行われ、その選定にあたっては次のような5つの視点によって評価が行われる。①持続可能性や耐久性、②リノベーションや増築を通じて本来備わっている特徴や質の純化や昇華、③経済的価値の創造、④社会的価値の創造、⑤そのプロジェクトや解決の革新性や創造性、である。

審査の際には「エリア・トランスフォーメーション」、「トランスフォーメーション」、「リノベーション」の3つのカテゴリーや分野に分けて審査が行われる。「エリア・トランスフォーメーション」は、市街地にある程度の大きさを持った面的な改修に対して与えられる賞である。本書の第1・2章で紹介した建物では、ストライプS(p.070、p.140参照)と名付けられたフィリップス社の工場群の改修がこのカテゴリーで受賞している。"トランスフォーメーション"は、用途転用された建物に対して与えられる賞である。ドルドレヒトにある発電所が用途転用された文化施設エナジーハウス(p.068参照)や、音楽学校の建物がホテルに用途転用されたアムステルダムのコンセルファトリウム・ホテル(p.134参照)などがある。「リノベーション」は、建物の用途が変わらず、改修のみ行われた建物が対象となる。かつての神学校が中庭を室内化して活用する形で警察学校として使われるようになったポリティアカデミー(p.038参照)、地下通路で道路を隔てた別の建物とつないで増床をはかった、フェルメールの名作を所蔵することなどで有名なマウリッツハイス美術館（p.024参照）などが受賞している。

こうして見ると、フルデン・フェニックス賞はオリジナルの姿の維持にこだわるのではなく、より広い建築の保存活用のあり方を対象としていることが分かる。また視野が広く、都市的な視点や経済性も考慮されたものとなっている。保存活用の効果を総合的に評価しようとする、リノベーション先進国ならではの賞だと言える。

日本で類似する賞を挙げるとするなら、BELCA賞だろうか。公益社団法人ロングライフビル推進協会（BELCA）[＊40]によって1991年に創設されたものである。ロングライフ賞とベストリフォーム賞の2部門からなる。ロングライフ賞は、築30年以上適切に維持され、今後10年以上維持が計画されているものが対象となる。一方、ベストリフォーム賞は、社会的物理的変化に対応して長期使用のビジョンを持ってリフォーム、もしくはリノベーションされたもので、飛躍的な価値向上を生み出した建物が対象になる。

日本の建物の平均寿命は、たった30年だという[＊41]。同データによればイギリスが141年、アメリカが103年である。30年たてば「ロングライフ」として賞が与えられるというのは、建築物の平均寿命が30年しかない日本ならではの賞だと言えるかもしれない。今後、オランダのように総合的な評価や視点からの賞に発展すれば、日本での建築の保存活用の普及により大きな影響を与えることになるだろう。それには、総合的な評価ができる保存活用の環境をつくることが先であるが。

11｜建築資料アーカイブ

建築の保存活用にとって、図面など建築資料の整備も必要不可欠である。建築物の改修や修復が必要になった際、改修計画を立てるためには、オリジナルの図面資料が必要となる。現状がオリジナルの姿をとどめていない建物であっても、図面資料からオリジナルの姿が分かる場合もある。増改築など新しく手を加える場合にも、オリジナルの姿と区別しながら、新たなデザインを考えるための手がかりになるだろう。

ヨーロッパでは昔から建築の図面資料専門のアーカイブが建築博物館として各国に存在しているが、オランダにはおそらく収蔵庫の規模から見て世界最大規模の建築博物館ヘット・ニュー・インスティテュート（Het Nieuwe Instituut）[＊42]が存在する[fig7-a]。これは1988年に設立されたネーデルランズ・アルヒテクテュールインスティテュート（Nederlands Architectuurinstituut／NAi）[＊43]の後身組織として、2013年に設立されたものである。

NAiは日本では「オランダ建築協会」と訳されたが、その機能は協会というよりも、建築博物館に近いものであった。19世紀に活躍したP.J.H. カイパースや20世紀の巨匠J.J.P. アウト、戦後活躍したJ.B. バケマ、ヘルマン・ヘルツベルハー、そしてレム・コールハースなど現代の建築家の資料まで、約650件ものオランダの建築家や都市計画家のアーカイブを有している。媒体としては、スケッチや予備デザイン、設計図、手紙、写真、模型、ポスター、出版物など様々である。

図面資料は、その量が膨大であるため、スペースを取らないように丸い筒に収められたままのものも少なくないが、200m近い長さの収蔵庫にびっしりと資料が収められている[fig7-b]。模型のコレクションも充実しており、400点以上を数え、模型の見学ツアーが開催されているほどである。図面資料であれば閲覧を申請すれば10分後ぐらいには現物を閲覧でき、複写も可能である。図書館で本を読む感覚で、専門家や素人の区別なく誰もが建築資料を閲覧できるのである。建物の保存活用の設計に際しても、図面資料の入手が容易である。そしてこうした資料を基に、年に数度の展覧会を開催している。

NAiは、2013年1月より、建物は以前と変わらないがデザイン・ファッション協会などと統合されてヘット・ニュー・インスティテュートに改められた。直訳すれば「新協会」だが、従来の機能はそのまま継承されているため、「新博物館」といったところだろうか。近年、オランダでは合理化の一環で様々な分野で統合が進んでいるが、広義のデザイン関係の組織が統合されたことになる。

日本では、オランダほど充実した建築資料アーカイブはまだ存在しない。2013年、東京に国立近現代建築資料館[*44]が開設され、日本でもようやく本格的な建築資料のアーカイブが稼働を始めた。建築家の坂倉準三や吉阪隆正、大髙正人、吉田鉄郎ら数多くの建築家の建築資料を所蔵し、次々と展覧会を開催して資料の一部を公開しているが、普段は誰でもが資料を閲覧できるわけではない。また筆者が勤務する京都工芸繊維大学の美術工芸資料館には、村野藤吾の5万点を超える建築資料を中心に複数の建築家の建築資料が保存されており、村野藤吾建築設計図展などの展覧会を開催しながら整理を続けている[*45]。しかしながら、国立近現代建築資料館と同様、資料は展覧会に出品する以外には、一般公開するには至っていない。

Fig.7

a | ヘット・ニュー・インスティテュート(旧NAi)外観
b | 同館の収蔵庫の様子

インターネット上のアーカイブ

オランダではNAi以外にも、早くから近代の建築家の建築資料を網羅的に記録し、全集として出版する事業が行われている。例えば、建築家のリートフェルトの資料は、1998年にマイクロフィッシュ化された[＊46]。図面資料1,883点、写真約2,250点、手紙1,785点、文献330点の合計6,000点を超える資料が一般に公開されたことになる。2010年には、3回目となるリートフェルトの回顧展“リートフェルト・ユニヴァース（Rietveld's Universe）”がユトレヒト中央美術館で開催されたが、これを機に、ユトレヒト中央美術館が所蔵する約4,800点のリートフェルトの資料がインターネットでリートフェルト・シュレーダー・アーカイブ（Rietveld Schröder Archive）として公開され[＊47]、椅子やキャビネットなどの家具、図面、写真、手紙類まで見ることができる。マイクロフィッシュは有償であったが、インターネットの発達に応じて無償で世界中から容易にアクセスできるようになったことは、建築資料アーカイブの歴史の中でも大きな出来事である。

このようにオランダでは、資料の収集や保存といったアーカイブ機能が充実しているのみならず、誰でもがその資料に触れることができるシステムが構築されている。全国各地の博物館や自治体でも資料が保管されている。建築の図面資料の充実したアーカイブと開かれたシステムがあるからこそ、現存する歴史的建築物の保存再生や改修も容易になるのであろう。

さらに驚くべきシステムにも触れておきたい。NAiは、2010年6月よりUAR（Urban Augmented Reality）と呼ばれるシステムを稼働させている[＊48]。これは、スマートフォンの撮影機能や地理情報と建築資料アーカイブを連動させて、地下に埋蔵されている構築物や失われた建築や都市の姿、建設されるはずだった建築や都市の姿、これから建設される予定の建築や都市の姿を、図面や写真、建築家のスケッチ、3D映像などで即座に利用者に提供するサービスである。UARは「都市の増大されたリアリティ」を意味しており、いわば都市の過去と現在と未来の姿についての情報を即座に提供するシステムである。2016年に世界的に流行したスマートフォン用ゲーム「ポケモンGO」と似たようなシステムを建築資料に適用したと言ってもよい。

そこでは現在のヘット・ニュー・インスティテュートが所蔵する図面や写真、模型などの資料の情報が存分に活用されている。街中に建っている著名な建築家が設計した建物を前にして、スマートフォンを使って建物の図面や当時の写真、透視図を呼び出し、当時どのような姿をしていたかをその場で確認することができる。また、コンペにより1案が選定されて実施された都市計画であれば、実現しなかった他の建築家の設計図や透視図を呼び出すこともできる。現在、建築や都市に関するより広い情報を得られるよう、様々な組織が協働しシステムを更新し続けている。

これは、建築資料アーカイブの活用の究極の姿だと言える。専門性が高いために閉架収蔵庫に収蔵された建築資料アーカイブへのアクセスを可能な限り高め、広く市民に身近な情報として提供し、市民の生活を豊かにするツールとなっている。歴史的な情報が入手しやすければ、市民の関心を高め、建物の歴史を保ち生かしていくことを容易にするだろう。こうしたことも、オランダの歴史的建築物の活用やリノベーションを間接的に支援していると言える。

12｜建築ガイドツアー

一般向けの建築見学講座やガイドツアーもまた、建物の歴史的な価値を広く伝える上で重要な役割を果たしている。建築は、現物を見ることでようやくその全体像を理解し、楽しむことができる。だが、初心者にとって、建築は身近にありながら、理解し楽しむのが難しい存在であるかもしれない。そのような時、専門家らが見方をガイドすれば、理解を深められるに違いない。

オランダでは、他のヨーロッパ諸国と同様に、建築のガイドツアーが盛んに行われている。前述したユトレヒト中央美術館によるシュレーダー邸の見学ガイドなど、美術館や博物館が実施しているものもあれば、ファン・ネレ工場やゾンネストラール・サナトリウム、キーフークの集合住宅（p.172参照）など、現地で関係者が実施しているものがある。それだけ建築への関心が強く日本との違いを感じるが、それ以外にも民間の団体が数々の一般向けの建築ガイドツアーを実施している。

例えばアーキテクチャー・ツアーズ・エヌエル（ARCHITECTURE tours.nl）［**＊49**］は、建築家や都市計画家など専門家らがガイドを務め、アムステルダムやロッテルダムはもちろん、ユトレヒトやハーグ、R.コールハースらによって計画された新都市アルメールなどで、著名な現代建築や近代建築をテーマに、半日から数日程度かけて巡るツアーを多数設定している。

アーキツアー（architour）［**＊50**］は、2004年にアムステルダムを拠点とする建築家によって始められたガイドツアーである。複数の専門家が、世界遺産に登録されたアムステルダムの中心市街地や中央駅周辺の港湾地区、ロッテルダムのミュージアム地区や港湾地区などで、現代建築や戦後モダニズム建築、リノベーション、再開発、水運といった様々なテーマに則して半日程度で巡るガイドツアーを実施している。

ロッテルダムに絞った建築ガイドツアー、アーバンガイズ（UrbanGuides）［**＊51**］もある。1時間から2時間程度の短時間で、ファン・ネレ工場やキーフーク集合住宅など近代建築の名作やMVRDVのマルクトホールやR.コールハースのクンストハルといった現代建築の名作に絞ったコースのほか、アートと建築、近代建築、市街地、港湾地区をそれぞれ自転車や徒歩でめぐるコースなどが設定されている。ほかにも、デン・ハーグだけの建築ガイドとしてデン・ハーグ・アーキガイズ（Den Haag ArchiGuides）など、複数の建築ガイドツアーを運営する組織が存在する。

またヨーロッパやアメリカの著名な都市の建築ガイドツアーを実施している建築家のネットワーク組織も存在し、オランダではアムステルダムとロッテルダムでガイドツアーを行っている。2015年には1,600余りのツアーを開催し、約3万人が参加したという。このようにオランダでは、実に数多くの建築ガイドツアーが開催されている。

日本ではどうだろうか。2016年には東京建築アクセスポイント[*52]が設立され、理事を務める建築家や建築史家が中心となって東京の近現代建築についての専門性の高いツアーを実施している。英語による外国人向けのツアーも実施するなど、従来にない幅広い活動を高い頻度で展開していることが注目されている。より一般向けのツアーもある。大阪ではクラブ・タップ（Club Tap）という会員制のクラブが、2007年からW.M.ヴォーリズや村野藤吾、またテーマに則した建築ガイドツアーを実施しており、筆者も講師を務めている。京都を拠点に2011年から様々なまち歩きツアーを実施している団体「まいまい京都」[*53]は、建築ガイドツアーも開催している。この団体は2017年から東京で「まいまい東京」[*54]も開催するなど、実施地域を広げているほか、2019年にはYou Tubeの番組や、スマートフォンを用いたオーディオガイド「まいまいポケット」[*55]のアプリケーションの提供も始めた。筆者が担当する近代建築の番組やプログラムもある。これは他国にもまだない新しい試みであろう。

こうして近年、日本でも各地で建築ガイドツアーが実施されているが、オランダのように、1つの都市で複数の組織が数多くの建築ガイドツアーを実施しているのと比べれば、まだ規模や頻度には差がある。オランダでは専門家のみならず、数多くの市民や観光客が建築を鑑賞し楽しんでおり、1つの文化として定着している。こうした環境の中でこそ、建築への関心が高まり、ひいては建築の保存活用にも関心が高まるのであろう。

13｜建築一斉一般公開事業

前節の建築ガイドツアーに類似しているが、建築の一斉一般公開事業もまた、一般の人々に歴史的建築物への関心を高めるのに大きな効果がある。歴史性の高い著名な建築物を一斉に一般公開し、市民が参加し見学するイベントだ。建築ガイドツアーは2、30人単位で複数の建築物を移動しながら見学するのに対して、一斉一般公開事業では、1つの建物に、1日に100人から場合によっては1000人、1万人という単位で見学者が訪れる。それによって、市民が建築の価値や見方を共有し、理解が深まる。その積み重ねは、建築の保存活用にもつながるはずだ。

建築の一斉一般公開事業は、ヨーロッパでは1980年代中頃からフランスで始まり、次いでオランダで始まった。その後、ヨーロッパ全体でヨーロピアン・ヘリテージ・デイズ（European Heritage Days）[*56]というイベントに拡大されて、11か国で同様の一般公開が開催された。現在ではヨーロッパの48か国で開催され、毎年およそ2000万人もの人々が参加しているという。

オリジナルの姿をよく保っている文化財的価値の高い建物も公開されるが、大きく改修されて新旧の共存を実現した建物も公開される。建物の歴史的価値を広く一般の人々に伝えることに貢献しているだけではなく、改修の方法を一般の人々に伝える役割も果たしている。

オランダでは、毎年9月の第2土日の2日間に、建築の一斉一般公開事業としてオープン・モニュメンテンダッハ（Open Monumentendag）[＊57]が実施されている。これは1987年から始まったが、近年では、全国の85%以上に当たる約330もの市町村で、合計約4,000件の文化財が一般公開され、毎年2日間で約90万人前後が参加している。

首都のアムステルダム市では、2015年の一般公開には、合計約3万8千人が訪問したという。人口が約82万人しかない都市で、これほど多くの人々が歴史的な建造物を訪問しているのは驚きである。建物単位で見ると、2015年に訪問者が最高であったのはデルフトの市庁舎の建物で、2日間で1万人が訪問したという。1つの建物の見学だけでこれほど多くの人々が訪れるのは、日本では考えにくい。

筆者も何度かオランダのオープン・モニュメンテンダッハに参加したことがあるが、老若男女、年齢や性別を問わず数多くの人々が参加し、建物の前に列をなして順番待ちをしていたのが印象的である。博物館や教会など、普段から公開されている建物では、普段は非公開の部屋が特別に公開されることもある。また、近代建築のオフィスビルや給水塔、改修中の工場の建物、空き家になっているかつての軍の広大な施設など、通常立ち入ることのできない建物が公開されることもあり、毎年多くの市民が楽しみにしているという。

公開される建物は、毎年同じではない。頻繁に公開される建物もあれば、あまり公開されない建物もある。また、この期間だけの特別なガイドツアーが開催されることもある。建物の一般公開の可否は所有者の都合にもよるが、所有者の自主性が尊重されるからこそ長続きするのだろう。参加者にとっても、変化や希少性、多様性があるからこそ、多くの人が飽きることなく繰り返しイベントに参加するという、事業の継続をもたらしている。

日本での同様のイベントについても触れておきたい。2010年から広島で「ひろしまたてものがたりフェスタ」[＊58]と呼ばれる近代建築や現代建築の一般公開や名作を巡るガイドツアーが実施されている。鹿児島でも、2016年から「オープンハウスカゴシマ」が開催されており、近年盛んになりつつある[＊59]。しかし2014年から大阪市が主催して始まった「生きた建築ミュージアム（通称：イケフェス）」[＊60]は別格である。この事業は、大阪市内のすぐれた近代建築や現代建築を一斉一般公開するもので、サービス精神の旺盛な商業都市大阪ならではの充実した数々のプログラムが魅力である。2019年には169件の建物が公開されて延べ約5万人が参加したという。東京など遠方からの参加者も多数いるようだ。大阪は人口が約270万人の都市であるから、アムステルダムのオープン・モニュメンテンダッハにおける参加者の半分に満たない規模であるが、日本での一般公開事業としては、異例の成功を収めている。大阪は1992年に始まったロンドンのオープン・ハウス・ロンドン（OPEN HOUSE LONDON）[＊61]をモデルとして開催され、2019年から日本で初めてオープン・

ハウス・ワールドワイド(Open House Worldwide)[*62]への加盟が認められ、オープン・ハウス大阪(OPEN HOUSE OSAKA)を名乗っている。

こうして見ると、日本でも近年は各地で歴史的な建築物の一斉一般公開事業が実施されているように思えるが、オランダなどヨーロッパ諸国のそれと比較すると、一般化の度合いはまだまだ低い。しかも全国的な規模で実施されているものではない。オランダを含めたヨーロッパでの一斉一般公開事業は、従来型の教育的で啓蒙的な側面がぬぐえないものの、今後日本でもこうした事業が各地で開催されるようになれば、歴史的建築への理解とともに、それらを魅力的に改修して活用することへの理解も深まることだろう。何よりも、建物の所有者の協力を得ることが重要であるが、建物への市民の関心を高めることは、その保存を促すことになる。一般公開もまた、建築保存への道を拓くものだと言える。

おわりに

こうしてオランダの建築の保存活用の背景や環境の様子を見てみると、非常に充実したものとなっていることが理解できるだろう。合理性や現実を重視するオランダの気質も手伝って、状況に応じて柔軟に対応しながら、建築の保存活用のための環境が国を挙げてつくられている。歴史的建築物に光を当て、その価値を見出し、充実した活用や転用、改修を実現するには、建築家のアイデアや技術革新だけでできるものではない。制度や行政、職能、教育、市民の理解など、あらゆる仕組みや活動が互いにうまく機能して、ようやく実現できるのだと言える。第1章と第2章で紹介したオランダの建築の保存活用の事例は、本章で見たような充実した環境の中でこそ生み出されたものであることを、改めて強調しておきたい。

本章では、日本の状況と比較しながらオランダの様子を紹介した。歴史的建築物の保存活用に向けて、近年は日本でも様々な活動が進みつつあるが、オランダでは日本より2、30年ほど早く、しかも国家的な取り組みとして始まっており、その内容は極めて充実したものになっている。それは、オランダでは歴史的建築物の文化財指定や登録の際に所有者の同意が事実上不要であり、歴史的建築物を半ば強制的に保存活用できる環境が整っていることも大きい。言い換えれば、こうした決定的な環境の差を考慮せずに、日本が単純にオランダを目標とし同様の環境整備を目指そうとすることは無意味である。日本ならではの歴史的建築物の保存活用の環境をつくり上げていくしかないだろう。しかしそのような場合でも、オランダは、歴史的建築物の保存活用に関する「究極のモデル」として、日本が目指すべきあり方を示唆し続けることだろう。

1 ―― 太田和敬・見原礼子『オランダ 寛容の国の改革と模索』(寺子屋新書)、子どもの未来社、2006年

2 ―― 長坂寿久『オランダモデル』日本経済新聞社、2000年

3 ―― 長坂寿久『オランダを知るための60章』明石書店、2007年

4 ―― Test and Score Data Summary for TOEFL Internet-based and Paper-based Tests' JANUARY 2010-DECEMBER 2010 TEST DATA

5 ―― 農林水産省「オランダの農林水産業概況」2018年度
http://www.maff.go.jp/j/kokusai/kokusei/kaigai_nogyo/attach/pdf/index-65.pdf

6 ―― 「世界を読む:英語に席巻される大学オランダで『言語自殺』論争 日本語の未来は」『産経新聞』2018年7月13日
https://www.sankei.com/west/news/180720/wst1807200001-n1.html

7 ―― アムステルダム市文化財保護局ゼネラルマネージャーEsther Agricola氏へのインタビューより(近畿弁護士会連合会公害対策・環境保全委員会編『第28回 近畿弁護士会連合会人権擁護大会 シンポジウム第2分科会:建築物の保存とまちづくりを考える ―どのような建物を、どのように保存するか― 近代建築を中心に』所収、近畿弁護士会連合会、2014年)

8 ―― https://web.archive.org/web/20170829164633/https://cultureelerfgoed.nl/dossiers/wederopbouw/top-100-wederopbouwmonumenten-1940-1958

9 ―― デルフト工科大学教授Marieke C. Kuipers氏の発言(出典は**7**に同じ)

10 ―― https://www.monumenten.nl/onderhoud-en-restauratie/financiering-onderhoud-en-restauratie/subsidies-voor-rijksmonumenten

11 ―― https://www.monumenten.nl/een-monument-kopen

12 ―― オランダの弁護士Sebastiaan Levelt氏へのインタビューより(出典は**7**に同じ)

13 ―― Fred M. Feddes, *The Belvedere Memorandum: A Policy Document Examining the Relationship Between Cultural History and Spatial Planning*, Ministry of Education / Culture and Science, 1999

14 ―― 山名善之「ICOMOS二十世紀委員会からの報告 ―マドリッド・ドキュメントについて―(大西伸一郎訳)」『モダニズム建築の評価 ―保存のコミュニケーションをめぐって―』所収、日本建築学会 建築歴史・意匠委員会、2012年9月

15 ―― オランダの弁護士Sebastiaan Levelt氏へのインタビューより(出典は**7**に同じ)

16 ―― 京都工芸繊維大学で開催したシンポジウム「保存再生学特別研究会2017:近代文化遺産における活用の意味を考える」(2018年2月18日)における、Paul Meurs氏の講演「How the Dutch deal with the past in their modern cities」での発言。
https://www.d-lab.kit.ac.jp/projects/2018/hozon-lecture-17/

17 ―― https://www.boei.nl/

18 ―― https://www.herbestemming.nu/

19 ―― http://www.ideedoen.nl/

20 ―― http://kyoto-machisen.jp/

21 ―― https://www.steenhuismeurs.nl

22 ―― [***16**]に同じ。

23 ―― https://www.hembrugterrein.com

24 ―― ヘリテージ・コンサルタント事務所SteenhuisMeurs主宰/デルフト工科大学客員教授Paul Meurs氏へのインタビューより(出典は**7**に同じ)

25 ―― http://hhtrust.jp

26 ―― http://hhtkansai.jp

27 ―― https://www.docomomo.com/

28 ―― https://www.docomomo.nl/

29 ―― http://www.docomomojapan.com/

30 ―― 筆者のDOCOMOMO Nederland前事務局長Sara Stroux氏へのインタビューによる
31 ―― https://www.iconichouses.org
32 ―― https://www.architecturalrecord.com/articles/3245-newsmaker-natascha-drabbe-founder-of-the-iconic-houses-network
33 ―― https://sweetshotel.amsterdam/
34 ―― Sascha Glasl, Marthijn Pool, Tjeerd Haccou, Sven Hoogerheide (space&matter), Renate van Schaik (ARCAM), *SWEETS: Overview Insight Outlook*, ARCAM(Architectuurcentrum Amsterdam), 2013
https://www.arcam.nl/en/
35 ―― https://www.tudelft.nl/onderwijs/opleidingen/masters/aubs/msc-architecture-urbanism-and-building-sciences/master-tracks/architecture/programme/studios/heritage-architecture/
36 ―― Clarke, N., Kuipers, M., & Stroux, S. (2019). "Embedding built heritage values in architectural design education.", *International Journal of Technology and Design Education.*, Volume30, issue5, 2020
https://doi.org/10.1007/s10798-019-09534-4
37 ―― Jo Coenen, *De kunst van de versmelting / The art of bleding*, TU Delft, 2006
38 ―― 田原幸夫・笠原一人・中山利恵編『建築と都市の保存再生デザイン』鹿島出版会、2019年
39 ―― https://www.nrpguldenfeniks.nl
40 ―― http://www.belca.or.jp
41 ―― 小松幸夫「住宅寿命について」『住宅問題研究』住宅金融普及協会、vol.16 No.2、2000年6月
42 ―― https://hetnieuweinstituut.nl/
43 ―― http://archive.nai.nl　https://nai.hetnieuweinstituut.nl
44 ―― http://nama.bunka.go.jp/
45 ―― http://www.museum.kit.ac.jp/
46 ―― Gerrit Rietveld Archive:all items of the Rietveld Schröder Archive, Centraal Museum Utrecht, Gerrit Thomas Rietveld; Centraal Museum, Leiden IDC, 1998
47 ―― https://www.centraalmuseum.nl/en/explore/collection/rietveld-schroder-archive
48 ―― http://archive.nai.nl/museum/architecture_app/item/_pid/kolom2-1/_rp_kolom2-1_elementId/1_601695
https://nai.hetnieuweinstituut.nl/en/uar
49 ―― https://www.architecturetours.nl/
50 ―― https://www.architour.nl/
51 ―― https://www.urbanguides.nl/en/
52 ―― http://accesspoint.jp/
53 ―― https://www.maimai-kyoto.jp/
54 ―― https://www.maimai-tokyo.jp/
55 ―― https://www.maimai-pocket.com/
56 ―― https://www.europeanheritagedays.com/Home.aspx
57 ―― https://www.openmonumentendag.nl/
58 ―― https://www.oa-hiroshima.org/
59 ―― http://openhousekagoshima.org/
60 ―― https://ikenchiku.jp/
61 ―― https://openhouselondon.org.uk/
62 ―― https://www.openhouseworldwide.org/

＊URLは、2021年2月閲覧時のものである。

参考文献

- 独立行政法人文化財研究所東京文化財研究所／国際文化財保存修復協力センター編『オランダ文化財保護制度調査報告』文化財研究所東京文化財研究所国際文化財保存修復協力センター、2006年
- 近畿弁護士会連合会公害対策・環境保全委員会編『第28回　近畿弁護士会連合会人権擁護大会　シンポジウム第2分科会：建築物の保存とまちづくりを考える―どのような建物を、どのように保存するか―近代建築を中心に』近畿弁護士会連合会、2014年
- Paul Meurs / Marinke Steenhuis, 'Adaptive re-use in the Netherlands', SteenhuisMeurs, 2015
- Paul Meurs, 'Heritage-based design', TU Delft, Architecture and the Built Environment, 2015（同書は下記からダウンロード可能）
- http://books.bk.tudelft.nl/index.php/press/catalog/book/484
- Paul Meurs / Marinke Steenhuis, 'Reuse, Redevelop and Design', Nai010 publishers, 2017
- 田原幸夫・笠原一人・中山利恵編『建築と都市の保存再生デザイン』鹿島出版会、2019年

筆者によるオランダ関係文献

- 「ダッチ・モダニズムの統合的継承」『建築文化』第669号、彰国社、2004年
- 「オランダ・リノベーション建築の現在」『新建築』第86巻4号、新建築社、2011年4月
- 「オランダに学ぶ近代建築と産業遺産の保存・活用」『歴史と神戸』第289号、神戸史学会、2011年
- 「オランダにおけるモダニズム建築の再建問題」『建築ジャーナル』No.1187、企業組合建築ジャーナル、2011年
- 「オランダにおけるモダニズム建築の保存・改修教育」『建築ジャーナル』No.1188、企業組合建築ジャーナル、2011年
- 「保存をめぐる評価指標の多様化―オランダにおけるゾンネストラール・サナトリウムの修復とソンスベーク・パビリオンの再建から考える―」『2012年度日本建築学会大会（東海）建築歴史・意匠部門パネルディスカッション資料　モダニズム建築の評価―保存のコミュニケーションをめぐって』日本建築学会建築歴史・意匠委員会、2012年
- 「保存再生学シンポジウム『鉄筋コンクリート建造物の保存と活用』レポート」『DOCOMOMO News Letter』no.22（2016年秋・冬号）、DOCOMOMO Japan、2016年
- 「近代建築の改修デザインを考える」『APPROACH』No.46、兵庫県建築士事務所協会神戸支部、2017年
- 『クロノカオス』に抗して、いかに歴史的建築物に向き合うべきでしょうか？」『10＋1web』LIXIL出版、2017年
- 「随想　オランダに学ぶ」『神戸新聞』2017年11月9日夕刊
- 「建築の歴史的価値を社会化する」『建築と社会』日本建築協会、2018年4月
- 「歴史的建築物の改修デザインを考える」『ARCHITECTS SALON 2019』兵庫県建築設計監理協会、2019年

図版出典一覧

URLはすべて2021年2月20日閲覧時のもの。出典の記載のないものはすべて筆者撮影による。

第1章

- p.024 Fig.1_d: https://www.archiweb.cz/en/b/rijksmuseum
  Fig.2_d: https://www.heeswijk.nl/index.php?cat=projecten&discipline=renovatie&functie=infrastructuur-1&gebouwtype=kantoren&item=mauritshuis&lang=en&order=asc&page=1&sortby=cont_title_l0&status=prijsvraag&sub_cat=mauritshuis
- p.033 Fig.4_c: https://www.herbestemming.nu/projecten/gerardus-majellakerk-amsterdam
- p.035 Fig.5_d: https://www.archdaily.com/591075/theatre-speelhuis-cepezedarchitects?ad_medium=gallery
- p.039 Fig.1_d: *Bouwwereld'* #12, Jaargang 106, November 2010, EismaBouwmedia
- p.042 Fig.5_c: *Architectuur NL*, #06/2009, EismaBouwmedia
- p.044 Fig.1_d: *Auswahl eins*, KOLUMBA, 2007
- p.046 Fig.2_c: *ARKITEKTUR N*, July 2009, Norske arkitekters landsforbund
- p.048 Fig.3_b: https://en.wikiarquitectura.com/building/kaiser-wilhelm-memorial-church/#memorialkaiser-antes-ww-1-jpg-2-1
- p.055 Fig.2_c: *ARCHIS*, December 1997, Stichting Wonen
- p.056 Fig.3_c: http://www.rotterdamwoont.nl/items/view/154/Looiershof
- p.061 Fig.2_d: *Detail in Architectuur*, June 2003, Ten Hagen & Stam
- p.062 Fig.4_d: *de Architect*, February 1993, Ten Hagen & Stam
- p.067 Fig.2_c Dezeen: https://www.dezeen.com/2013/02/07/rdm-innovation-deck-by-groosman-partners/
- p.070 Fig.5_a,d: https://www.west8.com/projects/strijp_s/
- p.072 Fig.6_c: https://www.archdaily.com/198225/cultureel-search/5004d89728ba0d4e8d0007e2-cultureel-search-floor-plan?next_project=no
  Fig.7_b: 参照:https://commons.wikimedia.org/wiki/File:NIMH_-_2011_-_0233_-_Aerial_photograph_of_Den_Helder,_The_Netherlands_-_1920_-_1940.jpg
  所蔵:Nederlands Instituut voor Militaire Historie (NIMH)
- p.077 Fig.3_c: Karl Ganser, Tom Sieverts, Jens Trautmann, *WESTPARK BOCHUM*, KLARTEXT, 2007
- p.086 Fig.1_a: *STEDENBOUW*, 650 juni 2007, Louwers Mediagroep
  Fig.1_e,f: *Domus* 913, April 2008, Editoriale Domus
- p.088 Fig.3_b: https://www.herbestemming.nu/projecten/tramremise-de-hallen-amsterdam
- p.089 Fig.3_d: https://www.dearchitect.nl/projecten/de-hallen-in-amsterdam-door-buro-van-stigt
- p.090 Fig.5_c: http://www.zeroundicipiu.it/2013/02/19/rem-island/2/
- p.093 Fig.1_d: https://www.zecc.nl/nl/Projecten/project/71/Watertoren-Sint-Jansklooster
- p.095 Fig.2_d: *Architectuur NL*, #2/2008, EismaBouwmedia
  Fig.2_e: *Architectuur in Nederland*, Jaarboek 2008/09', NAi Uitgevers, 2009
- p.098 Fig.6_c: *MONUMENTEN*, May 2005, Stichting Monumenten
- p.100 Fig.1_d: *cement*, 05/2005, May 2005, Cement&BetonCentrum
- p.102 Fig.2_b: https://guillaume-coupez.wixsite.com/capteurs-territoires/housing-frosilomvrdv?lightbox=dataltem-imtc5dtz
  Fig.2_d,e: *de Architect*, December 2005, Ten Hagen & Stam
- p.104 Fig.3_d: *BULLETIN KNOB*, February 1989, Koninklijke Nederlandse Oudheidkundige Bond
  Fig.4_b: https://www.ruimteutrecht.nl/
- p.107 Fig.1_d: *de Architect*, September 2008, Ten Hagen & Stam
  Fig.2_d: https://www.wehdorn.at/projects/gasometer/
- p.108 Fig.4_c: http://www.rheinische-industriekultur.de/objekte/oberhausen/gas/gasb.html

▪p.116 Fig.4_b: https://www.shutterstock.com/ja/image-photo/16102017-werkendam-holland-aerialview-appartment-758548651
Fig.4_e: https://www.dbnl.org/tekst/_jaa030200401_01/_jaa030200401_01_0015.php
Fig.4_f: https://www.kenniscentrumwaterlinies.nl/collectie/afbeeldingen/?mode=gallery&view=horizontal&q=Fort%20Steurgat&rows=25&page=1

第2章

▪p124 Fig.1_b,c: http://arqa.com/english-es/architecture-es/didden-village-rotterdam-thenetherlands.html
▪p126 Fig.2_b: https://drimble.nl/cultuur/rotterdam/436123.html
▪p128 Fig.4_b: https://nieuws.top010.nl/beurs-wtc-rotterdam.htm
▪p129 Fig.5_c: https://www.herbestemming.nu/projecten/hasseltse-kerk-tilburg
▪p132 Fig.1_b: http://www.braaksma-roos.nl/project/bk-city
▪p135 Fig.2_c: https://mvsa-architects.com/project/projects-conservatorium-hotel-hospitality/
Fig.3_c: https://www.designboom.com/architecture/dok-architecten-het-scheepvaartmuseumamsterdam/
▪p138 Fig.1_c: https://www.arcam.nl/en/lloydhoteldoorsnede-jpg/
Fig.2_d: https://www.dearchitect.nl/projecten/de-witte-dame-in-eindhoven-door-bertdirrix?_ga=2.242186114.1672117140.1591926366-210385564.1591926366
Fig.2_e: *de Architect*, June 1998, Ten Hagen & Stam
▪p140 Fig.3_b: https://www.diederendirrix.nl/en/projecten/building-anton/
▪p142 Fig.1_b: *BLAD VAN NEDERLANDSE ARCHITECTEN*, April 2006, Koninklijke Maatschappijtot B evordering der Bouwkunst, Bond van Nederlandse Architecten
▪p146 Fig.5_b: https://stadsarchief.breda.nl/collectie/beeld/films-en-fotos/?mode=gallery&rows=45&page=1&fq%5B%5D=search_s_key_all:%22Lunet%20B%22&view=horizontal
Fig.5_d: *LUNET B presentative*, April 2005, Rothuizen van Doorn 't Hooft Architecten Stedebouwkundigen
▪p153 Fig.1_c: https://www.archdaily.com/458073/museum-de-fundatie-bierman-henketarchitecten?ad_medium=gallery
▪p156 Fig.4_b: http://reliwiki.nl/index.php/Bestand:Helmond_leonardus_interieur01.jpg
Fig.4_d: *de Architect interieur 27*, September 2008, Ten Hagen & Stam
▪p159 Fig.2_d: https://www.mvrdv.nl/projects/240/crystal-houses
▪p160 Fig.4_b: *Architectuur in Nederland 2015 / 2016*, nai010 uitgevers, 2016
▪p166 Fig.1_b: Bert van Bommel,*Rietveldpaviljoen, van Gerrit Rietveld, zie je bij het Kröller-MüllerMuseum*, Sdu Uitgevers bv, 2009
▪p169 Fig.2_c: http://hicarquitectura.com/2018/04/aldo-van-eyck-sculpture-pavilion-sonsbeekexhibition-2/
Fig.3_c: *Detail in Architectuur*, mei 2004, Ten Hagen & Stam
▪p172 Fig.5_b: https://nieuws.top010.nl/kiefhoek.htm
▪p173 Fig.5_e: *Bouwwereld*, 87, nr.2, 25 januari 1991, EismaBouwmedia
▪p174 Fig.1_b: *MONUMENTEN*, January-February 2005, Stichting Monumenten
▪p176 Fig.3_a: https://www.takarchitecten.nl/projecten/groot-handelsgebouw
▪p178 Fig.4_c: https://www.archdaily.com/151566/ad-classics-amsterdam-orphanage-aldo-van-eyck
▪p180 Fig.5_c: *de Architect*, November 2007, Ten Hagen & Stam
▪p186 Fig.1_d: https://www.platformvoer.nl/tag/van-nelle-fabriek/（2018年10月3日閲覧）
▪p188 Fig.4_d: https://www.alamy.com

- p190 Fig.5_d: https://www.metalocus.es/en/news/neues-museum-drawings-david-chipperfield-display-lisbon
  Fig6_c: https://www.museumfuernaturkunde.berlin/de/ueber-uns/das-museum/geschichte-desmuseums
- p192 Fig.2_d: https://www.inexhibit.com/mymuseum/caixaforum-madrid-herzog-de-meuron/
- p193 Fig.1_d: https://www.archiweb.cz/en/b/labska-filharmonie-elbphilharmonie
- p194 Fig.3_c: http://www.laterizio.it/cil/progetti/246-museum-der-kulturen-basilea.html
- p198 Fig.1_b: Bouwwereld, # 4, April 2007, EismaBouwmedia
- p200 Fig.2_c: https://www.cepezed.nl/en/project/westraven/28042/
  Fig.3_b: https://kaschra.nl/leeuw-van-vlaanderen/
  Fig.3_c: *de Architect,* July-August 2006, Ten Hagen & Stam
- p202 Fig4_c: https://www.zwijndrecht.net/nieuws/2009-05-14-1748-nationale-renovatieprijs-2009
  Fig.5_b: https://www.amsterdamsebinnenstad.nl/binnenstad/232/abn-rembrandtplein.html

---

第3章

- p218 Fig.1: Fred Feddes te Amsterdam / De Rotterdamsche Communicatie Compagnie, ed. 'The Belvedere memorandum', 1999
- p222 Fig.2_a: 撮影：Kees Hummel
  Fig.2_b: 提供：SteenhuisMeurs
  Fig.2_c: 所蔵：Aviodrome
- p224 Fig.3_b: Sara Stroux, Wido Quist, Frank Foole, Bianca Eikhoudt, *Reco.mo.mo:Reconstruction of modern heritage*, DOCOMOMO Nederland, 2011
- p232 Fig.5_a,b,c: Clarke, N., Kuipers, M., & Stroux, S. (2019) 'Embedding built heritage values in architectural design education', *International Journal of Technology and Design Education* 30, International Journal of Technology and Design Education, 2019

掲載建物Map

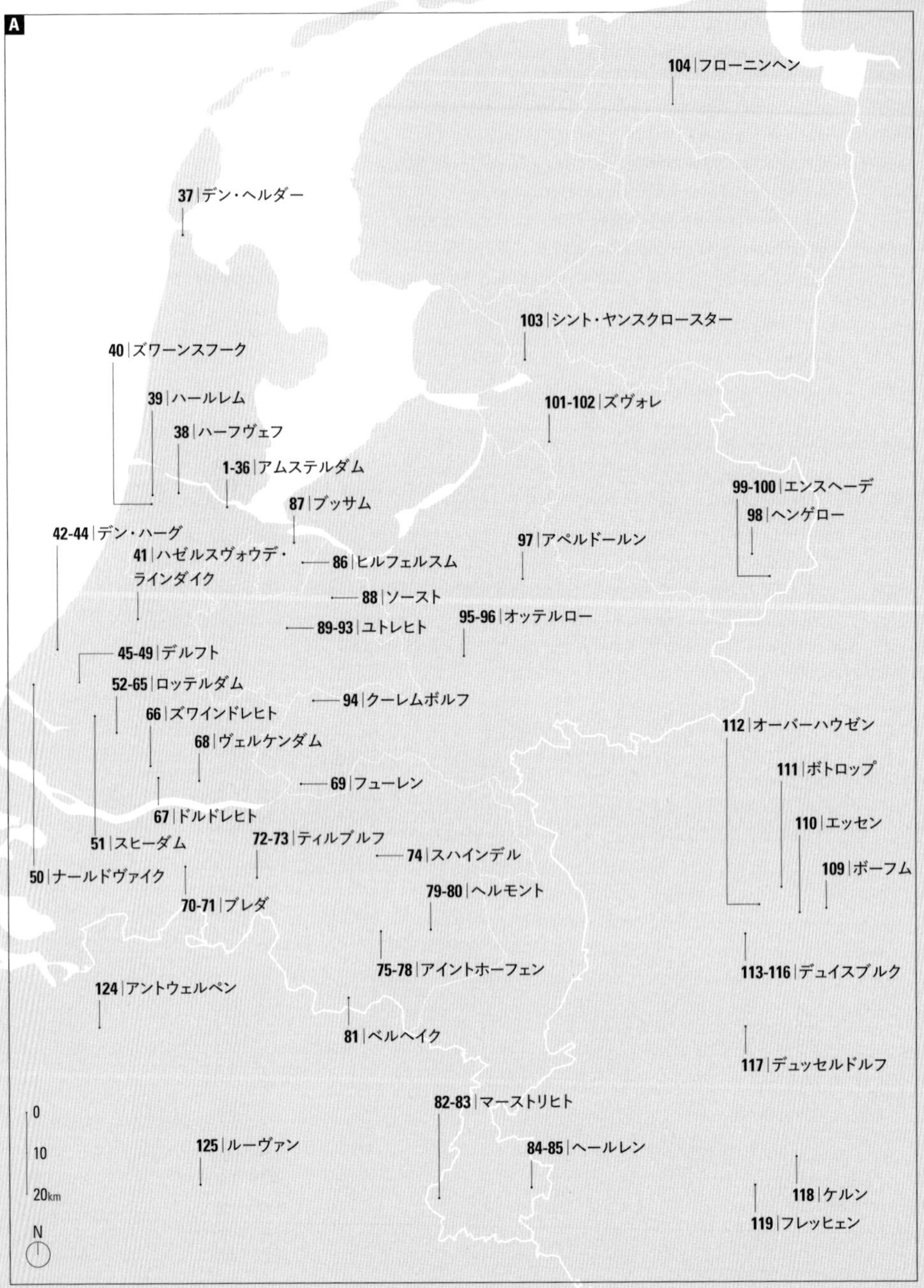

A
104｜フローニンヘン
37｜デン・ヘルダー
103｜シント・ヤンスクロースター
40｜ズワーンスフーク
39｜ハールレム
101-102｜ズヴォレ
38｜ハーフヴェフ
1-36｜アムステルダム
99-100｜エンスヘーデ
87｜ブッサム
98｜ヘンゲロー
42-44｜デン・ハーグ
97｜アペルドールン
41｜ハゼルスヴォウデ・ラインダイク
86｜ヒルフェルスム
88｜ソースト
89-93｜ユトレヒト
95-96｜オッテルロー
45-49｜デルフト
52-65｜ロッテルダム
94｜クーレムボルフ
66｜ズワインドレヒト
112｜オーバーハウゼン
68｜ヴェルケンダム
111｜ボトロップ
69｜フューレン
67｜ドルドレヒト
110｜エッセン
51｜スヒーダム
72-73｜ティルブルフ
74｜スハインデル
109｜ボーフム
50｜ナールドヴァイク
79-80｜ヘルモント
70-71｜ブレダ
75-78｜アイントホーフェン
113-116｜デュイスブルク
124｜アントウェルペン
81｜ベルヘイク
117｜デュッセルドルフ
82-83｜マーストリヒト
0
10
20km
125｜ルーヴァン
84-85｜ヘールレン
118｜ケルン
119｜フレッヒェン
N

凡例：Map番号は1・2章で紹介している建物（左頁のFig・建物概要の末尾ナンバー）と共通

建物の位置をマッピングした詳細地図を読み込めます（2021年5月現在）

Map 番号	建物名	住所	建物概要
	Netherlands｜オランダ		
	Amsterdam｜アムステルダム		
1	Rijksmuseum｜アムステルダム国立美術館	Museumstraat 1	p.024
2	Stedelijk Museum Amsterdam｜アムステルダム市立美術館	Museumplein 10	p.026
3	De NedPho-koepel｜ネドフォ・クーポル	Obiplein 8	p.032
4	Hermitage Amsterdam｜アムステルダム・エルミタージュ美術館	Amstel 51	p.042
5	Entrepotdok｜エントレポトドク	Entrepotdok 36	p.058
6	Woningbouw Aquartis｜ヴォーニンフボウ・アクアルティス	Entrepotdok 164	p.058
7	A- Factorij｜A-ファクトライ	Pilotenstraat 41	p.060
8	Viacom International Media Networks｜フィアコム・インターナショナル・メディア・ネットワーク	NDSM-Plein 6	p.062
9	NDSM Lasloods｜NDSM ラスロード	Tt. Neveritaweg 15	p.066
10	Kraanspoor｜クラーンスポール	Kraanspoor	p.086
11	Café Open (Restaurant Wolf Atelier)｜カフェ・オープン（現・レストラン・ヴォルフ・アトリエ）	Westerdoksplein 20	p.088
12	De Hallen Amsterdam｜デ・ハーレン・アムステルダム	Hannie Dankbaarpassage 47	p.088
13	REM eiland｜REMエイランド	Haparandadam 45-2	p.090
14	Crane Hotel Faralda Amsterdam｜クレーン・ホテル・ファラルダ・アムステルダム	NDSM-Plein 78	p.090
15	Graansilo's｜グラーンシロース	Silodam 129	p.104
16	Westergasfabriek｜ヴェスターハスファブリーク	Klönneplein 1	p.108
17	Tomekon Mansion｜トメコン・マンション	Tretjakovlaan 14	p.110
18	W99｜W99	Weesperzijde 99	p.126
19	Conservatorium Hotel｜コンセルファトリウム・ホテル	Van Baerlestraat 27	p.134
20	Het Scheepvaartmuseum｜海事博物館	Kattenburgerplein 1	p.134
21	Het Sieraad｜ヘット・シーラード	Postjesweg 1	p.136
22	Lloyd Hotel｜ロイド・ホテル	Oostelijke Handelskade 34	p.138
23	Lightfactory｜ライトファクトリー	Sloterkade 166-R	p.142
24	Pakhuis De Zwijger｜パクハウス・デ・ズヴァイハー	Piet Heinkade 179	p.144
25	Crystal Houses｜クリスタル・ハウス	Pieter Cornelisz Hooftstraat 68	p.158
26	Museum Ons' Lieve Heer op Solder｜オンス・リーフェ・ヒール・オプ・ソルダー博物館	Oudezijds Voorburgwal 38	p.160
27	Gerrit Rietveld Academie｜ヘリット・リートフェルト・アカデミー	Fred. Roeskestraat 96	p.176
28	Burgerweeshuis (BPD)｜子供の家（現・BPD）	IJsbaanpad 1	p.178
29	De Bazel｜デ・バゼル	Vijzelstraat 32	p.180
30	Koninklijk Paleis Amsterdam｜コーニンクライク・パレイス・アムステルダム	Nieuwezijds Voorburgwal 147	p.180
31	Magna Plaza｜マグナ・プラザ	Nieuwezijds Voorburgwal 182l	p.188
32	De Leeuw van Vlaanderen｜デ・レーウ・ファン・フラーンデレン	De Leeuw van Vlaanderenstraat	p.200

33	THE BANK │ ザ・バンク	Herengracht 595	p.202
34	Overhoeks (A'DAM Toren) │ オーファーホークス(アムステルダム・トーレン)	Overhoeksplein 1	p.204
35	Trouw Amsterdam (The Student Hotel Amsterdam City) │ トロウ・アムステルダム(現・ザ・スチューデント・ホテル・アムステルダム・シティ)	Wibautstraat 129	p.204
36	ACTA gebouw │ ACTAヘボウ	Louwesweg 1	p.206

Den Helder │ デン・ヘルダー

37	Rijkswerf Willemsoord │ ライクスヴェルフ・ヴィレムソールド	Willemsoord	p.072

Halfweg │ ハーフヴェフ

38	Suikersilo's │ サウカーシロース	Haarlemmerstraatweg 11	p.100

Haarlem │ ハールレム

39	Heilig Hart Huisvesting │ ハイリッヒ・ハート住宅	Kleverparkweg 15A	p.036

Zwaanshoek │ ズワーンスフーク

40	Aula │ アウラ	Spieringweg 1021	p.168

Hazerswoude-Rijndijk │ ハゼルスヴォウデ・ラインダイク

41	Watertoren Hazerswoude │ ヴァータートーレン・ハゼルスヴォウデ	Rijndijk 127	p.096

Den Haag │ デン・ハーグ

42	Mauritshuis │ マウリッツハイス美術館	Plein 29	p.024
43	Caballero Fabriek │ カバレロ・ファブリーク	Saturnusstraat 60	p.060
44	Gemeentemuseum Den Haag │ ハーグ市立美術館	Stadhouderslaan 41	p.136

Delft │ デルフト

45	De Watertoren Delft │ デ・ヴァータートーレン・デルフト	Kalverbos 22	p.094
46	BK City (Faculteit Bouwkunde Technische Universiteit Delft) │ BKシティ(デルフト工科大学 建築学部 校舎)	Julianalaan 134	p.132
47	Mediatheek │ メディアテーク	Vesteplein 100	p.140
48	De Oliemolen │ デ・オリモーレン	Buitenwatersloot 411	p.144
49	Faculteit Civiele Techniek & Geowetenschappen Technische Universiteit Delft │ デルフト工科大学土木地球工学部校舎	Keverling Buismanweg 1	p.198

Naaldwijk │ ナールドヴァイク

50	HET Architectenbureau (Gashouder) │ HET建築事務所(ハスハウダー)	Verspycklaan 72A	p.106

	Schiedam	スヒーダム		
51	Stedelijk Museum Schiedam	スヒーダム市立美術館	Hoogstraat 112	p.154

	Rotterdam	ロッテルダム		
52	Museum Boijmans van Beuningen	ボイマンス・ファン・ベーニンヘン美術館	Museumpark 18	p.028
53	Jobsveem	ヨブスフェーム	Lloydstraat 24	p.054
54	Vrij Entrepot	フライ・エントレポット	Vijf Werelddelen 33	p.054
55	De Looiershof	デ・ローイアースホフ	Looiershof 1	p.056
56	RDM Campus	RDM キャンパス	Scheepsbouwweg 15	p.066
57	Didden Village	ディデン・フィレッジ	Beatrijsstraat 71	p.124
58	Las Palmas	ラス・パルマス	Wilhelminakade 332	p.126
59	Beurs World Trade Center (WTC)	ビュルス・ワールド・トレード・センター	Beursplein 37	p.128
60	Kantoor de Brug	カントール・デ・ブルフ	Nassaukade 5	p.142
61	Cafe de UNIE (Charly's Lunchroom)	カフェ・デ・ユニ（現・チャーリーズ・ランチルーム）	Mauritsweg 35	p.170
62	Kiefhoek	キーフーク集合住宅	Heer Arnoldstraat	p.172
63	Groot Handelsgebouw	フロート・ハンデルスヘボウ	Stationsplein 45	p.176
64	Van Nelle	ファン・ネレ工場	Van Nelleweg 1	p.186
65	HAKA Gebouw	HAKAヘボウ	Vierhavensstraat 38	p.208

	Zwijndrecht	ズワインドレヒト		
66	De Bakens	デ・バーケンス	Eemstein	p.202

	Dordrecht	ドルドレヒト		
67	Energiehuis	エナジーハウス	Noordendijk 148	p.068

	Werkendam	ヴェルケンダム		
68	Fort Steurgat	フォート・ステュルハット	Het Fort 11	p.116

	Vuren	フューレン		
69	Fort Vuren	フォート・フューレン	Waaldijk 29	p.114

	Breda	ブレダ		
70	Kloosterkazerne	クロースターカゼルネ	Kloosterplein 20	p.038
71	Lunet B	ルネットB	Reduitlaan 31	p.146

	Tilburg	ティルブルフ		
72	Wijkcentrum De Poorten	ヴァイクセントラム・デ・ポールテン	Hasseltstraat 194	p.128
73	De Pont Museum	デ・ポント美術館	Wilhelminapark 1	p.062

No.	Name	Address	Page
	Schijndel ｜ スハインデル		
74	GLASS FARM ｜ グラス・ファーム	De Glazen Boerderij 3	p.158
	Eindhoven ｜ アイントホーフェン		
75	Van Abbemuseum ｜ ファン・アッベ美術館	Bilderdijklaan 10	p.028
76	Strijp S ｜ ストライプ S	Torenallee	p.070
77	Witte Dame ｜ ヴィッテ・ダーメ	Emmasingel 14	p.138
78	ANTON Strijp S ｜ アントン・ストライプ S	Torenallee 62	p.140
	Helmond ｜ ヘルモント		
79	Theater Speelhuis ｜ スピールハウス劇場	Speelhuisplein 2	p.034
80	Gezondheidscentrum Leonardus ｜ ヘゾントハイトセントラム・レオナルダス	Wethouder Ebbenlaan 131A	p.156
	Bergeijk ｜ ベルヘイク		
81	De Ploeg Bergeijk ｜ デ・プルーフ・ベルヘイク	Riethovensedijk 20	p.064
	Maastricht ｜ マーストリヒト		
82	Boekhandel Dominicanen ｜ ドミニカネン書店	Dominicanerkerkstraat 3	p.030
83	Kruisherenhotel Maastricht ｜ クラウスヘーレンホテル・マーストリヒト	Kruisherengang 19-23	p.040
	Heerlen ｜ ヘールレン		
84	AZL N.V. ｜ AZL N.V.	Akerstraat 92	p.154
85	Glaspaleis (SCHUNCK) ｜ フラスパレイス（シュンク）	Bongerd 18	p.186
	Hilversum ｜ ヒルフェルスム		
86	Sanatorium Zonnestraal ｜ サナトリウム・ゾンネストラール	Loosdrechtse Bos 17	p.174
	Bussum ｜ ブッサム		
87	Watertoren Bussum ｜ ヴァータートーレン・ブッサム	Bussummergrindweg 1	p.096
	Soest ｜ ソースト		
88	Watertoren Soest ｜ ヴァータートーレン・ソースト	Oranjelaan 36	p.098
	Utrecht ｜ ユトレヒト		
89	Watertoren Utrecht Heuveloord ｜ ヴァータートーレン・ユトレヒト・ハウフェロード	Heuveloord 25a	p.094
90	U-trechters ｜ ユトレヒタース	Veilinghavenkade 4-8	p.104
91	Fort aan de Klop ｜ フォート・アーン・デ・クロップ	1e Polderweg 4, 3563 MC	p.112
92	Stadhuis van Utrecht ｜ ユトレヒト市庁舎	Stadhuisbrug 1	p.162
93	Ensemble Westraven ｜ エンセンブレ・ヴェストラーフェン	Griffioenlaan 2	p.200

	Hamburg ｜ハンブルク		
108	Elbphilharmonie Hamburg ｜ エルブフィルハーモニー・ハンブルク	Platz der Deutschen Einheit 1	p.192
	Bochum ｜ボーフム		
109	Westpark Bochum ｜ヴェストパルク・ボーフム	An der Jahrhunderthalle 1	p.076
	Essen ｜エッセン		
110	Zollverein Coal Mine Industrial Complex ｜ ツォルフェライン炭鉱業遺産群	Gelsenkirchener Str. 181	p.074
	Bottrop ｜ボトロップ		
111	Tetrahedron ｜テトラヘドロン	Beckstraße 53	p.080
	Oberhausen ｜オーバーハウゼン		
112	Oberhausen Gasometer ｜ オーバーハウゼン・ガソメーター	Arenastraße 11	p.108
	Duisburg ｜デュイスブルク		
113	Landschaftspark Duisburg-Nord ｜ ランドシャフトパーク・デュイスブルク・ノード	Emscherstraße 71	p.076
114	Tiger & Turtle Magic Mountain ｜ タイガー&タートル・マジック・マウンテン	Ehinger Str. 117	p.080
115	Altstadtpark (Garten der Erinnerung) ｜ アルトスタッドパーク（ガルテン・デア・エリンネルング）	Philosophenweg 17B	p.164
116	Museum Küppersmühle ｜ムゼウム・クッパースミューレ	Philosophenweg 55	p.196
	Düsseldorf ｜デュッセルドルフ		
117	Die Wilde 13 ｜ディ・ヴィルデ 13	Professor-Schwippert-Straße	p.090
	Köln ｜ケルン		
118	Kolumba Museum ｜コロンバ美術館	Kolumbastraße 4	p.044
	Frechen ｜フレッヒェン		
119	Grube Carl ｜グルーベ・カール	Von-Klespe-Straße	p.078
	München ｜ミュンヘン		
120	Alte Pinakothek ｜アルテ・ピナコテーク	Barer Str. 27	p.188
	Austria ｜オーストリア		
	Wien ｜ウィーン		
121	Gasometer City ｜ガソメーター・シティ	Guglgasse 6	p.106

No.	Name	Address	Page
	Switzerland｜スイス		
	Basel ｜ バーゼル		
122	Museum der Kulturen ｜ ムゼウム・デア・カルトゥレン	Münsterpl. 20	p.194
	Flims ｜ フリムス		
123	Gelbes Haus ｜ ゲルベス・ハウス	Via Nova 60	p.160
	Belgium｜ベルギー		
	Antwerpen ｜ アントウェルペン		
124	Het Havenhuis ｜ ヘット・ハフェンハウス	Zaha Hadidplein 1	p.146
	Leuven ｜ ルーヴァン		
125	Campusbibliotheek Arenberg Katholieke Universiteit Leaven ｜ ルーヴァン・カトリック大学アレンベルク付属図書館	Willem de Croylaan 6	p.042
	Denmark｜デンマーク		
	København ｜ コペンハーゲン		
126	Frosilo (Gemini Residence) ｜ フロシロ（ジェミニ・レジデンス）	Islands Brygge 32A	p.102
	Norway｜ノルウェー		
	Hamar ｜ ハーマル		
127	Hedmark Museum ｜ ヘドマルク博物館	Strandvegen 100	p.046
	United Kingdom｜イギリス		
	London ｜ ロンドン		
128	Tate Modern ｜ テート・モダン	Bankside	p.196
	Coventry ｜ コヴェントリー		
129	Coventry Cathedral ｜ コヴェントリー大聖堂	Priory St	p.048
	Spain｜スペイン		
	Madrid ｜ マドリッド		
130	Caixa Forum Madrid ｜ カイシャ・フォルム・マドリッド	Paseo del Prado 36	p.192

あとがき

筆者は、近代建築史および建築保存再生論を専門とする研究者である。近代に特有のモダニズム建築や、関西を拠点として戦前から戦後にかけて活躍した村野藤吾ほかモダニズムの建築家などの研究を続けていたが、2010年から11年にかけて、在外研究で海外に滞在するチャンスを得た。その際、日本で取り組んでいる建築の歴史研究ではなく、建築の保存活用を学びたいと考えた。というのも、建築史を専門にしていると、社会での実際の建築の保存活用に関わらざるを得ないのだが、日本では特に近代建築の保存活用の環境が悪いため、全国各地で優れた近代建築が解体されているという状況があったからだ。そこで、欧米の優れた保存活用のあり方を学び、それを少しでも日本に生かしたいと考えたのである。

そうしたところ、学生時代から親しみを持っていたオランダで、建築の保存活用を専門とするRMIT学科（現・Heritage & Architectureコース）が、2006年にデルフト工科大学に創設されたことを知った。本文で詳述したが、この学科はヨーロッパに古くからある文化財修復学科とは異なり、歴史的な建築の価値を活かした「リノベーション」に焦点を当て、いわば建築史と建築保存と建築設計をつなぐような研究と教育に取り組んでいる学科であり、世界的に見ても同様のものは他にない。それまでの筆者の関心のすべてを総合するような学科であったため、「これしかない」と思い、同大学教授を務めヘリテージ・コンサルタントとしても活動するポール・ミュルス氏に師事しながら、オランダの建築の保存活用の事例を調査することにした。それが本書を著す端緒である。

帰国後、当時『建築ジャーナル』の編集者であった山崎泰寛氏（現・滋賀県立大学准教授）から、オランダを中心としたヨーロッパのリノベーションの事例を紹介する記事の連載の依頼を受けた。そこで「建築保存のポリエードル—ヨーロッパに学ぶ建築リノベーションの技法—」と銘打って2012年1月から同誌上に連載を始めた。建築の「保存」というと、建物をオリジナルの姿に忠実に凍結保存するというイメージが根強いが、実際には様々な方法があり、実に多様でポリエードル（多面体）であることを、オランダを中心とした多数の事例を通じて示すことが目的であった。

また日本では、オランダなどヨーロッパのリノベーションと比較すると、歴史的価値を過度に尊重した凍結保存的な文化財としての「保存」か、テレビ番組の「大改造!! 劇的ビフォーアフター」のような歴史的価値を尊重しない「リノベーション」に分化しているように感じられた。

もちろん歴史的価値を重視しつつリノベーションして活用している建物も複数存在するが、オランダの事例を知ってしまった後には、日本の事例の大部分が偏ったものに感じられた。そこで、オランダを中心としたリノベーションを日本で紹介することで、歴史的価値を重視し残しながらも、同時に大胆に手を加えて積極的に改修し、まさに新旧が共存する方法があることを伝えることができると考えた。

当初は、1年間の連載の予定で、教会や工場、給水塔といった形で、オリジナルの建物のビルディングタイプごとに紹介し始めたが、連載が好評とのことで、さらに1年の連載が決まった。そこで、2年目はビルディングタイプ別ではなく、増築や復元、テンポラリーユースなど、建築保存再生に関するオランダやヨーロッパでのトピックスに焦点を当ててさらに12回、計24回の連載を続けた。その後、この連載を元にして書籍化する話を頂いたのは、連載が終了した2013年12月だった。しかしその後、大学の本務に忙殺されていたこと、また追加で載録したい事例が次々とオランダを中心としたヨーロッパで登場し、その調査を重ねていたことから、なかなか筆が進まなかった。連載からあまりにも時間が経ち、各方面にご迷惑をおかけしたが、ようやく刊行できた次第である。

本書の第1章と第2章は、この『建築ジャーナル』での連載が元になっている。しかし、新規に事例を調査し加えたり、削除したりしたものもある。本文にも大きく手を加えた。掲載した事例の情報には必ず住所を記載し、ネット上に作成した地図とリンクするなど、本書を持って実際の建物を見に行けるような工夫も新たに施した。

また事例紹介だけでは、書籍としては不十分に感じられた。そこで第3章として、「ダッチ・リノベーション」が実現する背景や環境を論じることにした。本文にも記したが、オランダでの調査を通じて、魅力的なリノベーションは、建築家のデザイン力だけによって実現するものではなく、総合的な環境の形成があってこそ実現することを実感していた。そのため様々な文献を読んだり調べたり、オランダ人の知人にインタビューしたり、友人らに問い合わせたりしながら、その背景や環境をまとめた。ただし本書で言及できたのはその一側面に過ぎず、しかも概要しかまとめられていない。それでも、現象としての事例紹介にとどまらず、多少なりともその現象を可能にする背景や環境を明らかにすることができ、『建築ジャーナル』連載時よりも充実したものになったように思う。

本書のタイトルは、鹿島出版会の担当者の渡辺奈美氏の提案による。オランダを中心として論じていることや、「ダッチ・モダニズム」や「ダッチ・デザイン」といったすでに流通している言葉に因んで、「ダッチ・リノベーション」とした。「ダッチ」が冠された言葉は、「ダッチ・アカウント」、「ダッチ・ロール」、「ダッチ・コンサート」などがよく知られているが、その多くはかつて商売敵であったイギリス人が付けたと言われる。それは、小規模ながら戦略的に特徴ある国づくりをしてきたオランダに対する羨望と侮蔑の入り混じる形容詞だったようだ。しかし本書では、オランダの戦略的で特徴あるリノベーションの取り組みを強調する意味で、そしてオランダ人への大いなる敬意を表して「ダッチ・リノベーション」とした。

本書が、今後の日本での充実した歴史的建築物の保存活用や歴史的環境形成の参考にもなれば幸いである。オランダを始めとしてヨーロッパ各国は、どちらかと言えば国家主導型で歴史的建築物の保存が進んでいるのに対して、日本では、もちろん法制度や省庁の役割も大きいが、どちらかと言えば国民あるいは民間主導型で建築の保存活用が進んでいると言えるだろう。その差を示す象徴的なものが、本文中でも言及した文化財指定および登録時の所有者による同意問題である。この問題は、簡単に解決されるわけではない。したがって、日本はオランダの事例や環境をそのまま参照できるわけではない。だがオランダは、少なくとも我々が置かれている状況を相対化する批評的なモデルとして、示唆的な存在であり続けるだろう。

最後になったが、筆者がデルフト工科大学在籍中に師事し本書の序文を寄せていただいたPaul Meurs氏とMarinke Steenhuis氏に感謝の意を表したい。Meurs氏が筆者を客員研究員として受け入れてくれなければ、私がこの分野を専攻することも、この書籍が刊行されることもなかった。また同大学で「同僚」として筆者に親しく接し、様々なアドバイスをいただいたIwert Bernakiewicz、Nicholas Clarke、Jo Coenen、Wessel de Jonge、Alexander de Ridder、Carola Hein、Herdis Heinemann、Birgit Jürgenhake、Marieke Kuipers、Barbara Lubelli、Lidy Meijers、Silvia Naldini、Ivan Nevzgodin、Wido Quist、Tamara Rogic、Job Roos、Lidwine Spoormans、Sara Stroux、Bert van Bommel、Charlotte van Emstede、Rob van Hees、Marie-Thérèse van Thoor、Hielkje Zijlstraの各氏にも感謝したい。またオランダの建築について数多くの情報を提供いただいた修復建築家のMaarten Fritz氏、オランダ在住の建築家・吉良森子氏、アムステルダム市役所都市計画部門職員・笠真希氏、長年オランダの建築家ヴィール・アレッツの建築設計事務所に勤務していた建築家・梅原悟氏、大阪芸術大学准教授・奥佳弥氏、そして書籍化にあたって多忙の中でデザインと装丁を快く引き受けてくださったデザイナーの武蔵野美術大学教授・中野豪雄氏に感謝を申し上げる。そして、筆者の遅筆を忍耐強くサポートしてくださった、鹿島出版会の渡辺奈美氏と寺崎友香梨氏にも感謝申し上げる。

2021年3月 笠原一人

第1章・第2章初出一覧

『建築ジャーナル』企業組合建築ジャーナル 2012年1月号〜2013年12月号連載
笠原一人「建築保存のポリエードル」
本書は記載の初出をもとに大幅な加筆修正を行っている。

[1] 教会堂の保存・活用｜2012年1月号｜No.1193
[2] 工場の保存・活用｜2012年2月号｜No.1195
[3] 倉庫の保存・活用｜2012年3月号｜No.1196
[4] 線形土木構造物の保存・活用｜2012年4月号｜No.1198
[5] 給水塔の保存・活用｜2012年5月号｜No.1199
[6] サイロの保存・活用｜2012年6月号｜No.1200
[7] ガスタンクの保存・活用｜2012年7月号｜No.1201
[8] 廃墟の保存・活用｜2012年8月号｜No.1202
[9] 炭鉱・製鉄所の保存・活用｜2012年9月号｜No.1203
[10] 庁舎の保存・活用｜2012年10月号｜No.1204
[11] 要塞の保存・活用｜2012年11月号｜No.1205
[12] 巨大工場の保存・活用｜2012年12月号｜No.1206
[13] コントラスト｜2013年1月号｜No.1207
[14] 増築｜2013年2月号｜No.1208
[15] 室内化｜2013年3月号｜No.1209
[16] 減築｜2013年4月号｜No.1210
[17] リファイニング｜2013年5月号｜No.1211
[18] ヘルツォーク｜2013年6月号｜No.1213
[19] 復元｜2013年7月号｜No.1214
[20] 修復｜2013年8月号｜No.1215
[21] 白化｜2013年9月号｜No.1216
[22] 立体交差｜2013年10月号｜No.1217
[23] テンポラリーユース｜2013年11月号｜No.1218
[24] 修道院の保存・活用｜2013年12月号｜No.1219

笠原一人 ■ かさはらかずと
京都工芸繊維大学助教

1970年神戸市生まれ。1998年京都工芸繊維大学大学院博士課程修了。
博士（学術）。2010–11年オランダ・デルフト工科大学客員研究員。
DOCOMOMO Japan理事。住宅遺産トラスト関西理事。
近代建築史、建築保存再生論専攻。

共編著に『建築と都市の保存再生デザイン』（鹿島出版会、2019年）、
『建築家 浦辺鎮太郎の仕事』（学芸出版社、2019年）、
『記憶表現論』（昭和堂、2009年）ほか。
共著に『村野藤吾のリノベーション』（国書刊行会、2021年）、
『村野藤吾の建築』（青幻舎、2015年）、
『関西のモダニズム建築』（淡交社、2014年）、
『近代建築史』（昭和堂、1998年）ほか多数。

ダッチ・リノベーション
オランダにおける建築の保存再生

2021年5月20日 第1刷発行

著者 ―― 笠原一人
発行者 ―― 坪内文生
発行所 ―― 鹿島出版会
〒104-0028 東京都中央区八重洲2-5-14
電話03-6202-5200 振替00160-2-180883

印刷・製本 ―― 壮光舎印刷
ブックデザイン ―― 中野豪雄+原聡美+西垣由紀子+鈴木直子
（中野デザイン事務所）

ISBN 978-4-306-04682-5 C3052

本書の内容に関するご意見・ご感想は下記までお寄せ下さい。
URL: http://www.kajima-publishing.co.jp/
e-mail: info@kajima-publishing.co.jp